Sieben Kontinente, 195 Länder, unzählige Inseln, Städte und Regionen … so viel Welt, so wenig Zeit. Wo willst du zuerst hin? In die Savannen Afrikas, den Dschungel Südamerikas, an die Strände der Karibik, in die Weiten Australiens oder doch lieber ins wilde Stadtleben von New York, Rom, Berlin, Dubai? Alles wartet, alles vibriert, alles lockt. Die Zeit ist reif für eine Greatest-Hits-Sammlung der schönsten Reiseziele aus den Reiseführern von MARCO POLO. Mit ihren größten Highlights, den besten Insider-Tipps, tollen Low-Budget-Empfehlungen und einem Kurzporträt, bei dem dir das Wasser im Mund zusammenläuft. Das Schöne an einem Best-of-Album? Man entdeckt Neues, freut sich über Altbekanntes und probiert vielleicht mal etwas ganz anderes aus. Die größten, exotischsten, buntesten, wildesten Ziele warten auf dich. Es ist Zeit, sich wegzuträumen. Aber Koffer packen nicht vergessen!

MARCO ⊕ POLO

BEST OF WORLD

Eigentum → → → von: → Nils Köpfer

Todtnauberg, den 14. Februar 2023

Die besten Reiseziele der Welt – Städte, Inseln, Länder und Regionen

ALLE ZIELE
IN DIESEM BUCH

Godafoss, Island

HAWAI'I

KUBA

DOMINIKANISCHE
REPUBLIK

KAPVERDISCHE
INSELN

MADEIRA

GRAN CANARIA

MALLORCA

KORSIKA

SIZILIEN

MALTA

GRIECHISCHE
INSELN

INSELN

SEYCHELLEN

BALI

MAURITIUS

BALI!

Reisfelder, Pujung

**Palmengesäumte Sand-
strände?** Check. Traumhafte
Unterwasserwelten? Gibt's.
Reisterrassen und mächtige Vulkane? Unbedingt. Exotische Kultur
und erschwingliche Preise? Aber
hallo! Die Zutaten für einen tollen
Urlaub sind auf Bali reichlich vor-
handen. Surfer, Taucher und Berg-
steiger finden hier ihr Paradies,
alle anderen dürfen sich auf eine
fabelhafte Küche, relaxte Verwöhn-
tage im Spa und sonnige Stunden
mit Sand zwischen den Zehen
freuen.

CHECK IN

★ **Endlose Reisterrassen**
★ **Insel der Götter**
★ **Tropisches Flair**
★ **Tempelfeste**
★ **Tolle Unterwasserwelten**

MARCO POLO
TOP-HIGHLIGHTS

GUNUNG RINJANI ⭐1
Wo sonst findet man auf einem aktiven Feuerberg einen heiligen See, gespickt mit einem weiteren kleinen Vulkan?
📷 *Tipp: Das morgendliche Wolkenmeer unter der aufgehenden Sonne mit Blick bis zum Gunung Agung auf Bali*

DANAU BUYAN UND DANAU-TAMBLINGAN ⭐4
An den beiden idyllischen Seen kann man herrlich durch Reisfelder und zu Wasserfällen spazieren

PURA LUHUR ULUWATU ⭐2
Hoch über den Klippen thront einer der ältesten Tempel Balis. In die tosende Brandung zu seinen Füßen stürzen sich mutige Surfer
📷 *Tipp: Bester Zeitpunkt zum Fotografieren ist während des täglichen Kecak-Tanzes zum Sonnenuntergang*

NUSA LEMBONGAN ⭐5
Auf der beschaulichen Insel erkundest du mit dem Roller versteckte Buchten, mit dem Surfbrett tolle Breaks und mit dem Boot die fantastischen Tauchspots
📷 *Tipp: Bei Flut brechen sich meterhohe Wellen an den Steilklippen – ein atemberaubendes Motiv*

OSTSTRAND VON GILI TRAWANGAN ⭐3
Nach einem relaxten Tag am Meer geht's abends zum Feiern an den Oststrand – mehr Party geht nicht

GILI-MENO-WAND ⭐6
Ein Tauchspot mit bizarren Korallen, versunkenen Skulpturen, farbenprächtigen Fischen und seltenen Meeresschildkröten

SEMINYAK ⭐ 7
Sehen und gesehen werden: Nirgends sonst auf Bali sind die Restaurants so edel, die Bars so cool und die Boutiquen so schick!

UBUD ⭐ 8
Im Herzen von Bali gibt's Kunst, Kultur und alle Wohltaten für Körper, Geist und Seele

GUNUNG BATUR ⭐ 9
Mitten im lebendigen Bali: eine vulkanische Einöde mit Endzeitatmosphäre
📷 *Tipp: Ein Bild vom Gipfel über der Caldera, wenn die Sonne untergeht*

PULAU MENJANGAN ⭐ 10
Die unbewohnte Insel im Nationalpark gilt als das beste Tauchrevier Balis mit einer außergewöhnlichen Vielfalt an Korallen und Fischen

BEST OF
LOW-BUDGET

FÜR DEN KLEINEN GELDBEUTEL

DER UNTERGEHENDEN SONNE HULDIGEN

Abend für Abend ein Spektakel sind die Sonnenuntergänge am Strand von Legian. Entspannte Adresse für einen Cocktail oder ein kühles Bier am Strand sind die von bunten Schirmchen beschatteten Sitzkissen am Strand von Legian.

FREIE KUNST IN GALERIEN

Keine Lust auf Museum? Ohne Eintritt zu bezahlen, kannst du bei einem Streifzug durch Ubuds Galerien balinesische Malerei und Bildhauerkunst bewundern – dazu gibt es oft noch einen Kaffee.

SCHILDKRÖTEN AM STRAND

Das vom WWF unterstützte Turtle Conservation and Education Center auf Serangan ist frei zugänglich und informiert über das Rettungsprogramm für die vom Aussterben bedrohten Meeresbewohner. Spenden sind natürlich willkommen.

AUFFÜHRUNGEN BEIM TEMPELFEST

Gamelan, Tanz und Schattenspiel gehören zu jedem Tempelgeburtstag. Anstatt Tickets für eine Touristenvorführung zu kaufen, erkundigst du dich einfach, wo das nächste Odalan-Fest stattfindet – Touristen sind willkommen, wenn sie sich gebührend verhalten.

NÄCHTLICHE KÖSTLICHKEITEN

Bring Neugier und Appetit mit, denn auf dem quirligen Nachtmarkt bieten Straßenstände in Balis Hauptstadt Gerichte aus ganz Indonesien an. Wie wär's mit *soto ayam, babi guling, sate kambing* (gegrillten Lammspießen) nach Madura-Art oder *javanischem pecel* (traditioneller Salat mit Erdnusssauce und Reis)?

BEST OF ⚑

TYPISCH

DAS ERLEBST DU NUR HIER

AUSDRUCKSTANZ

Du warst nicht auf Bali, wenn du nicht wenigstens eine Tanzvorführung gesehen hast. Die prachtvoll geschmückten Tänzer halten immer Kontakt mit der Erde, jedes Fingerspreizen oder Augenrollen hat eine Bedeutung. Der anmutige *legong* wird von jungen Mädchen getanzt.

SCHLEMMEN AM STRAND

Frühmorgens kannst du den Fischern in Jimbaran zusehen, wie sie mit ihren bunten Auslegerbooten ihren Fang an Land bringen, den du abends in einem der vielen *warungs* gleich daneben verspeist – am besten auf glühenden Kokosschalen gegrillt.

FARBENFROHE PROZESSIONEN

Knallbunt gekleidete Frauen balancieren Früchtepyramiden auf den Köpfen, die Männer schlagen schwere Gongs: Auf Bali „lauern" Prozessionen quasi hinter jeder Ecke. Am beeindruckendsten sind die Paraden zum Galungan-Fest auf Nusa Penida.

SCHLACHT DER REISPÄCKCHEN

Beim Perang Topat zu Beginn der Regenzeit bewerfen sich Hindus und muslimische Sasak im Pura Lingsar mit in Palmblätter gewickeltem Reis. Diese Reispäckchenschlacht ist ein großes Fest für alle, egal welcher Religion sie angehören.

UNTERWASSER-SELFIE MIT MOTORRAD

Außer faszinierenden Korallenriffen kannst du am Meeresgrund auch originale Kunstwerke und Installationen entdecken. Einige regen zum Nachdenken an, andere, z. B. das Motorrad vor Gili Trawangan, verführen eher zu einem Selfie.

DIE BESTEN INSIDER-TIPPS

Reisen mit Insider Tipps

TEMPEL DER SEEGÖTTIN
Am Ufer des Danau Bratan schmiegt sich der märchenhafte Tempel Pura Ulun Danu, in dem die Balinesen die Seegöttin um Wasser für ihre Felder bitten.

MEHR ALS (SONNEN)BADEN
An Balis größtem Strand Pantai Kuta kannst du Surfen, in Beach Clubs relaxen und lange Spaziergänge unternehmen.

GUIDES FÜR DEN GAUMEN
Bei einem Kochkurs von Bali Asli wirst du in die Geheimnisse der balinesischen Küche eingeweiht: Selamat makan.

TIEF DURCHATMEN
Finde Ausgeglichenheit und Einkehr bei einem Yoga-Retreat inmitten der Gärten und Reisfelder von Ubud.

EINFACH MAL ABTAUCHEN
Egal, ob Anfänger oder Profi: Von den Korallengärten, Schiffswracks und unterseeischen Abhängen vor Amed wirst du begeistert sein!

EINEN VULKAN BESTEIGEN
Den Gunung Agung z. B., auf dessen oft in Wolken gehüllter Spitze die Götter wohnen.

BITTE RECHT FREUNDLICH
Die Reisterrassen in Tegallalang, Steilklippen in Uluwatu, Wasserfälle in Senaru und Vulkankegel auf dem Gunung Agung und Gunung Rinjani bieten dir Fotospots satt!

TEIL DES GROSSSTADTTRUBELS SEIN
In Großstädten wie Denpasar und Mataram lernst du den wuseligen Alltag der Indonesier kennen.

Unsere Empfehlung heute

Kickstart

GADO-GADO
Würziger Salat mit Ei, Bambussprossen
und Erdnusssauce

SATE LILIT
Gehackter Fisch mit Kokosraspeln und
Gewürzen, am Bambusspieß gegrillt

Intermezzo

PELECING KANGKUNG
Wasserspinat mit Sojasprossen und
scharfer Chili-Tomaten-Sauce

GEDANG MEKUAH
Papaya-Kokos-Curry mit Zitronengras
und Gemüseeinlage

Fleisch

BABI GULING
Mit Gewürzen gefülltes Spanferkel,
am offenen Feuer gegrillt

BALUNG NANGKA
Geschmorte Schweinerippchen mit
gekocher Jackfrucht

BEBEK BETUTU
Stundenlang in Bananenblättern
gegarte Ente

Fisch

PEPES IKAN
Im Bananenblatt gedünsteter Mix
aus Fisch und Gewürzen

SATE GURITA
Marinierter Tintenfisch,
am Spieß gegrillt

Desserts

PISANG GORENG
In Teig gebratene Bananen

BELIMBING & MARKISA
Stern- und Passionsfrucht

ES CAMPUR
Gefrorene Früchte in Kokossauce
mit Eiscreme

Flüssiges

TEH JAHE SERE
Tee aus Ingwer und
Zitronengras

BINTANG
Indonesiens beliebtestes
Bier

DOMINIKANISCHE REPUBLIK!

Playa Grande

Du willst wissen, wo die schönsten Strände liegen? Frag lieber erst gar nicht! Es gibt soooo viele entlang der 1288 km langen dominikanischen Küste, dass man gar nicht weiß, wo anfangen und wo aufhören. Dabei ist die Dominikanische Republik viel mehr als ein Badeziel. Wer hier Urlaub macht, begegnet der Weltgeschichten, denn in Santo Domingo, in der heute von der Unesco geschützten Altstadt, nahm die Eroberung Amerikas ihren Anfang.

CHECK IN

★ **Tropische Strandidylle**
★ **Ursprung des Merengue**
★ **Kolonialbauten**
★ **Wasserfälle**
★ **Kiten & Gebirgstouren**

MARCO POLO
TOP-HIGHLIGHTS

SANTO DOMINGO ★1
In Santo Domingo erzählen uralte Gebäude von den spanischen Eroberern. Unbedingt einen Blick in die älteste Kathedrale Amerikas werfen: Santa María la Menor

ISLA SAONA ★2
Schon die Fahrt zu dieser schönsten dominikanischen Palmeninseln im Parque Nacional Cotubanamá ist ein Erlebnis
📷 *Tipp: Super Postkartenmotive findest du im Fischerort Mano Juan*

PICO ISABEL DE TORRES ★3
Bei klarem Wetter ist die Gondelfahrt auf den Hausberg von Puerto Plata ein Muss – dann liegt dir die halbe Nordküste zu Füßen!

COSTA DE COCO ★4
Und noch ein Superlativ! Nirgendwo sonst in der Karibik säumen so viele Kokospalmen einen so schönen weißen und langen Strand

PARQUE NACIONAL LOS HAÏTISES ★5
Das musst du gesehen haben: Ein besseres Piratenversteck als diese verwunschene Karstkegellandschaft gab es nie
📷 *Tipp: Starte so früh wie nur möglich, wenn du seltene Vögel vor die Kamera bekommen willst*

PICO DUARTE ★6
Rekord! Wenn du diesen 3098 m hohen Berg erklommen hast, warst du auf dem höchsten Gipfel der Karibik. Aber drei Tage Zeit brauchst du schon

CABARETE ★7
Mekka der Kitessurfer, lebenslustig und auch mal mondän: Das ehemalige Fischerdorf an der Nordküste liegt bestimmt genau auf deiner Wellenlänge
📷 *Tipp: Die Cracks unter den Kitesurfern bekommst du 2 km westlich vom Ort vor die Linse*

PARQUE ARQUEOLÓGICO DE LA ISABELA 8

Gedenkstätte an Amerikas Zeitenwende: Auf dem Kap an der Nordküste erinnern alte Steine und ein Skelett an die erste Siedlung von Christoph Kolumbus

BAHÍA DE LAS ÁGUILAS 9

Weite und Natürlichkeit des Strands im Biosphärengebiet Jaragua-Bahoruco-Enriquillo am Südwestzipfel des Lands sind überwältigend!

BUCKELWALTOUREN 10

Vielleicht das größte Erlebnis: Wenn die schwimmenden Riesen in der Samanábucht vor dir auftauchen oder gar springen

📷 *Tipp: Wähl lieber ein kleines Ausflugsboot, dann erübrigt sich das Gedränge um den besten Platz*

BEST OF 🐷€

LOW-BUDGET

WIE IM PARADIES

Was braucht man mehr zu seinem Urlaubsglück? Die Playa Rincón mit ihrem 4 km langen, weißsandigen und mit Kokospalmen bewachsenen Strand bei Las Galeras zählt für viele zu den schönsten Stränden der Republik.

MITHÖREN & GENIESSEN

Wenn im luftigen Anfiteatro von Puerto Plata Konzerte stattfinden, laden die Bänke im Parque de la Puntilla geradezu zum Mithören ein. Zur kostenlosen Musik hast du hier auch noch einen wunderschönen Blick aufs Meer.

FIESTA FÜR ALLE

Lust auf einen stimmungsvollen Abend? Dann sicher dir Freitag- oder Samstagabend an Santo Domingos Plaza de España einen guten Platz, denn um 20 Uhr beginnt

dort die temperamentvolle Folkloreshow Santo Domingo de Fiesta – ein Geschenk der Stadt an ihre Besucher.

AUTOMUSEUM INKLUSIVE

Schon der Ausblick vom Restaurant der Camp David Ranch mit der lichterfunkelnde Großstadt Santiago zu Füßen ist grandios. Aber dazu kannst du nebenan auch noch ein paar Luxuslimousinen bewundern, mit denen im vorigen Jahrhundert noch der Diktator Trujillo herumchauffiert wurde.

MEERBLAUE LARIMARSTEINE

Der Larimarstein kommt ausschließlich in der Dominikanischen Republik vor, und zwar in der Sierra de Baoruco. Auch wenn du unten im Laden nichts kaufen willst, kannst du im Museo de Larimar in Santo Domingo hinauf in den Schauraum.

BEST OF

TYPISCH

EDLER RAUCH
Endlose Tabakfelder ziehen sich entlang des Cibao-Tals am Yaque-del-Norte-Fluss. Sie liefern den Grundstoff für die berühmten dominikanischen Premiumzigarren, die in der Dominikanischen Republik noch immer von Hand gerollt werden.

HÖHLENERLEBNIS
Hier gehts unter die Erde: An der zum Teil eingestürzten Höhle im Parque de los Tres Ojos kannst du gut sehen, wie löchrig die Karstküste ist, auf der Santo Domingo erbaut wurde.

MUSIK, MUSIK, MUSIK
In der Stadt, auf dem Dorf, im *guagua* oder beim Familienausflug: Überall dudelt es aus den Lautsprechern. Natürlich Bachata oder Merengue, was sonst!

BOOTSFAHRT DURCH DSCHUNGEL
Der Parque Nacional Los Haïtises besitzt eine urwüchsige Landschaft aus Karstkegeln mit verwunschenen Wasserwegen, Kulthöhlen der Taíno und einer üppigen Tier- und Pflanzenwelt. Unbedingt eine Tour buchen!

RUMGENUSS
Riesige Fässer zum Reifen, zum Abfüllen aufgereihte Flaschen, große Lagerhallen: So sieht's in der Rumfabrik Brugal in Puerto Plata aus. Am Ende gibt's natürlich auch Kostproben!

GÖTTER FÜR ZU HAUSE
Typisch dominikanische Mitbringsel sind Tonfiguren von Taíno-Gottheiten, wie sie die Ureinwohner als Glücksbringer trugen oder als magische Fetische für ihre Zeremonien nutzten.

DIE BESTEN INSIDER-TIPPS

Reisen mit Insider Tipps

AUF ZU DEN LEGUANEN
Auf der Isla Cabritos leben ein paar letzte Exemplare des rotäugigen Ricordleguans. Etwas Glück, und du kannst mit den Rangern des Nationalparks eine Ausflugsfahrt dorthin machen

UNTER DIE TÄNZER MISCHEN
Wo? Auf der Open-Air-Party am Sonntagabend vor Klosterruinen in der Altstadt von Santo Domingo.

MIT DEM BOOT DURCH DEN STROM
Rafting auf dem reißenden Río Yaque del Norte bei Jarabacoa ist nix für Angsthasen.

FISCHESSEN GANZ FAMILIÄR
Sonntags wimmelt es in Boca de Yuma von Fischbratbuden mit köstlich frischen Meeresfrüchten.

MAGISCHE ZEICHEN ENTZIFFERN
Lass dich in der Cueva de los Maravillas von den Botschaften der Ureinwohner in ihre Welt entführen.

WAS VERRÜCKTES WAGEN
Unfassbare 27 Wasserfall-Stufen zum Runter-Rutschen erwarten dich am Río Damajagua .

SCHWIMMENDER STEIN
Kostbar ist *ámbar,* der dominikanische Bernstein, besonders dann, wenn er Einschlüsse besitzt – und das ist bei ihm keine Seltenheit. Übrigens: Echter Bernstein schwimmt im Wasser!

DURCH DAS BLÄTTERDACH SAUSEN
Entdecke die Schönheit des tropischen Waldes in Punta Cana an vielen Ziplines.

Unsere Empfehlung heute

Vorspeisen

CAZUELA DE MARISCOS
Dicke Suppe von Meeresfrüchten

CALAMARES FRESCOS EMPANIZADOS
In Teig frittierte Tintenfische

GAMBAS A LA PLANCHA
Riesengarnelen vom Grill

CEVICHE
Rohe, mit Zitrone marinierte Meeresfrüchte

ENSALADA CÉSAR CLÁSICA
Klassischer Caesar's Salad

Hauptgerichte

FILETE DE DORADO EN SALSA CHINOLA
Doradenfilet in Passionsfruchtsauce

PARRILLADA DE PESCADO
Fisch-Grillplatte

LOCRIO
Reis mit Gemüse und Huhn

POLLO CON ARROZ Y FRIJOLES
Huhn mit Reis und schwarzen Bohnen

PARRILLADA DE CARNE
Fleisch-Grillplatte

CHIVO GUISADO
Geschmorte Ziege

Desserts

CHACÁ
Süßspeise aus Kokosnuss, Mais, Milch, Zucker und Zimt

CATIBÍAS
Pasteten aus Yuccamehl

HABICHUELAS CON DULCE
Aus Bohnen zubereitete Süßspeise

PASTELES DE HOJA
In Kochbananenblätter gewickelte Pasteten

Getränke

CHINA
Frisch gepresster Orangensaft

CHINOLA
Maracujasaft

LECHOSA
Papayasaft

GUINEO
Bananensaft

MORIR SOÑANDO
Orangensaft mit Milch

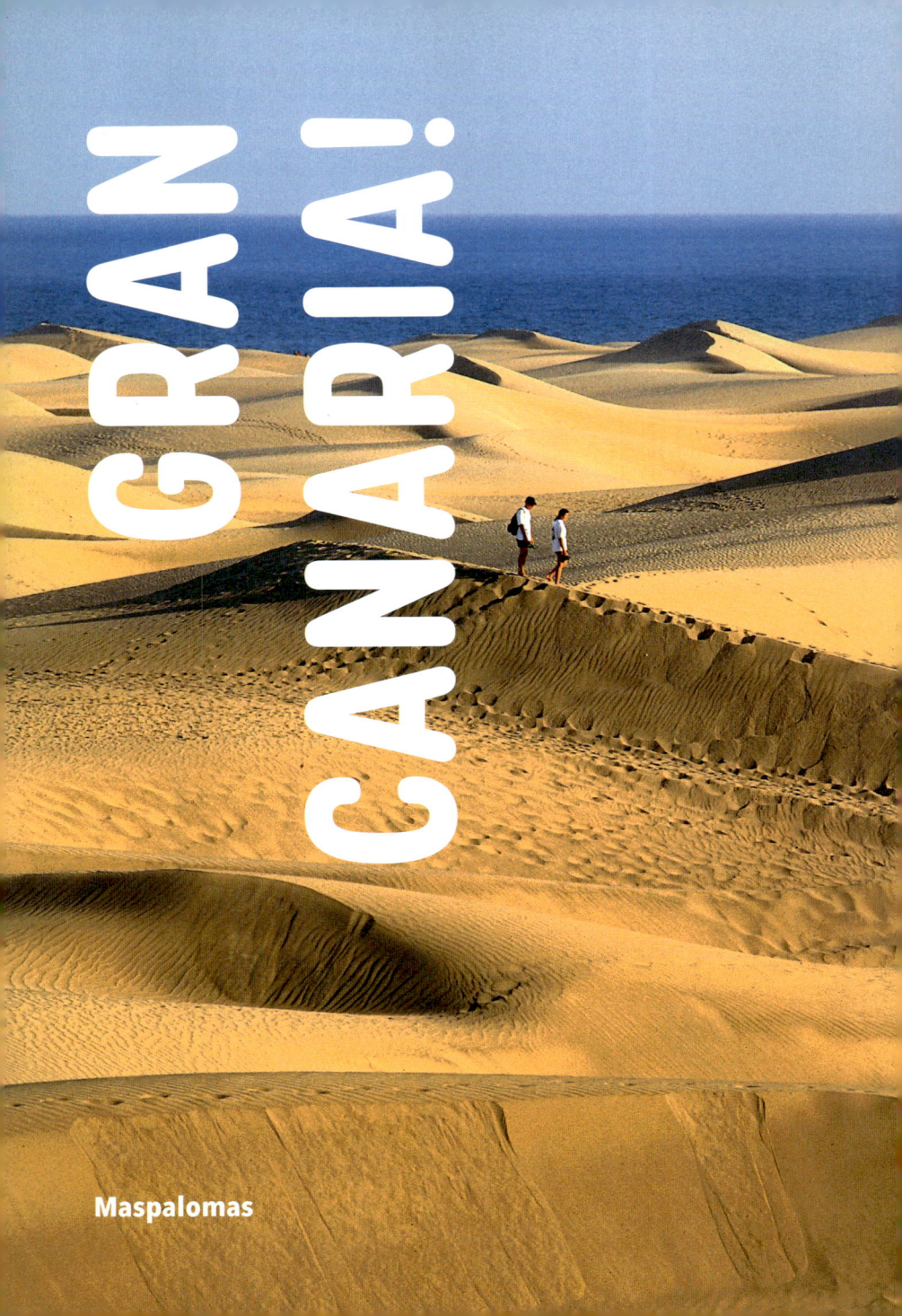

GRAN CANARIA!

Maspalomas

Gran Canaria begeistert – mit atemberaubenden Dünen, Traumstränden und einer wilden Bergwelt. Neben Großstadtflair in der Inselhauptstad Las Palmas locken auch verträumte Dörfer in abseits gelegenen Tälern. Alles ist hier möglich: auf Kolumbus' Spuren wandeln, Museen und Kirchen entdecken, eine Wallfahrt oder den prächtigen Karneval erleben. Tauchen, Wandern, Surfen, die Nacht zum Tage machen oder einfach entspannen. Auf Gran Canaria herrscht nie Langeweile. Und die Sonne scheint dazu, das ganze Jahr.

CHECK IN

★ **200 km nach Afrika**
★ **Dünen von Maspalomas**
★ **Spaniens höchster Berg**
★ **Vulkanischer Ursprung**
★ **Leben auf einer Finca**

MARCO POLO
TOP-HIGHLIGHTS

CATEDRAL & PLAZA DE SANTA ANA ⭐1

Kolonialpaläste und Palmen rings um die Plaza von Las Palmas mit ihrer beeindruckenden Kathedrale versetzen dich 500 Jahre zurück

📷 *Tipp: Nachmittags versinkt die Altstadt in Schatten. Die besten Fotos schießt du im hellen Licht des Vormittags*

ACUARIO POEMA DEL MAR ⭐2

„Meeresgedicht" heißt Europas größtes Aquarium: Hier schweben die Haie neben dir und gleiten über dich hinweg!

EL CARNAVAL ⭐3

Salsa, Samba, große Sause – der Karneval der Kanaren ist der beste zwischen Rio und Köln. Überzeug dich selbst, am besten in Las Palmas!

ARUCAS ⭐4

Wo Wasser fließt, da sprudelt auch Geld. Arucas' Wohlstand erkennt man an der „Kathedrale", dem exotischen Park und vielen architektonischen Hinguckern

MUSEO Y PARQUE ARQUEOLÓGICO CUEVA PINTADA ⭐5

Back to the roots: Der archäologische Park rund um die „Bemalte Höhle" Cueva Pintada bringt die Ureinwohner in die Gegenwart

TEROR ⭐6

Im Wallfahrtsort Teror „residiert" die Kiefernjungfrau in ihrer prachtvollen Kirche

📷 *Tipp: Die „Straße der Balkone" stark herangezoomt oder mit Tele fotografiert wirkt wie ein abstraktes Kunstwerk*

PICO DE LAS NIEVES ⭐ 8
Der „Schneegipfel" bietet die beste Aussicht: Auf fast 2000 m Höhe liegt dir die Insel zu Füßen!
📷 *Tipp: Die spektakulärsten Fotos machst du spätnachmittags, wenn Passatwolken für mystische Stimmung sorgen*

PUERTO DE MOGÁN ⭐ 9
So schön kann Ferienarchitektur sein: Stege und Brücken am Wasser, lauschige Plätze und Boote vor der Tür erzeugen venezianisches Flair

TEJEDA ⭐ 7
„Eines der schönsten Dörfer Spaniens" – mit diesem Titel darf sich Tejeda schmücken. Das Bergpanorama ist umwerfend!
📷 *Tipp: Meide den Mittag! Nicht nur wegen des dunstigen Lichts, sondern auch wegen der vielen Besucher*

DUNAS DE MASPALOMAS ⭐ 10
Saharafeeling: Zwischen den haushohen Sandsicheln fühlst du dich wie Lawrence of Arabia
📷 *Tipp: Im sanften Licht der untergehenden Sonne machen sich die Dünen am besten*

BEST OF

LOW-BUDGET

FEIERN ZU LATINO-RHYTHMEN

Wie ein kostenloses Open-air-Festival. Zum *carnaval* erfasst ein entloser Fiestataumel die ganze Insel. Monatelang werden Festwagen dekoriert, Kostüme geschneidert, Masken und Verkleidungen gebastelt. Jeder Karnevalstag endet mit dem *mogollón*: Tanzen bis in den Morgengrauen.

FREITICKET ZUR KUNSTSZENE

Experimentelles, Provokatives und Abgedrehtes: Ausstellungen zeitgenössischer Kunst, oft auch Vorträge und kleine Konzerte gibt's zum Nulltarif im CAAM (Centro Atlántico de Arte Moderno).

SCHNUPPERTAUCHEN

Du bist dir nicht sicher, ob dir Unterwassertrips gefallen? Dann probier's doch einfach mal aus: Fast alle Tauchschulen bieten Gratis-Pool-Sessions an!

KATHEDRALE MEDITATIV

Während der Messe in Las Palmas' Hauptkirche Catedral de Santa Ana wirst du Zeuge inbrünstiger spanischer Religiosität. Angenehmer Nebeneffekt: Du zahlst während des Gottesdienstes keinen Eintritt.

RUM PROBIEREN

In Arucas spazierst du bei einer Führung durch Destille Arehucas, Europas größtem Rumproduzent, an riesigen Stahltanks und unzähligen Eichenfässern vorbei. Zuletzt darfst du all die guten Tropfen, die hier herangereift sind, probieren!

FOLKLORE LIVE

In der Wintersaison performen Sänger, Musiker und Tänzer – gehüllt in traditioneller Tracht – samstags im Parque de Santa Catalina (ab 11 Uhr) oder sonntags im Pueblo Canario (ab 11.30 Uhr).

BEST OF 🚩

TYPISCH

DAS ERLEBST DU NUR HIER

TREFFPUNKT MEERESBODEN

Während du schnorchelnd selbst in Strand-nähe kleine Fische zu sehen bekommst, kannst du tauchend in professioneller Be-gleitung auch Thunfische und Barrakudas oder rochenähnliche Engelhaie erleben.

DRACHENBÄUME & WOLFSMILCH

Es gibt sie sonst nirgends auf der Welt, die 2000 Pflanzenarten, die im Jardín Canario wachsen! Mit von der Partie sind Drachen-bäume, Wolfsmilchgewächse und knallro-te, vom Aussterben bedrohte Glockenblu-men.

JUNGFRAU AUS DEM FELS

Tausende von Höhlen gibt's auf Gran Cana-ria, besonders schöne findest du in Artena-ra: die Kapelle Virgen de la Cuevita und nur wenige Schritte entfernt das Museo de las Casas Cuevas.

NUR ECHT MIT BLÜTE

„Blütenkäse" (*queso de flor*) ist das ausge-fallenste Molkereiprodukt der Kanaren. Be-sonders gut ist er im Bistroladen Tienda de Arturo in Santa María de Guía – dazu ein Glas Rotwein!

PERLEN IM GEBIRGE

Als Wasserreservoir für Notzeiten wurden sie früher angelegt, heute wirken die Stau-seen wie ein Stück Natur. Besonders idyl-lisch nach winterlichen Regenfällen: der von majestätischen Palmen eingefasste Stausee Embalse de Soria.

IM WESTEN WIRD SIE UNTERGEHEN

An den Strandpromenaden von Puerto de la Aldea erlebst du allabendlich ein gran-dioses Naturspektakel! Und in Puerto de las Nieves ist bei klarer Sicht sogar die Nachbarinsel Teneriffa zu sehen.

DIE BESTEN INSIDER-TIPPS

Reisen mit
Insider Tipps

STRANDLEBEN VOM FEINSTEN
Fast 4 km Strandwandern und Sonnen im pudrigen Sand der Playa de las Canteras. Entlang geht es an mehreren großen Buchten, die in einem breiten Bogen auslaufen. Ein Riff schützt vor der starken Brandung.

FEIERN STATT SCHLAFEN!
Vorglühen, abtanzen, den Morgen begrüßen – das Yumbo Center in Playa del Inglés mit seinen Cafés, Kneipen und Bars ist der Hotspot der Nachtszene.

HINEIN IN DEN KRATER
Bist du schon mal über Lavagrus in einen Vulkanschlund gestiegen oder gerutscht? In der Caldera de Bandama, mit 1000 m Durchmesser Gran Canarias größter Krater ist's möglich.

EINE FESTUNG ERKLIMMEN
Was Machu Picchu für die Inkas, war La Fortaleza unterhalb von Santa Lucía für die Ureinwohner Gran Canarias.

WOLKENFELS UMRUNDEN
Der spektakuläre, 1813 m hohe Gipfel des Roque Nublo aus allen Perspektiven – dazu Harzgeruch und Blütenduft.

GRUSELEFFEKT INBEGRIFFEN
Selbst Museumsmuffel staunen, wenn sie den gut erhaltenen Mumien der Urkanarier im Museo Canario in Las Palmas Auge in Auge gegenüberstehen.

HÖHLEN MAL ANDERS ERLEBEN
Schon mal Tapas in einer Höhle gegessen? Nein? Dann 10 km nordwestlich von Agüimes ab in den Barranco de Guayadeque!

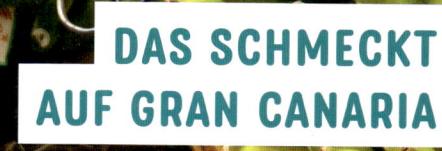

Unsere Empfehlung heute

Vorspeisen

CALDO DE PESCADO
Fischsuppe mit Kartoffeln und Kräutern

GAMBAS AL AJILLO
Garnelen in brutzelndem Olivenöl mit Knoblauch und Chili

RANCHO CANARIO
Eintopf aus Kichererbsen, Paprikawurst, Schweinefleisch, Nudeln

Hauptgerichte

CHERNE AL CILANTRO
kanarische Goldbrasse in Koriandersoße

SANCOCHO CANARIO
in Salz eingelegter, gekochter Fisch mit Gemüse und Süßkartoffel

CONEJO AL SALMOREJO
gebeiztes Kaninchen

**CARNE DE CABRA/
BAIFO EN ADOBO**
Ziegenfleisch in pikanter Soße

Beilagen

MOJO ROJO
scharfe Soße aus Chilischoten, Öl, Knoblauch, Essig und Salz

MOJO VERDE
mildere Soße mit frischem Koriander

PAPAS ARRUGADAS
„Runzelkartoffeln", werden mit *mojo rojo* und/oder *mojo verde* serviert

GOFIO ESCALDADO
geröstetes Getreidemehl, mit Fischbrühe zu Brei angedickt

Desserts

LECHE ASADA
puddingartige „gebratene Milch" aus Eiern, Limonenschale, Zimt und Zucker

BIENMESABE
goldbraunes Mus aus Honig, Mandelsplittern, Eigelb und Zitrone, übersetzt: „schmeckt mir gut"

FLAN CASERO
hausgemachter Karamellpudding

GRIECHISCHE INSELN!

Lalaria, Skiathos

In der Ägäis ist keine Insel ganz für sich allein. Von jedem Berg und vielen Stränden aus siehst du mal nah, mal fern ein anderes Traumziel aus den Fluten steigen. Auf manchen Inseln hast du das europäische Festland vor Augen, auf anderen bist du den bizarr gezackten Küstengebirgen Kleinasiens ganz nah. Und wenn du dann unter Tamarisken am Strand liegst, am Kraterrand stehst oder beim Anblick angestrahlter Burgen und Tempel einen köstlichen Salat aus Wildpflanzen genießt, ist der Urlaub vollkommen.

CHECK IN

- ★ 81 Ägäische Inseln
- ★ Buchtenreiche Strände
- ★ Schneeweiße Dörfer
- ★ Nightlife Open-Air
- ★ Klöster & antike Ruinen

MARCO POLO
TOP-HIGHLIGHTS

CHÓRA VON MYKONOS ⭐

Das kykladische Bilderbuchstädtchen geht niemals schlafen. Wer hier Urlaub macht, schätzt Schönheit

📷 *Tipp: Klein-Venedigs Häuser an der Wasserfront fotografierst du am besten von der Terrasse der Caprice Bar aus*

FIRÁ ⭐

Irre und weltweit einmalig, wie sich auf Santorin die Häuser, Cafés und Hotels auf und in der Kraterwand überm Wasser stapeln

📷 *Tipp: Sei auf der Terrasse vom Restaurant Volcan of the Rocks am Kraterrand, wenn die Lichter angehen*

DELOS ⭐

Altertum pur: Die antike Großstadt wurde später nie überbaut. Mehr Archäologie auf einem Fleck geht auch in Hellas nicht

📷 *Tipp: Steig auf den Gipfel des Inselbergs, und du brauchst für eine Luftaufnahme keine Drohne*

JOHANNES-KLOSTER ⭐6
Eine 1000 Jahre alte Klosterfestung mitten im schneeweißen Dorf hoch über den Buchten von Pátmos – apokalyptisch schön

ALTSTADT VON RHODOS ⭐7
Beam dich zurück in die Ritterzeit: Keine andere Stadt Europas hat ihr mittelalterliches Gesicht so perfekt und großflächig erhalten
📷 *Tipp: In die Knie und das typische Kieselsteinpflaster als Vordergrund nehmen. Damit's glänzt: Wasser drauf!*

MESTÁ ⭐8
Dank der Haremsdamen des Sultans hat sich das Dorf der Mastixbauern auf Chíos in 800 Jahren kaum verändert

TUNNEL DES EUPALÍNOS ⭐9
Der über 1 km lange, wieder voll begehbare Tunnel bei Pythagório auf Sámos ist ein technisches Meisterwerk der Antike

BOOTSFAHRT ⭐4
Die spannendste Bootsfahrt der Ägäis führt dich einmal rund um Mílos mit seinen vielfarbigen Stränden – Badestopps inklusive

LIMÉNAS (THÁSSOS-STADT) ⭐10
Im hübschen Hauptort von Thássos sind antike Bauten über die gesamte Stadt verstreut, Theater und Tempel inklusive
📷 *Tipp: Von der obersten Stufe des Theaters bekommst du auch den Hafen mit aufs Bild*

VULKANKRATER VON NÍSSIROS ⭐5
Zwei aussichtsreiche Dörfer auf dem Rand eines riesigen Kraters, aus dem Schwefeldämpfe aufsteigen, und ein traumhafter Dorfplatz

BEST OF
LOW-BUDGET

FÜR DEN KLEINEN GELDBEUTEL

JEDEM EIN POOL

Auch wenn du eine Unterkunft ohne Pool gebucht hast, brauchst du aufs Poolvergnügen nicht zu verzichten. Viele Hotels freuen sich über jeden Gast, der nicht im Haus wohnt und trotzdem an der hauseigenen Poolbar etwas konsumiert. Dafür ist die Poolbenutzung dann kostenlos.

ABSTECHER IN DIE ANTIKE

Nur wenige archäologische Stätten von Bedeutung sind kostenlos zu besichtigen. Anders ist das in Liménas auf Thássos, wo du die *agorá,* das Theater und Teile der antiken Stadtmauer samt ihrer Tore ohne obligatorischen Obolus betrachten kannst.

KIRCHEN UND KLÖSTER

Kirchen und Klöster stehen Besuchern nahezu immer kostenlos offen. Kleine Spenden sind freilich hochwillkommen. Kauf einfach zwei kleine Kerzen, aber niemals nur eine. Denn die eine entzündest du für die Lebenden, die andere für die Toten.

HEISS BADEN

45 Grad warmes Thermalwasser, das für lau ins Meer fließt: Genieß in einem improvisierten Pool der Embrós Thérme auf Kos ein kostenloses Thermalbad, gern auch bei Nacht. In einer heißen Quelle kannst du auch auf Kíthnos im Meer baden.

TEILEN KEIN PROBLEM

Eine Flasche Bier mit zwei Gläsern zu bestellen ist in Griechenland üblich. Und wenn man zu zweit nur einen Bauernsalat oder irgendetwas anderes bestellt, bringt die Bedienung immer zwei Tellerchen und Besteck dazu. Doggy-Bags sind weit verbreitet: Was übrig bleibt, wird zum Mitnehmen gut verpackt.

DAS ERLEBST DU NUR HIER

FASSADEN-GEOMETRIE

Nackenstarre beim Bummel durch Pirgí auf Chíos: Schuld sind die Häuserfassaden, die fast alle mit dunkelgrau-weißen, geometrischen Mustern überzogen sind, die im Kratzputzverfahren aufgebracht wurden.

TANZEN UNTER STERNEN

Abends geht's in die Beachbar oder den Open-Air-Club. Einer der größten ist der Cavo Paradiso auf Mykonos. Da tanzen auch You-Tube-Stars und -Starlets unterm Sternenhimmel mit traumhaftem Blick auf Bucht und Burg.

MIT DEM BOOT ZUM STRAND

Auf vielen Inseln bringt dich das Badeboot zum Strand. Auf Skiáthos steuern solche Boote nicht nur einzelne Strände an, sondern fahren auch von Strand zu Strand einmal rund um die Insel.

RUND UM DEN ANISSCHNAPS

Ouzo wird überall auf den Inseln getrunken, neuerdings gern auch in Cocktails. Der beste Schnaps stammt aus den Destillerien von Plomári an der Südküste von Lesbos, wo du auch einen der Herstellerbetriebe besichtigen kannst.

KNABBERFISCHE

Fish-Spas sind auf den griechischen Inseln groß in Mode. Dort schwimmen Hunderte kleiner Fischlein der Gattung Garra rufa (Saugbarben) in Becken. Für die zahnlosen Meeresbewohner ist die Hornhaut des Menschen eine wahre Delikatesse.

PARADIESISCHE EINKEHR

Eine Taverne wie aus dem Bilderbuch ist die mit dem schönen Namen *Parádissos* südlich der Inselhauptstadt von Náxos, wo du unter Tamarisken direkt auf dem Strand sitzt.

DIE BESTEN INSIDER-TIPPS

Reisen mit Insider Tipps

MUTSPRUNG VOM FELS
Ein abenteuerlicher Brückenrest führt auf Ándros zur Festung Chóra hinüber, von der fast immer Jugendliche kopfüber ins Meer springen. Wer Mut hat, springt mit!

AM STRAND REITEN
Ein Traum: Du reitest auf Kos am Strand entlang und die Sonne versinkt im Meer.

HÖHLENEXPEDITION
Dass Regenwasser auch Schönes hervorbringt, siehst du in der effektvoll ausgeleuchteten Tropfsteinhöhle von Antíparos.

UNTER DER ERDE WANDERN
Spannend ist die Wanderung auf Sérifos durch alte Bergwerksstollen von Mégalo Livádi bis zum Kutalá Beach, die durch viele unterirdische Bergwerksstollen führt.

DEN STRAND KOCHEN LASSEN
Dein Essen gart langsam über Nacht im heißen vulkanischen Sand. Slowfood auf Mílos. Auf Wunsch bekommst du Rezepte zum Nachkochen.

KUNST IN DER KELLEREI
In seiner aus der Lava herausgekratzten, etwas versteckten Weinkellerei Art Space auf Santorin baut Níkos Argýros nicht nur seine exzellenten Weine aus, die du natürlich probieren kannst, hier zeigt er auch Werke moderner Künstler.

UNTER WASSERFÄLLEN DUSCHEN
Neun Wasserfälle sprudeln im märchenhaften Platanenwald auf Samothráki. Erfrischend an heißen Tagen: die natürlichen Dusch- und Sitzbademöglichkeiten.

Unsere Empfehlung heute

Vorspeisen

FÁVA SANTORÍNIS
Lauwarmes Platterbsenpüree mit Kapern, Zwiebeln, sonnengetrockneten Tomaten und Olivenöl

DOLMADÁKIA
Mit Reis und Kräutern gefüllte, warme Weinblätter

TARAMÁ
Püree aus Fischrogen und eingeweichtem Weißbrot

CHTIPITÍ
Pürierter Feta-Käse mit viel Knoblauch und etwas Chili

Salate

CHTAPÓDI KSIDÁTO
Leicht säuerlicher Krakensalat

PATSÁRIA ME SKORDALJÁ
Lauwarme Rote Bete samt Blättern und Knoblauch-Kartroffel-Püree

CHÓRTA
Salat aus Wildpflanzen

MELINDSÁNOSALÁTA
Püree aus über Holzkohle gegrillten Auberginen mit viel Knoblauch

Fleisch

JEMISTÉS
Mit Reis, Kräutern und etwas Hackfleisch gefüllte Tomaten und Paprikaschoten

BEKRÍ MEZÉE
Schweinegulasch mit Paprikagemüse und Zwiebeln in einer leicht scharfen Sauce

STIFÁDO
Mit Zimt und Kreuzkümmel gewürztes Rindergulasch in einer kräftigen Tomatensauce

Fisch

MARÍDES
Kleine, knusprig ausgebackene Sardinen

KALAMÁRI FRÉSKA JEMISTÁ
Ganz frischer Tintenfisch, gefüllt mit Käse

KAKAVIÁ
Fischsuppe nach Art einer Bouillabaisse mit darin gegartem, extra serviertem Skorpionsfisch

HAWAI'I

Halemaumau Crater, Kilauea

Seit Jahren sprudelt rot glühende Lava aus dem Kilauea-Vulkan auf Big Island. Gleich daneben führen Wanderrouten durch urweltlichen Farnwald und über das noch warme Lavagestein. Ein wirklich einzigartiges und höchst fotogenes Erlebnis. Aber die Hawai'i-Inseln fernab im weiten Pazifik bieten noch viel mehr. Sie sind die Inseln des ewigen Frühlings, gesäumt von feinen Stränden, überwuchert von duftenden Blüten und tropischen Ranken. Und für Surfer sind sie das Paradies schlechthin – dies hier ist die Urheimat ihres Sports.

CHECK IN

- ★ Palmengesäumte Strände
- ★ 130 Vulkaninseln
- ★ Köstliche Tropenfrüchte
- ★ Üppige Regenwälder
- ★ Großstadtflair Honolulu

MARCO POLO
TOP-HIGHLIGHTS

HO'OKIPA BEACH ⭐1

Auf Maui liegt das Mekka der Wind-surfer: tolle Wellen, steter Wind, junge Szene. Auch Zuschauen macht großen Spaß

📷 *Tipp: Hier lohnen sich kurze Filme, am besten mit Stativ und Tele*

NU'UANU PALI LOOKOUT ⭐2

Panoramablick über O'ahu: Unendlich weit schaut man über grün überwu-cherte Klippen und tiefblaue Buchten

📷 *Tipp: Zeitraffer kommt gut, die Wolken ziehen superschnell*

WAIMEA BAY, SUNSET BEACH, UND BANZAI PIPELINE ⭐3

Berühmt aus vielen Surferfilmen und Schauplatz vieler Meisterschaften: die Strände von Hale'iwa mit den höchsten Wellen der Welt

NA PALI COAST ⭐4

Die Steilklippen im Norden von Kaua'i sind eines der ganz großen Erlebnisse von Hawai'i: zu Fuß, im Flugzeug oder per Boot

📷 *Tipp: Manche Helifirmen bieten für Fotofans Flüge ohne Türen an*

WAIMEA CANYON ⭐ 5
Der Grand Canyon der Südsee: 1000 m
tief schneidet die Schlucht ins rote
Felsgestein
📷 *Tipp: Mit der Sonne im Westen gibt
es nachmittags oft Regenbögen*

KALAUPAPA PENINSULA ⭐ 6
Einst das lebendige Grab für Tausende
Leprakranke, heute eine bewegende
Gedenkstätte vor spektakulärer Kulisse

HALEAKALA CRATER ⭐ 7
Der größte und tiefste Vulkankrater von
Hawai'i – bei Sonnenaufgang beson-
ders eindrucksvoll
📷 *Tipp: Schön sind Schattenrisse der
Besucher vor der Wolkenkulisse*

BISHOP MUSEUM ⭐ 8
In Honolulu wird Hawai'is Erbe bewahrt: Federhelme und knöcherne
Angelhaken, alte Surfbretter und
königliche Gewänder

LAHAINA ⭐ 9
Hölzerne Balkone, bunte Lädchen und
Musikkneipen schaffen eine Altstadt
mit viel Flair im früheren Walfänger-
städtchen

HAWAI'I VOLCANOES
NATIONAL PARK ⭐ 10
Hier sprudeln die aktivsten Vulkane der
Erde ihre Lava über die Insel – mit Glück
sogar in rot glühenden Fontänen
📷 *Tipp: Details nicht vergessen:
winzige Farne, glitzernde Kristalle,
erstarrte Lava*

BEST OF

LOW-BUDGET

FÜR DEN KLEINEN GELDBEUTEL

HAWAI'I ISLAND TROPISCH

Nur 1 $ kostet der Eintritt in den Akaka Falls State Park. Ein großartiger Rundweg führt durch eine Art dampfendes Naturgewächshaus: durch Bambuswälder und vorbei an Grünpflanzen, die man sonst nur im Kleinformat auf der Fensterbank kennt.

KAUA'I-KAFFEE KOSTEN

Wie bei einer Weinprobe: Im Visitors Center von Kaua'i Coffee, der größten Kaffeeplantage der USA, gibt's nicht nur Informationen zum Kaffeeanbau, sondern man darf ganz umsonst die unterschiedlichen Kaffeesorten und -röstungen verkosten.

ERLEBNISSCHWIMMEN

Fürs Schwimmen mit Delfinen werden oft 200 $ und mehr verlangt. Auf Hawai'i Island darf man ganz umsonst mit großen Grünen Meeresschildkröten schwimmen.

Und das vor einer Traumkulisse mit Palmen und pechschwarzem Lavastrand. Naturerleben pur. Wo? Am Punalu'u Black Sand Beach Park an der Südostküste.

FREITAGS IST PARTYTIME

In Mauis kleinen Städtchen ist jeden Freitagabend Straßenfest mit Livemusik, günstigen Food Trucks und Kunsthandwerk. Es geht reihum – besonders schön ist's in Lahaina am zweiten Freitag im Monat. Am ersten Freitag ist Wailuku dran, am dritten Makawao und am vierten Kihei.

HULA FÜR LAU IN WAIKIKI

Gleich mehrmals in der Woche treten auf der kleinen Tanzfläche am Hula Mound in Waikiki Hulagruppen auf, die den ursprünglich heilige Ritualtanz gratis aufführen.

DAS ERLEBST DU NUR HIER

DIE SCHÄTZE POLYNESIENS

Hier muss man auf jeden Fall hin: in die restaurierte althawaiische Tempelanlage Puʻuhonua o Honaunauvauf Hawaiʻi Island, Grabstätte für Häuptlinge und Zufluchtsort für Tabubrecher, die hier vor Verfolgung sicher waren.

WAL AHOI VOR MAUI!

Besuch bei den Walen, die sich vor der Küste tummeln. Beste Zeit: Dezember bis April, dann sind Buckelwale zu sehen. Sonst gibt es Delfine, Pilot-, andere kleinere Walarten und manchmal sogar Pott- und Blauwale.

KAUAʻI VON OBEN

Wenn sich irgendwo ein Heliflug lohnt, dann über den völlig unzugänglichen Steil-klippen von Kauaʻi. Nicht von ungefähr waren die grandiosen grünen Felsen die Kulis-sen für Spielbergs „Jurassic Park".

TRAUMSTRAND WAIKIKI

Breit ist der Strand ja nicht, aber die Kulisse des Diamond-Head-Kraters im Hinter-grund, die Palmen und die Surfer machen Waikiki Beach unverwechselbar. Dazu ein bunter Schirmchendrink – und der Einstieg in den Hawaiʻi-Urlaub ist perfekt.

DIE GANZ GROSSEN WELLEN

Die von weither angereisten Surfprofis zei-gen ihre Kunst an der North Shore von Oʻahu. Im Winter messen sie sich hier mit 10–15 m hohen Brechern.

HULA UND LUAU

Nicht viele der hawaiischen Touristenshows sind den Besuch wert. Aber das Old Lahaina Luau auf Maui ist professionell gemacht und bezaubert mit einer herrlichen Lage direkt am Meer.

DIE BESTEN INSIDER-TIPPS

Reisen mit Insider Tipps

FÜR SCHNORCHELFANS
Im Molokini Crater, dem sichelförmigen, halb unter Wasser gelegenen Krater vor der Südküste Mauis, tummeln sich unzählige Fischarten.

SHAVE ICE SCHLECKEN
Die knallbunten Eiskugeln von Matsumoto auf O'ahu sind perfekt für den heißen Mittag.

SURFEN LERNEN
Die sanften Wellen von Waikiki machen es Anfängern leicht. Für den Sport, der auf Hawai'i erfunden wurde, herrschen hier Idealbedingungen.

ROMANTISCHER ABEND AM STRAND
In der Pool Bar der Lewers Lounge in Waikiki lässt sich wunderbar mit bunten Drinks unter Palmen der Sonnenuntergang feiern.

ANANAS-LABYRINTH
In der alten Ananasplantage der Dole Plantation wartet das größte Labyrinth der Welt: 1 ha Fläche und fast 5 km Wege. Dazu gibt's eine Ausflugsbahn und prima Ananaseis.

BESTER KULTURTRIP VON HAWAI'I
Auf dem ca. 150 000 m² großen Gelände des Polynesian Cultural Center auf O'ahu wurden Minidörfer aus sechs Südseeregionen nachgebaut: Tonga, Tahiti, Hawai'i, Fidschi, Samoa und Neuseeland, das Reich der Maori.

REGENWALD TRIFFT GLÜHENDE LAVA
Riesige Baumfarne überwuchern die Trails im Volcanoes National Park. Und nirgendwo sonst auf der Welt kann man so gut und so gefahrlos einem aktiven Vulkan ganz nah kommen.

DAS SCHMECKT AUF HAWAI'I

Unsere Empfehlung heute

Frühstück

BANANA MAC NUT PANCAKES
Pfannkuchen mit Bananen-
Macadamianuss-Füllung

LOCO MOCO
Riesenportion aus Reis, Hackfleisch,
Spiegeleiern und Bratensoße

**SCRAMBLE WITH
PORTUGESE SAUSAGE**
Rührei mit kräftig gewürzter
Wurst

Vorspeisen

PUPUS
Polynesische Vorspeisenplatte
mit Satay-Spießen, Shrimps und
Tuna-Häppchen

AHI TUNA POKE
Thunfisch, gewürfelt und in
Sesamsoße mariniert

LOMI LOMI SALMON
Marinierter Lachs mit Tomaten
und Zwiebeln

FISH CHOWDER
Cremige Suppe mit Fisch und
Gemüse

Hauptgerichte

**SEARED AHI WITH
SESAME CRUST**
Scharf angebratener Ahi-Thunfisch
mit Sesamkruste

LAULAU WITH PORK
Schweinefleisch und Gemüse
gedünstet in Bananenblättern

HULI HULI CHICKEN WITH POI
Gegrilltes mariniertes Hühnchen
mit polynesischem Tarobrei

**NEW YORK STEAK WITH
BAKED POTATO**
Steak mit Fettrand, dazu eine
gebackene Kartoffel

Desserts

HAUPIA
Wackelpudding aus Kokosmilch

**MALASADAS WITH
LILIKOI FILLING**
Fettgebäck aus lockerem Hefeteig,
gefüllt mit Passionsfrucht

MOCHI ICE CREAM
Eiskugel umhüllt mit weichem Reisteig
in bunten Pastellfarben

KAPVERDISCHE INSELN!

Praça Santa Isabel, Sal Rei

Am weißen Sandstrand liegen bunte Fischerboote, tiefblau schimmert der Ozean, eine frische Brise mildert die stechende Sonne. Der Dorfplatz und die engen Kopfsteinpflastergassen wirken verlassen, nur ein paar Kinder tollen herum. Am Gemüsemarkt hocken Frauen vor Schüsseln voll silbrig glänzender Fische, eine Gruppe von Männern sitzt im Schatten eines Baums und spielt Karten. Gemächlich geht es auf der vulkanischen Inselgruppe vor der Nordwestküste Afrikas zu – und ganz entspannt.

CHECK IN

- ★ Wüstenhafte Ostinseln
- ★ Bergige Nordinseln
- ★ Kreolische Lebensfreude
- ★ Vom Zuckerrohr zu Grogue
- ★ Lebensmotto Gelassenheit

MARCO POLO
TOP-HIGHLIGHTS

PICO DO FOGO ⭐1
Runter kommt man immer: Den rasanten Abstieg durch die Aschefelder wirst du nie vergessen!
📷 *Tipp: Bei Sonnenaufgang zeichnet sich der Schatten des Pico auf der gegenüberliegenden Kraterwand ab*

RIBEIRA DO PAÚL ⭐2
Riesige Bäume, raschelndes Zuckerrohr und plätscherndes Wasser im grünen Tropental von Santo Antão
📷 *Tipp: Die irre Berglandschaft ist als Panoramaaufnahme eine Herausforderung, doch nahe Motive gelingen immer*

PRAIA VARANDINHA ⭐3
Offroad geht es auf Boavista durch kahle Dünenfelder bis zum Traumstrand mit i-Tüpfelchen

CIDADE VELHA ⭐4
Auf Santiago auf den Spuren von Kolumbus und Vasco da Gama: Wo die Besiedlung der Tropen begann
📷 *Tipp: Die faszinierende Atmosphäre in der halb verfallenen Ruine der Kathedrale fängst du am besten im Nachmittagslicht ein*

DELGADIM ⭐5
Steiler Abgrund rechts, steiler Abgrund links: ein Nadelöhr mit sensationellem Ausblick auf Santo Antão

PRAIA DE SANTA MARIA ⭐6
Am weißen Märchenstrand von Sal tummeln sich Badenixen und Sonnenanbeter

MINDELO
Arme Schlucker, Yachtbesitzer, Künstler und Ganoven: Gegensätze ziehen sich an und machen die kapverdische (Musik-)Metropole aus
📷 *Tipp: Türen, Balkongitter, Fenster – Details verleihen deinen Fotos von der Kolonialarchitektur auf São Vicente mehr Spannung*

SÃO FILIPE
Niedliche Puppenstube mit schicken Kolonialhäusern und amerikanischem Einschlag

CARBERINHO
In der phänomenalen Felslandschaft tosen Gischtfontänen, und Salzgemälde knirschen unter den Füßen auf São Nicolau, der kleinen Schwester von Santo Antão
📷 *Tipp: Dicht ran – die bizarren von Wasser und Wind aus der Steilküste geformten Steinskulpturen sind tolle Motive*

DESERTO DE VIANA
Das Kamel ist eine Fata Morgana, der Rest ist echt. Wüstenfeeling auf Boavista zwischen weißen Sicheldünen und flirrendem Horizont

BEST OF 🐷€

LOW-BUDGET

MÄRCHENSTRAND
Was die Natur zu bieten hat, ist manchmal unbezahlbar, auch wenn es das Portemonaie glücklicherweise nicht belastet: so auch der kilometerlange Sandstrand mit seinem hohen Dünensaum, die Praia da Chave auf Boavista.

STIMMUNGSVOLLE BEILAGE
Sucupira nennt sich ein Markt für Kleider, Schuhe, Elektronikzubehör, CDs, Haushaltswaren, Autobedarf u. v. m. Da gibt es reichlich zu schauen (lebende Tiere, schrille Pumps, leuchtende afrikanische Stoffe …) und zu erstehen. Den größten überdachten *sucupira* gibt es in Praia.

NACH-VOLLMOND-FETE
Eintritt frei! Das berühmte Musikfestival Baía das Gatas kostet keinen Cent Einlass. Drei Tage und Nächte lang sorgen hippe Bands aus Kap Verde, Afrika und Lateinamerika am beliebtesten Badestrand von São Vicente für coole Stimmung.

KUNSTSTÜCK
Neugierig auf kapverdische Kultur? Der Palácio da Cultura Ildo Lobo in Praia führt vor, was in der kapverdischen Kunstszene gerade aktuell ist. Frei zugängliche Foto- und andere Kunstausstellungen, Konzerte, Theateraufführungen, Workshops u. v. m.

GEDÄCHTNISSTÜTZE
Die Schweizerin Monique Widmer sammelt seit mehr als drei Jahrzehnten historische Gegenstände und Dokumente des täglichen Lebens auf den Kapverden, speziell auf Fogo. In ihrer kostenlos zugänglichen Casa da Memória erzählen Möbel, Hausrat, alte Fotos und anderes Interessantes kapverdische Geschichte.

BEST OF
TYPISCH

BRETTSPIEL AUF KAPVERDISCH

Ein typischer Anblick: Zwei Männer sitzen im Schatten, zwischen sich ein Spielbrett aus Holz mit 2 × 6 runden Mulden und zum Start 48 Spielsteinen. Wie kann man dem Gegner möglichst viele Spielsteine abluchsen? *Oril* heißt das Spiel, zu dem sich Spieler und Zuschauer beispielsweise im Stadtzentrum von Espargos auf Sal einfinden.

SO EIN SCHWINDEL

Wenn die Tänzerinnen beim *batuco* rasend schnell mit den Hüften wackeln, vergeht manchem Zuschauer Hören und Sehen. Den Eigenversuch kannst du z. B. im Sal da Música in Praia machen.

REINSTES FEUERWASSER

Ob frisch gebrannt oder abgelagert, der kapverdische Zuckerrohrschnaps hat es in sich! Der frisch gebrannte *grogue novo* ist ein echter Rachenputzer, den du dir u. a. in der traditionellen Destillerie *Ildo Benrós* auf Santo Antão durch die Kehle laufen lassen kannst.

ECHT ABGEFAHREN

Im *aluguer,* dem häufigsten Verkehrsmittel auf allen Inseln, musst du unbedingt mal mitfahren – mehr mittendrin geht nicht. Zeit solltest du allerdings mitbringen: Los geht's erst, wenn der Kleinbus oder Pick-up voll ist.

CABO VERDE IM KOCHTOPF

Das kapverdische Nationalgericht *cachupa* ist eine herzhafte Angelegenheit. Der Eintopf aus Mais und Bohnen wird von jeder Köchin anders zubereitet, im Fronteira auf Fogo beispielsweise mit Kürbis.

DIE BESTEN INSIDER-TIPPS

Reisen mit Insider Tipps

ENDLICH MAL VIEL GRÜN
Das Wanderparadies auf Santiago sind die fruchtbaren Berge der Serra Malagueta. 26 Arten nur hier vorkommender Pflanzen warten auf Entdeckung.

AUF DEM VULKAN TANZEN
In der Bar Ramiro im Vulkankrater der Chã das Caldeiras auf Fogo wird täglich zum Tanz aufgespielt.

IM WASSER SCHWEBEN
Im Wasser der alten Saline von Pedra de Lume auf Sal bist du schwerelos.

MEERESSCHILDKRÖTEN
Ein Erlebnis ist es, wenn die mächtigen Schildkröten an die Strände von Maio kriechen und ihre Eier im Sand verbuddeln. Die kleinste der Wüsteninseln ist ein Refugium für bedrohte Tierarten wie Fischadler und Meeresschildkröte.

MIT ALLEN SINNEN GENIESSEN
Nach dem Spaziergang durch die Kaffeeplantage in der Ribeira do Paúl auf Santo Antão unbedingt den dort angebauten Arabica frisch gebrüht probieren.

STERNEN-HIMMEL
Rundum dunkel: Auf 2000 m Höhe blickst du auf Fogo in den Wahnsinnsnachthimmel der Chã das Caldeiras.

SUNDOWNER
Nicht zu toppen: der Sonnenuntergang im Perola d'Chaves auf Boavista. Sanft gewellte Dünen, die Palmen rascheln im Wind, im Schatten warten weiße Liegen, Sonnenschirme und ein kühler Drink auf dich.

Unsere Empfehlung heute

Aperitivo

CAIPRINHA DE GROGUE
Mit *grogue* zubereitete Variante des
brasilianischen Nationalgetränks

Entrada

QUEIJO DE CABRA GRELHADO COM MEL DE CANA
Gegrillter Ziegenkäse mit
Zuckerrohrsirup

CANJA DE GALINHA
Hühnersuppe mit Reis und Gemüse

BÚZIO ESTUFADO
In Tomaten und Zwiebeln geschmorte
Meeresschnecken

Prato principal

BIFE DE ATUM
Filet vom Thunfisch mit Reis, Gemüse
und Pommes frites

FRANGO ASSADO
Hühnchen vom Grill mit Pommes frites
oder Reis und Gemüse

FEIJOADA
Bohneneintopf mit Gemüse, Speck und
Fleisch

ESTUFADA DE CABRITO
Schmoreintopf vom Zicklein mit
Gemüse

GAROUPA GRELHADO COM ARROZ E LEGUMES
Gegrillter Juwelen-Zackenbarsch mit
Reis und Gemüse

ESPARGUETE DE MARISCO
Spaghetti mit gemischten
Meeresfrüchten

Sobremesa

PUDIM DE QUEIJO
Pudding aus Ziegenkäse

ROMEO E JULIA
Frischer Ziegenkäse mit kandierter
Papaya

BANANA FLAMBÉ
Mit *grogue* flambierte Banane

Digestivo

GROGUE VELHA
Einige Jahre im Holzfass gereifter
Zuckerrohrschnaps

PONCHE DE MEL
Likör aus Zuckerrohrschnaps,
Zuckerrohrsirup und Limette

KORSIKA!

Les Falaises de Bonifaccio

Kalliste! **Die Schönste!** Für die namensgebenden Griechen war dies schon in der Antike klar. Sizilien, Sardinien und Zypern schlagen Korsika zwar bei der Größe, doch keine der Konkurrentinnen vereint auf 9000 km² so abwechslungsreiche Landschaften, kulturelle Highlights, charmante Dörfer und Städte – und mediterrane Lebenslust. Korsika ist zudem ein Paradies für Aktive. Ob beim Biken, Kraxeln oder Canyoning, Wandern und Wassersport: Grenzen setzt allein die Kondition.

CHECK IN

★ **Strand oder Steilküste?**
★ **Gebirge mitten im Meer**
★ **Korse, nicht Franzose!**
★ **Insel der Schönheit**
★ **Duftende Macchia**

MARCO POLO
TOP-HIGHLIGHTS

GOLF VON PORTO ⭐1
Am Capu Rossu genießt man eine gigantische Aussicht über den Golf von Porto, dessen Farbenspiel von der Unesco zum Welterbe erklärt wurde

CALANCHES DE PIANA ⭐2
Bizarre Wunderwelt aus rotem Granit: Felsen voller Fantasie!
📷 *Tipp: Besonders spektakulär ist die Szenerie, wenn das letzte Licht der Sonne die Felsen feuerrot färbt*

SANT'ANTONINO ⭐4
Korsikas ältestes Dorf ist das schönste Adlernest der Balagne. Alte Gässchen und Weitblick bis zum Mittelmeer

CALVI ⭐5
Die Festungsstadt punktet mit Flair, Altstadtshopping und Endlosstrand in einer Halbmondbucht.
📷 *Tipp: Frühmorgens ist die Festung menschenleer. Von der Wehrmauer siehst du Calvi leuchtend im Morgenlicht*

NONZA ⭐3
Schwarze Perle! Schieferdorf mit Wachturm, schwarzem Strand und einem Cedrat-Museum

SCALA DI SANTA REGINA ⭐6
Der Zugang ins Niolo-Hochtal führt durch diese tiefe, enge Klamm – mit dem Auto oder zu Fuß

LAC DE NINO ⭐7
Bergspitzen spiegeln sich im legendären See, Wildpferde grasen auf Blumenwiesen: Schöner hast du selten gepicknickt

COL DE BAVELLA 8

Korsikas Dolomiten sind ein Paradies zum Wandern, Kraxeln und Canyoning. Los gehts auf der Passhöhe

📷 *Tipp: Bergwiesen geben eine tolle Kulisse. Leg dich ins Gras und lass Blüten vor der Linse schaukeln*

BONIFACIO 9

Die fotogenste Stadt Korsikas liegt spektakulär hoch oben auf den Kalkklippen

CAPU DI ROCCAPINA 10

Felslöwe und Genueserturm bewachen den Traumstrand an der malerischen Landspitze – auch die Aussicht ist grandios!

BEST OF

LOW-BUDGET

DUFTE KRÄUTER

Rosmarin, Thymian, Oregano, Lorbeer und andere Kräuter geben der korsischen Küche ihre einzigartigen Aromen. Überall in der Macchia kannst du sie sammeln. Getrocknet sind sie ein schönes Mitbringsel. Die Macchia in deinem Garten lässt du mit Samen der Casa Fiurita wachsen.

ATELIERBESUCHE

Pigna in der Balagne ist das Künstlerdorf Korsikas. In vielen Häusern haben sich Kunsthandwerker niedergelassen, denen du bei ihrer Arbeit über die Schulter schauen kannst. Alle Atelierbesuche sind gratis, die Kunstwerke oft überraschend günstig.

FRISCHWASSER

Das Quellwasser, das in vielen Dorfbrunnen sprudelt, ist allerfeinstes Trinkwasser, sauber und voller Mineralien und Spurenelemente. Die Einheimischen füllen es in Kanister ab. Mach es ihnen nach und zapf dir deinen Powerdrink – zum Beispiel am Brunnen in Ste-Lucie-de-Tallano.

MUSIKGENUSS

Am 21. Juni feiert Frankreich die Fête de la Musique. Auch Korsika macht mit kostenlosen Freiluftkonzerten mit. Gratis sind oft auch die Übungskonzerte des Conservatoire de Corse Henri Tomasi in Ajaccio oder die Klosterkonzerte im Couvent d'Alesani.

ZUM WOHL!

Wie Korsikas berühmtes Kastanienbier entsteht, verrät die Brasserie Pietra im Juli und August bei kostenlosen Führungen, die mit einer Bierprobe an der Hausbar enden. Prost, oder wie die Korsen sagen: *pace e salute!*

DAS ERLEBST DU NUR HIER

WACHTÜRME

Während der genuesischen Epoche entstand ein perfektes Frühwarnsystem an den Küsten mit über 80 Wachtürmen. In wunderschöner Lage steht einer auch auf der Landspitze La Parata. Warum die Pointe de la Parata unter Naturschutz steht, verrät dir der dortige Naturlehrpfad.

ZU HAUSE BEI NAPOLEON

Der auf Korsika geborene Napoleon Bonaparte wird dir (fast) auf Schritt und Tritt begegnen. In Ajaccio, seiner Geburtsstadt, erfährst du im Maison Bonaparte, wie er auf der Treppe geboren wurde – und später eines Nachts Hals über Kopf flüchten musste.

WURST & KÄSE

Korsika ist bekannt für seine hervorragenden Fleisch-, Wurst- und Käseprodukte. Der Frischkäse Brocciu aus Schafs- oder Ziegen-milch wandert in Nudelgerichte, Kuchen und Desserts. All die lukullischen Spezialitäten kannst du auf dem schönsten Markt in Ajaccio genießen.

BERGSEEN

Am Ende des Restonica-Tals beginnt die vierstündige Wanderung zum Melo- und Capitello-See. Beide sind Überbleibsel der letzten Eiszeit. Die familientaugliche Tour bietet alles, was die hochalpine Landschaft Korsikas ausmacht.

NEUSTEINZEIT

Dolmen, Rundtürme und Zyklopenmauern: Bereits im Neolithikum war Korsika bewohnt. Älteste Korsin ist die 8600 Jahre alte „Dame von Bonifacio", deren Skelett du im Musée de l'Alta Rocca bestaunen kannst. Weitere Zeugnisse der Vorzeit findest du in Filitosa, Cucuruzzu und Capula.

DIE BESTEN INSIDER-TIPPS

Reisen mit
Insider Tipps

BADEN IM GEBIRGSFLUSS

Im Fango-Tal kann man zur Abwechslung auch mal in Süßwasser schnorcheln. Die Mündung des Flusses ist ein Unesco–Biosphärenreservat.

KORSIKAS WAPPEN

Als Symbol für korsische Eigenständigkeit gilt der Tête de Maure oder Testa Mora. Der Kopf taucht an vielen Stellen auf. Vielleicht entdeckst du ihn sogar als Schnitzwerk an den Kanzeln uralter Kirchen.

DURCHS BERGLAND RATTERN

Seit 1888 fährt die „Micheline" durch die engen Schluchten und tiefen Täler des korsischen Berglands. Jede Menge Tunnels und Brücken mussten dafür gebaut werden. Die schönsten befinden sich zwischen Corte und Vizzavona.

PAUSE BEIM WEIN

Patrimonio ist einer der bekanntesten Weinorte. In den Weinkellern und Verkaufsräumen kannst du Weine aus Trauben kosten, die nur auf Korsika wachsen: Niellucciu, Sciaccarellu und Vermentinu.

BADEN IM FLUSS

In kaum einer Region Europas kannst du so herrlich in glasklaren Flüssen baden. Die Solenzara im Südosten mit ihren vielen Badebecken hat für jeden ein idyllisches Plätzchen.

ZEITREISE IN DER ZITADELLE

Dort, wo sich Mitte des 15. Jhs. der Statthalter Genuas im sonnengelben Palais verschanzt hat, blättert heute das Musée de Bastia die Stadtgeschichte auf.

DAS SCHMECKT AUF KORSIKA

Unsere Empfehlung heute

BROCCIU

Frischkäse (gesprochen „brutsch") wird auf jede Art verwendet: *nature*, also ohne alles, salzig, bspw. in *canneloni au brocciu*, in Ravioli, Omelettes oder in süßer Variante für Gebäck *(fiadone, ambrucciata)*

CHÂTAIGNES

von Natur aus süß-aromatisch, sind geröstete Edelkastanien eine beliebte Schlemmerei im Herbst. Aus Kastanienmehl stellt man Kuchen, Eis, Likör und sogar Bier her. Die *pulenda*, ein gekochter Riesenkloß aus Kastanienmehl, der in Scheiben zu gebratenen Würstchen, Spiegeleiern und *brocciu* gereicht

Vorspeisen

TERRINE DE SANGLIER

Wildschweinpastete

ZUPPA CORSA (SOUPE CORSE)

kräftige Gemüsesuppe mit u. a. Mangold und gefleckten Borlotti-Bohnen

SARDINES FARCI

gefüllte Sardinen

BASTELLE

herzhafte Teigtaschen, mit Mangold *(blettes)*, Kürbis *(courges)* oder Zwiebeln *(oignons)* gefüllt

Hauptgerichte

PIVERUNATA

Ragout von jungem Lamm oder Zicklein mit Paprikaschoten

SANGUI

Gemüseeintopf mit Blutwurst, Speck und Rosinen

STUFATU

gekochtes Rinds-, Kalbs- oder Lammragout mit großen Nudeln

Desserts

MOELLEUX À LA CHATÂIGNE

Weicher, saftiger Kuchen aus Esskastanien

PASTIZZU

Traditionsdessert aus Brot oder Grieß – früher wurde er sonntags aus dem Brot der vergangenen Woche hergestellt

Zum Kaffee

CANISTRELLI

Harte Mürbteigkekse, oft aromatisiert mit Mandeln oder Nüssen, Zitrone oder Anis

CUCCIOLE

Eau-de-Vie und Weißwein gehören in die staubtrockenen Mürbteigquadrate aus der Balagne

KUBA!

Playa Varadero

Kuba ist Kult! Mitreißend das kubanische Temperament, unvergessen die revolutionären Träume! Manchmal scheint es, als sei die Welt hier in den 50er-Jahren stehen geblieben. Manchmal nervt es, wenn mal wieder nichts funktioniert – aber dann liebst du dieses Land gerade für seine Unzulänglichkeiten. Und zu Hause träumst du noch von den herrlichen weißen Stränden und geschichtsträchtigen Hafenstädten, allen voran das weltberühmte Havanna und das temperamentvolle Santiago de Cuba.

CHECK IN

★ **Naturschönheit im Meer**
★ **Karibische Rhythmen**
★ **Castro & Che Guevara**
★ **Koloniale Pracht**
★ **Nationalgetränk Mojito**

MARCO POLO
TOP-HIGHLIGHTS

HABANA VIEJA ⭐

In der Altstadt Havannas vereinen sich die Epochen zu einem faszinierenden Mix aus früherer Dekadenz, realem Socialismo und spannender Moderne

📷 *Tipp: Superblick auf die Altstadt vom Restaurant La Divina Pastora im Castillo de los Tres Reyes del Morro*

MOGOTES 2

Ein paradiesisches Fleckchen Erde zum Wandern, Radeln und Reiten – und das vor einer einzigartigen Kulisse mit riesigen, buckligen Kalkbergen im „Tabaktal" Valle de Viñales

VARADERO 3

Abschalten, baden, Urlauber aus aller Welt treffen: Freue dich auf 20 km weißen Sandstrand, tolle Hotels und eine entspannte Atmo

CASA DE LA TROVA ⭐

Ein Hort kubanischer Musik: Die Casa de la Trova in Santiago de Cuba ist eine der besten des Landes

MUSEO MEMORIAL DEL ERNESTO CHE GUEVARA 5

Seit Che Guevara hier seine letzte Ruhe fand, wurde Santa Clara zur Pilgerstätte für seine Fans

📷 *Tipp: Die Che-Figur schaut nach Süden – gut im Licht ist das ganze Mausoleum am späten Vormittag*

TRINIDAD 6

Tagsüber scheinen die Uhren in dieser Stadt in tiefster Kolonialzeit stehen geblieben zu sein, am Abend aber erwacht sie zu kosmopolitischem Leben

BARACOA ⭐ **7**
Die älteste Stadt Kubas lockt mit lässiger Atmosphäre, vielen Privatquartieren und atemberaubenden Naturattraktionen in der Umgebung
📷 *Tipp: Am Vormittag liegt die Sonne über dem kolonialen Dächermeer – bester Überblick vom Hotel Castillo*

JARDINES DE LA REINA ⭐ **8**
Riffe, Inseln, klares Wasser und eine unglaubliche marine Artenvielfalt – die Herzen erfahrener Taucher schlagen hier höher
📷 *Tipp: Die besten Lichtverhältnisse unter Wasser hat man zwischen 11 und 14 Uhr*

LA COMANDANCIA DE LA PLATA ⭐ **9**
Auch der Weg ist hier schon das Ziel, denn allein die Wanderung in das berühmte ehemalige Rebellenversteck in der Sierra Maestra ist ein Erlebnis!

CABARET TROPICANA ⭐ **10**
Explosion kubanischen Lebensgefühls: Die legendäre, schillernde Revue wird von den besten Tänzern und Tänzerinnen Kubas aufgeführt

BEST OF
LOW-BUDGET

WANDERN IN DEN MOGOTES

Die größte landschaftliche Attraktion Kubas, die Mogotes genannten Kalkbergen im Valle de Viñales, kann man kostenfrei entdecken. Es sind Riesen aus einer Zeit lange vor der Entstehung der Kleinen Antillen. Sie verleihen der Region etwas Mystisches, vor allem am Morgen, wenn Nebel sie umwabern und alle Frühaufsteher verzaubern.

KOLLEKTIV MOBIL

Carros colectivos sind meist klapprige, alte amerikanische Straßenkreuzer, die so viele Passagiere wie möglich für günstige Pesopreise auf festen Routen von A nach B transportieren. Selbst wenn du in CUC zahlst, kommst du immer noch billig weg!

RHYTHMEN & RITUALE

Sonntags verwandelt sich die kleine Callejón de Hamel in Havanna-Centro unter wilden Trommelwirbeln in eine Bühne für die Götter der Santería, und du kannst einfach dabei sein und zuschauen!

KUNST VOM KÜNSTLER

Interessiert an moderner Kunst? Warum ins Museum gehen, wenn du im Mercado Artesanal des Centro Cultural Antiguos Almacenes de Depósito San José in Havanna kubanische Künstler persönlich kennenlernen kannst! Da ist so manches junge Talent vertreten, das seine Kunst auch noch zu günstigen Preisen verkauft.

OPENAIR-KONZERT

In Trinidad an der Escalinata steigt jeden Abend die große Freiluft-Musiksause – und du bist eingeladen. Zuhören und staunen ist gratis; bezahlen musst du nur für die Getränke an der Bar.

BEST OF

TYPISCH

DAS ERLEBST DU NUR HIER

BLAUER DUNST
Auf Kuba liegen die besten Tabakanbaugebiete der Welt, und beim Geruch einer echten „Havanna" geht Zigarrenliebhabern das Herz auf. Lass dir in den Fabriken Partagás in Havanna oder Donatién in Pinar del Río die Herstellung vorführen.

DER GESCHMACK KUBAS
Kühl wie das zerstoßene Eis, das Sodawasser und die frische Minze, süß wie der kubanische Zucker und betörend wie der helle kubanische Rum, so muss er schmecken, ein richtiger Mojito. Erste Adresse dafür ist die Bodeguita del Medio in Havanna.

LIEDERHÄUSER
Hörst du die Musik? Wenn du das fragst, dann bist du ganz in der Nähe einer casa de la trova. Legendär gut sind die Musiker in der Casa de la Trova in Santiago de Cuba.

DIE REVOLUTION IM MUSEUM
Die Helden der Nation sind die Helden der Revolution! Wenn du also wissen willst, wie Kuba tickt, dann musst du eines der vielen Revolutionsmuseen besuchen, z.B. in Havanna, Santa Clara oder Santiago de Cuba.

AUF EIN SPIELCHEN
Die liebste Beschäftigung der Kubaner: Domino spielen! Die besten Chancen, auf eine Partie eingeladen zu werden, bieten sich auf Havannas Plaza de Armas oder in der Calle Padre Pico in Santiago de Cuba.

GÖTTERSTUDIUM
Einen guten Einblick in die verwirrende und teils ein wenig unheimliche Götterwelt der kubanischen Santería und ihrer legendären Geheimbünde bietet dir das Museon Histórico de Guanabacoa im ehemaligen Sklavenhandelszentrum Guanabacoa.

DIE BESTEN INSIDER-TIPPS

Reisen mit Insider Tipps

SCHON MAL SALSA GETANZT?

Bist du fit für eine heiße kubanische Tanznacht? Den richtigen Kurs, um nicht nur in der Hüfte lockerer zu werden, kannst du in Varadero buchen.

AUSFLUG IN DIE UNTERWELT

Unglaublich, was sich da unter der flachen Erde auftut: eine riesige Höhle mit jahrmillionenalten Stalagmiten und Stalaktiten. Und dabei ist der zu besichtigende Teil der Cuevas de Bellamar in Matanzas nur ein kleiner Teil des riesigen Höhlenkomplexes.

PAPAS REFUGIUM

Lass dich vom lebendigen Geist des alten Hauses und seinem schönen Garten verzaubern! „Papa" Ernest Hemingways ehemalige Finca La Vigía in Havanna ist voller persönlicher Erinnerungen und lässt tief in das Leben des legendären Literatur-Nobelpreisträgers blicken.

ABHEBEN WIE TARZAN

Auf Baumwipfelhöhe gut gesichert durch die Luft gleiten in Las Terrazas oder Viñales.

DURCH DIE WILDNIS WANDERN

Nur so kommst du zum ehemaligen Rebellenlager in der Sierra Maestra in der Nähe von Kubas höchstem Gipfel, dem Pico Turquino (1974 m). Unbedingt einen Führer nehmen!

LÜSTER UND MAHAGONI

Früher war das so: Adel verpflichtet zu einem fürstlichen Lebensstil! Davon erzählen im ehemaligen Palacio Brunet, dem heutigen Museo Romántico in Trinidad, kostbare Möbel, Fayencen und Lüster.

DAS SCHMECKT AUF KUBA

Unsere Empfehlung heute

Vorspeisen

SOPA DE VEGETALES
einfache Suppe aus verschiedenen
Gemüsesorten

ENSALADA DE CAMARONES
Shrimps-Cocktail mit roter Sauce

MARIQUITAS CON MOJO DE AJO
Kochbananen-Chips mit
Knoblauchsauce

Hauptgerichte

POLLO FRITO A LA CRIOLLA
frittierte, vorher marinierte und in
Mehl panierte Hähnchenteile

POTAJE DE FRIJOLES NEGROS
Eintopf von schwarzen Bohnen mit
Speck, Chorizo- und Kartoffelstücken,
Knoblauch, Tomatenmark und Zwiebeln,
gewürzt mit Oregano und Kümmel

ROPA VIEJA
(„alte Klamotten") in Stücke gerupftes,
weiches Rindfleisch in einer würzigen
Sauce zu weißem Reis

CARNE ASADA
geschmortes Fleisch, meist mit Möhren,
Knoblauch, Zwiebel, Porree und Tomate,
gewürzt mit Oregano und Lorbeer

Desserts

FLAN
im Wasserbad gegarter kleiner
Pudding aus zuckriger Eiercreme
in karamellisiertem Zucker

SEÑORITAS
mit Vanillecreme gefüllte
Blätterteigschnitten

PASTELITOS
mit Guave oder anderen tropischen
Früchten gefüllte Pastetchen

COQUITO BLANCO
süße Kokosnuss-Nachspeise

Getränke

MOJITO
Limette, frische Minzeblätter,
Zucker, Rum und Sodawasser

LIMONADA NATURAL
der Saft einer Limone,
mit Wasser und Eis aufgefüllt

BATIDA DE FRUTA
Saft von frisch gepressten Früchten
mit Milch und zerstoßenem Eis

TUCOLA
die kubanische Variante der
Coca-Cola

MADEIRA!

Korbschlittenfahrt, Funchal

Blumeninsel, Perle des Atlantiks, Insel des ewigen Frühlings – was lässt man sich für Madeira nicht alles einfallen! Alle Dörfer und Städte der Insel putzen sich permanent heraus. Nirgendwo im Land gibt es so gepflegte Vorgärten und Stadtparks. Und Funchal gilt als sauberste Stadt Portugals. Eines ist sicher: Ein Urlaub reicht gar nicht aus, um die irre Vielfalt an Landschaften und Wanderwegen und Madeiras faszinierenden Mix aus Kultur, Action, Kulinarik und Natur auszuschöpfen.

CHECK IN

- ★ Die steile Schöne
- ★ Kies- & Lavastrände
- ★ Feiern in Funchal
- ★ Uralte Lorbeerwälder
- ★ Wandern bis zum Himmel

MARCO POLO
TOP-HIGHLIGHTS

PONTA DE SÃO LOURENÇO ⭐1
Ein Wanderweg führt über die faszinierende Landzunge im Osten
📷 *Tipp: Nimm die in allen Rot- und Gelbtönen leuchtende Felslandschaft vom Miradouro Ponta do Rosto aus auf*

MERCADO DOS LAVRADORES ⭐2
Ein Schlaraffenland im Herzen Funchals mit exotischen Früchten, Bauerngemüse, Fisch, Korbwaren und Blumen
📷 *Tipp: Wenn die Bauern den Hof freitags mit ihren Ernten füllen, schießt du vom Obergeschoss tolle Fotos*

KABINENSEILBAHN ⭐3
Mit der Seilbahn über die Dächer Funchals hinauf nach Monte schweben

NJARDIM TROPICAL MONTE PALACE ⭐4
Kitschiger Märchenpark oder kunstvoller Tropengarten? Egal, der Schlossgarten von Monte ist einfach eine Wucht!
📷 *Tipp: Die Schwäne im See sind äußerst fotogen – sie posieren vor den Skulpturen und dem früheren Palace Hotel*

PRAIA DO PORTO SANTO 7

Porto Santos Südküste hat das, was Madeira fehlt: endlos golden schimmernden Sandstrand

LAVAPOOLS 8

Porto Moniz an der Nordwestküste hat die schönsten Naturpools aus Vulkangestein auf Madeira

PICO DO ARIEIRO, PICO RUIVO 9

Wanderung auf Madeiras höchste Gipfel mit grandiosem Blick in die Vulkanberglandschaft
📷 *Tipp: Die „Stairways to Heaven" die Felsen hinauf nimmst du hinter der Pedra Rija*

FANAL 5

Jahrhundertealte Stinklorbeerbäume, saftige Wälder, grandiose Ausblicke und schöne Wanderpfade – das gibt's rund um das Forsthaus von Fanal

FESTA DA FLOR 10

Mit einem fantasievollen Blütenkorso begrüßt Funchal alljährlich farbenfroh den Frühling
📷 *Tipp: Die bunt geschmückten Wagen und Blumenkinder sind vor dem Umzug im Wartebereich der Gruppen toll zu fotografieren*

PAÚL DA SERRA 6

Eine Hochmoorlandschaft in rauem Klima wie in Schottland – vom Gipfelplateau in über 1000 m Höhe gibt's atemberaubende Ausblicke in die Täler

BEST OF

LOW-BUDGET

FÜR DEN KLEINEN GELDBEUTEL

SCHWIMMEN IM VULKANGESTEIN
Einige Meter entfernt donnert die Brandung an die schwarzen Felsen, während du in den natürlichen Lavapools *(piscinas naturais)* in Porto Moniz für wenig Geld ganz entspannt das ganze Jahr über schwimmen kannst.

EIN LICHT IN DER NACHT
Leuchttürme haben ihre ganz eigene Faszination. Der schönste seiner Art auf Madeira steht auf der Rocha da Vigia in Ponta do Pargo, stammt aus dem Jahr 1922 und lockt Besucher mit einer Gratis-Fotoausstellung über die leuchtenden Seezeichen auf der Insel.

WOHNEN WIE IN GALLIEN
Rote Türen, grüne Fensterläden, blaue Umrahmungen und ein spitzes, bis auf den Erdboden gezogenes Strohdach: In den historischen Häuschen von *Santana* wird die Vergangenheit lebendig – ein Museumsevent ganz umsonst.

SÜSSES AUS DEM ROHR
Einst machte das Zuckerrohr die Plantagenbesitzer reich. Heute sind nur noch wenige Zuckerrohrmühlen auf der Insel in Betrieb, die Sociedade dos Engenhos da Calheta betreibt eine davon. Du erlebst die Herstellung von Schnaps und Honig und kannst beides für wenig Geld probieren.

EIN GARTEN ZUM VERLIEBEN
Auch wenn du nicht im Hotel Quinta Splendida in Caniço wohnst, kannst du doch den wunderschönen Garten besuchen. Viele der Pflanzen sind gekennzeichnet, es gibt deutschsprachige Führungen, die Aussicht aufs Meer ist schlicht traumhaft.

BEST OF

TYPISCH

DAS ERLEBST DU NUR HIER

SCHÖN GRÜN

Im Jardim Botânico von Funchal geben mehr als 2500 tropische und subtropische Gewächse ihre üppige Visitenkarte auf der Insel des ewigen Frühlings in allen Grüntönen ab .

RODELN IM KORB

Schlitten fahren im Sommer: Die Kraft strammer Männermuskeln hält dich in den berühmten Korbschlitten auf der Straße von Monte hinab auf Spur.

ENTLANG DER LEVADAS

Am Saum uralter Bewässerungsrinnen ins grüne Herz der Insel wandern, durch Eukalyptus- oder Lorbeerwälder, entlang schwindelerregender Schluchten oder über breite Waldwege – eine Tour an den Levadas wie die an der Levada do Furado ist unvergesslich.

ESPADA & ESPETADA

Madeiras Nationalgerichte sind wahre Gaumenfreuden – probier den berühmten Schwarzen Degenfisch im Serra e Mar in Santana. Saftiges Rindfleisch vom Spieß *(espetada)* genießt du im *A Carreta* in Ponta do Pargo.

AUF DEN SPUREN VON CR7

Nicht nur Fans des Weltfußballers Cristiano Ronaldo werden begeistert sein: Im CR7-Museum wird interaktiv die Lebens- und Erfolgsgeschichte des berühmtesten Sohns der Insel dargestellt.

JE ÄLTER, DESTO BESSER

Das gilt für das wertvollste Getränk der Insel: Madeirawein! Wie das flüssige Gold entsteht und wie es schmeckt, erfährst du bei einem Besuch der Blandy's Wine Lodge in Funchal.

DIE BESTEN INSIDER-TIPPS

Reisen mit Insider Tipps

IM GRÜNEN FEENWALD
Fährst du von Ribeira da Janela aus immer weiter hinauf, kommst du ins Fanal, eines der ursprünglichsten und grünsten Gebiete der Insel. Hier stehen fantastische, alte Stinklorbeerbäume – im leichten Nebel verwandelt sich der Hang in einen wahren Feenwald.

WELT UNTER WASSER ERKUNDEN
Geh schnorcheln auf Porto Santo mit Matias von Porto Santo Snorkling Tour und entdecke die felsige Heimat der Fische.

ZWISCHENRÄUME VOR DER LINSE
Architekturfans und Fotografen sind begeistert vom Werk des madeirischen Architekten Paulo David, der die lavagrauen Kuben des Museu de Arte Contemporânea auf den Klippen über Calheta platzierte – und

wirklich: Zwischen den Gebäuden ergeben sich spektakuläre Blickwinkel auf die Küste und das Meer.

PONCHA IN DER DORFKNEIPE
In der Bar Moinho bei Fajã da Ovelha mischst du dich beim Poncha-Schlürfen einfach mal unters Volk.

DIE NEBEL VOM ARIEIRO
Wer früh kommt, kann die fantastische Morgenstimmung hoch über den Tälern genießen, wenn der Morgennebel langsam die Bergspitzen des Pico do Arieiro freigibt.

EINMAL AUFS PIRATENSCHIFF
Wenn kleine Piraten von der großen See träumen, müssen sie den Nachbau des Kolumbusschiffes Santa Maria de Colombo in Funchal besichtigen.

DAS SCHMECKT AUF MADEIRA

Unsere Empfehlung heute

Vorspeisen

BOLO DO CACO
Warmes Brot aus Weizenmehl mit
zerflossener Knoblauchbutter

SOPA DE TOMATE
Sämige Tomatensuppe mit einem
pochierten Ei

LAPAS GRELHADAS
Gegrillte Napfschnecken mit
Knoblauchbutter und Zitronensaft

CASTANHETAS
Sardellenartige kleine Fische, gebraten
und angerichtet in Knoblauchöl

Hauptgerichte

PEIXE ESPADA COM BANANA
Schwarzer Degenfisch, als paniertes
Filet mit Banane

ESPETADA REGIONAL
Rindfleischspieße, in grobem
Lorbeersalz gewendet, vom Grill

ARROZ DE MARISCO
Eintopf aus Reis, Fisch und
Meeresfrüchten

BIFE DE ATUM COM MILHO FRITO
Thunfischsteak mit gebratener Polenta

CARNE DE VINHO E ALHOS
In Wein, Essig und Knoblauch
mariniertes Schweinefleisch

Desserts & Kuchen

PUDIM DE MARACUJÁ
Cremiger Maracujapudding aus
heimischer Passionsfrucht

BOLO DE MEL
Dunkler Gewürzkuchen aus
Zuckerrohrsirup

TARTE DE MAÇÁ
Apfeltarte

Getränke

VINHO DA MADEIRA
Madeirawein, trocken als Aperitif oder
süß als Dessertwein

CERVEJA CORAL
Bier, gebraut bei Câmara de Lobos

PONCHA
Minicocktail aus Zuckerrohrschnaps,
Honig und frisch gepresstem Orangen-
und Zitronensaft

CAFÉ/BICA
Kleiner starker Kaffee

MALLORCA!

Playa Mondragó

Mallorca ist ein Magnet, die größte Insel der Balearen zieht sie alle an: Könige, Künstler, Popstars, Aus- und Umsteiger – und vor allem Urlauber. Der Tourismus ist Mallorcas Wirtschaftsmotor. Kein Mittelmeerziel ist vielseitiger und wandlungsfähiger. Einst als Massenurlaubsziel verschrien, hat sich die Insel zu einem multikulturellen Mikrokosmos mit hervorragender Infrastruktur und hochwertiger Gastronomie entwickelt, ohne dabei ihr höchstes Gut zu verschandeln: die überwältigend schöne Natur.

CHECK IN

★ Über 150 Sandstrände
★ Baden, Segeln & Wandern
★ Mehr als nur Ballermann
★ Unesco-Kulturlandschaft
★ Orangen, Mandeln, Feigen

MARCO POLO
TOP-HIGHLIGHTS

KATHEDRALE LA SEU ⭐1
Palmas gotischem Meisterwerk aufs Dach steigen und bei der „Terrassen-Tour" bisher unzugängliche Bereiche entdecken

GRAN HOTEL ⭐2
Jugendstil innen mit einer Schau des Malers Anglada Camarasa, Jugendstil außen mit typischer Fassade an Palmas Plaça Weyler
📷 *Tipp: Ab auf die Knie! Ein toller Blickwinkel ergibt sich, wenn du die Front von unten nach oben ablichtest*

BANYALBUFAR/ESTELLENCS ⭐3
Treppauf, treppab geht es durch die beiden romantischen Terrassendörfer im Westen

PORT DE PORTALS ⭐4
Mondäner Yachthafen mit Edelboutiquen und Nobelrestaurants: Mallorcas Marbella für „Sehleute" mit Hang zum Luxus für Leib und Magen

TAL VON SÓLLER ⭐5
Eine Bergwelt schön wie aus dem Bilderbuch, mit zahlreichen Wanderrouten direkt vom Ort aus
📷 *Tipp: Steig in Biniaraix links am Ortseingang die Treppe hoch für ein Foto der schönsten Gassen Mallorcas*

TORRENT DE PAREIS ⭐6
Der zweitgrößte Canyon Europas ist mit dem Auto oder Boot bequem, zu Fuß auf schön anstrengende Art zu erreichen

HALBINSEL FORMENTOR ⭐7
Genieße abgrundtiefe Blicke auf den Taubenfelsen Es Colomer und den Sonnenuntergang vom Talaia d'Albercutx
📷 *Tipp: Warte, bis die Sonne im Meer versinkt: Dich erwartet ein Traum in Rot-Orange-Gelb!*

ES TRENC/
PLATJA DE SA RÀPITA 8

Karibik am Mittelmeer – und das gleich im Doppelpack: Die Traumstrände liegen direkt nebeneinander

PUIG DE RANDA 9

Der heilige Berg in der Inselmitte mit drei Klöstern auf drei Etagen und kulinarischen Genüssen in luftigen Höhen

ELS CALDERERS 10

Spannender Besuch auf einem über 300 Jahre alten Landgut

📷 *Tipp: Eine tolle Innenaufnahme entsteht, wenn du auf Höhe der üppig gedeckten Tafel in den Raum fotografierst*

BEST OF

LOW-BUDGET

FÜR DEN KLEINEN GELDBEUTEL

AB IN DIE WILDNIS

Genervt vom Massenbetrieb? Mach es wie die Tiere und geh dahin, wo die Insel noch wild ist: In den Naturpark S'Albufera ziehen sich viele geschützte Arten zurück. Spaziere durch das Feuchtgebiet – ohne Asphalt, ohne Beton und ohne Eintritt.

MUNDGEBLASEN

Gordiola bei Algaida ist die älteste der drei Glasbläsereien auf der Insel. Schon Spaniens Königsfamilie schaute dort den Handwerkern zu und bestaunte zerbrechliche Schönheiten.

PALAST FÜR ALLE

Hereinspaziert! Anders als die meisten Paläste in Palma öffnet der Casal Solleric seine Türen für Besucher. Drinnen liegen ein bildschöner Innenhof, Räume für wechselnde Kunstausstellungen und eine Bibliothek.

KOSTENLOSE CITY-TOUR

Einmal quer durch Palmas Altstadt vom Parc de la Mar über den Rathausplatz mit seinem jahrhundertealten Olivenbaum bis zur Plaça Espanya – so einen Rundgang bietet Mallorca Freetour gratis von Montag bis Samstag an. Anmelden musst du dich nicht.

BEI JOAN MIRÓ DAHEIM

Einen Besuch wert ist das Museum der Fundació Pilar i Joan Miró im ehemaligen Wohnhaus des Künstlers – am Samstagnachmittag und an weiteren ausgewöhlten Tagen sogar kostenfrei.

ORGEL-ERLEBNIS

Mit nur einer Taste pustet der Organist Wind durch 25 Pfeifen – wie da wohl erst das ganze Instrument klingen muss?! Hör einfach in der Kirche Sant Andreu in Santanyí bei einem kostenlosen Vorspiel zu.

FAHRT MIT DEM ORANGEN-EXPRESS

Mehr als 100 Jahre alt ist die nostalgische Straßenbahn mit offenen Waggons, die mitten durch Sóller und bis zum Hafen fährt. Von Palma nach Sóller geht es ebenfalls mit einer historischen Bahn durch 13 Tunnel, gesäumt von Orangen- und Zitronenhainen.

ERDROT UND BLÜTENWEISS

Millionenfache weiß-rosa Blütenpracht über Mallorcas charakteristisch roter Erde: Zur Mandelblütezeit von Ende Januar bis Anfang März kannst du ein einmaliges Naturschauspiel erleben, z. B. bei Son Servera, wo es sogar mit einem Fest gefeiert wird.

LECKERE ÖLSTULLE

Für Mallorquiner kommt aufs Brot keine Butter, sondern Olivenöl. Zum *pa amb oli* gehören außerdem Tomaten und Käse oder Wurst, dazu kommen Oliven, Seefenchel und Ka-

pern. So einfach, so gut! Probier's selbst im Hostal d'Algaida.

DEM HIMMEL EIN STÜCK NÄHER

Jeder Ort hat seine *ermita,* sein *monasteri* oder *santuari,* meistens auf dem Gipfel eines nahe gelegenen Bergs. Den Insulanern sind diese Orte heilig. Hier treffen sich Großfamilien zum Grillen, und Wanderer genießen den Blick über ihre Heimat – z. B. bei der Ermita de la Trinitat.

SÜSSE VERSUCHUNG

Nicht mal auf den Nachbarinseln ist die *ensaïmada,* die meist mit Puderzucker bestreute Hefeteig-Schmalzschnecke, so geschmackvoll und zart wie auf Mallorca. Sie ist in jeder Bäckerei zu haben, etwa bei Ca na Juanita in Alaró.

DIE BESTEN INSIDER-TIPPS

Reisen mit Insider Tipps

SCHLUCHTENWANDERUNG
Der Weg ist das Ziel in der Schlucht des Torrent de Pareis. Ein geradezu himmelhohes Felsentor öffnet den Blick über einen Kiesstrand zum Meer.

LUST AUF FEIGENBIER?
Dann auf zur Finca Son Mut Nou nahe Llucmajor, wo 3000 Feigenbäume wachsen – mehr als 1300 Sorten aus der ganzen Welt.

MANDELBLÜTE FÜR ZU HAUSE
Das Mandelparfüm „Flor d'Ametler Classic" ist genau das Richtige, um den Duft der Insel mit nach Hause zu nehmen.

AUF DEM PRACHTBOULEVARD
Schnäppchen oder eine 2000-Euro-Handtasche? Findest du auf dem Passeig des Bom in Palma.

IM HÖHLENSEE SCHWIMMEN
Nervenkitzel ohne Gefahr gibt es zwischen den Urzeitsäulen in der Cova des Coloms, wo du dich in dem unterirdischen See bei konstanten 18 Grad in Bikini oder Badehose erfrischen kannst.

DÜNEN AUS SALZ
Schneeweiße Dünen mitten im offenen Flachland des Inselsüdens? Das ist keine Fata Morgana, sondern die jahrhundertealten Salines d'Es Trenc, die man schon von Weitem erkennt.

ÜBERS MEER SCHIPPERN
Bei einer Tour im echten Fischerboot aufs Meer gucken, angeln und mit Glück Delfine spotten. Die Ausflüge für die ganze Familie starten von 13 Häfen aus, u. a. von Palma, Port d'Andratx und Port de Sóller.

DAS SCHMECKT AUF MALLORCA

Unsere Empfehlung heute

Vorspeisen/Snacks

VARIAT
Mallorquinische Variante der Tapas:
bunte Mischung verschiedener
Häppchen

TREMPÓ
Sommersalat aus Tomaten-,
Zwiebel- und grünen Paprikawürfeln
in Olivenöl

COCA
Mallorquinische Version der Pizza
aus Hefeteig, belegt mit
roter Paprika oder Mangold

SOPAS MALLORQUINES
Kohl-Schweinefleisch-Topf auf
Brotscheiben (*sopas*), die zuvor in der
Sonne getrocknet wurden

Hauptgerichte

TUMBET
Gemüsetopf aus Kartoffeln,
Auberginen und roter Paprika

FRIT MALLORQUÍ
Innereien und Gemüse,
mit Knoblauch und Meerfenchel

CONILL AMB CEBES
Kaninchen mit Zwiebeln

LLOM AMB COL
Kohlroulade mit Schwein
oder Täubchen in einem
Weinsud mit Speck, Rosinen
und Pinienkernen

ARRÒS BRUT
Reiseintopf mit drei Sorten Fleisch;
„schmutziger Reis" heißt er wegen
der Safranfärbung

Desserts

GATÓ D'AMETLLA AMB GELAT
Lockerer Mandelkuchen
mit Mandel- oder Vanilleeis

ENSAÏMADA
Puderzuckrige
Hefeteigschnecke

Getränke

HORCHATA D'AMETLLA
Mandelmilch

VI NEGRE
Rotwein, z. B. aus den typischen
Inselsorten Mantenegro oder Callet

VI BLANC
Weißwein, gekeltert u. a. aus der
einheimischen Rebe Prensal Blanc

MALTA!

St Peter's Pool

Malta ist winzig und hat doch fast alles. Steilküsten und Strände, quirlige Städte und stille Dörfer, ganz viel Kunst und 5000 Jahre Geschichte. Sandstrände gibt es zwar nur im Norden von Malta, aber die Malteser brauchen keinen Sand, um das Meer zu genießen. An Sommerwochenenden geht's scharenweise zum Picknick an die flachen Felsküsten. Und für Partys bis zum frühen Morgen gibt es Paceville und die Clubs bei Mdina. Ein Urlaub hier ist Städte-, Bade- und Kulturreise zugleich – und das das ganze Jahr über.

CHECK IN

★ Mitten im Mittelmeer
★ Felsen als Sprungbrett
★ Wo Boote Augen haben
★ Steinzeit-Megasteine
★ Hier geht die Party ab

HAGAR QIM & MNAJDRA ⭐1

Ein Steinzeittempel reicht? Dann dieser! Ganz einsam steht er zwischen Feldern mit weitem Blick aufs Mittelmeer
📷 *Tipp: Das Schutzdach verhindert jede Totale. Stelle jemanden ins Tempeltor, das vermittelt am besten die gewaltige Größe*

HAFENRUNDFAHRT IN VALLETTA ⭐2

Grand Harbour: Boote ohne Ende. Stadtmauern, viel höher als die größten Kreuzfahrtschiffe am Kai. Nach einer Hafenrundfahrt von Sliema aus versteht man, warum Piraten um Valletta stets einen großen Bogen machten

REPUBLIC STREET ⭐4

Nur 1 km lang – aber auf Vallettas Flaniermeile kannst du gut einen ganzen Tag lang shoppen, chillen und schauen
📷 *Tipp: Nimm sie von unten nach oben auf. Dann führt sie direkt in den hoffentlich blauen Himmel!*

ST JOHN'S CO-CATHEDRAL ⭐3

Leicht gruselig ist es schon, dass der ganze Kirchenboden aus farbigen Platten von Rittergräbern besteht
📷 *Tipp: Blick nach oben: Da ist kein Fleck unverziert*

HYPOGÄUM ⭐5

Sensationell: Du steigst in Paola in einen dreigeschossigen, unterirdischen Tempel hinab. 5000 Jahre alt, einst Grab für 7000 Menschen

CATACOMBS 8

Unter dem heutigen Rabat liegen große Totenstädte. Etwas gruselig die Vorstellung, aber in der Antike wurden Festmähler zwischen all den Gräbern abgehalten

GHAJN TUFFIEHA BAY 6

Traumstrand gefunden! Keine Uferstraße, kein Hotel, kein Sport, nur eine Beachbar. Feiner Sand, ein klares Meer. Und meist wenig Menschen

FONTANELLA TEA GARDEN 9

Hier auf der Stadtmauer Mdinas liegt einem halb Malta zu Füßen. Und die vielen Törtchen lassen dich im siebten Himmel schweben

MARSAXLOKK 7

Bunte Fischerromantik findest du auf Malta nur hier, die aber reichlich. Klar, dass man in diesem Ort Fisch isst
📷 *Tipp: Die Dorfkirche ist, schön rangezoomt, der ideale Hintergrund für die vielen bunten Boote*

AUSFLUG NACH GOZO 10

25 Minuten Bootsfahrt, dann ist man in einer anderen Welt. Die kleine Nachbarinsel ist ganz entspannte Ländlichkeit. Dazu ein völlig unverbauter Sandstrand, die Ramla Bay

BEST OF €
LOW-BUDGET

MARKTZEIT

Zum Fischmarkt von Marsaxlokk fährt jeder mal. Mehr als frischen Fisch gibt es hier allerdings Haushaltsgeräte, Kleidung, Obst und Gemüse, Kitsch und Ramsch – mit Glück ist auch ein Schnäppchen dabei.

DIE KIOSKE VON ST PAUL'S BAY

Es gibt sie überall in Malta, doch an der St Paul's Bay sind sie am schönsten: große Kioske mit schlichten Stühlen und Tischen an der Uferpromenade. Da isst und trinkt man preiswert und völlig informell.

BEIM BÄCKER VORBEISCHAUEN

Die Malteser holen sich ihren Snack gern vom Bäcker. Denn in den Bäckereien gibt es nicht nur Süßes: Die traditionellen kleinen, mit Fleisch, Käse oder Gemüse gefüllten Strudelteigtaschen, die *pastizzi,* sind hier auch zu finden.

WOCHENENDE – FEUERWERK

Die Malteser sind verrückt nach Feuerwerk jeder Art. 25 Fabriken sorgen auf den Inseln für Nachschub. Gezündet wird es an nahezu jedem Wochenende in einem der Dörfer bei einer *festa*. Mit dabei sein ist alles!

BUSFAHREN ZUM TRAUMPREIS

Gern unterwegs? Wer auf Malta ohne Mietwagen viel rumkommen will, kauft sich eine Tallinja Card Explore. Für nur 21 Euro (Kinder 15 Euro) kann man damit alle Busse auf Malta beliebig oft nutzen.

FEIERN OHNE ABZOCKE

Paceville gilt unter Party-People bekanntermaßen als einer der Nightlife-Hotspots des zentralen Mittelmeerraums – und trotzdem ist selbst in den großen Diskos wie dem *Havana* der Eintritt frei.

BEST OF ⚑

TYPISCH

DAS ERLEBST DU NUR HIER

DIE BRITEN & DIE RITTER
Auf Malta trifft man überall auf Spuren der Ritterorden, die im 16. Jh. Valletta gründeten, aber auch auf viele Relikte der Briten, die bis 1964 hier das Sagen hatten.

WACHSAME AUGEN
Ohne aufgemalte Augen am Bug dürfen die *luzzi*, die traditionellen Fischerboote, nicht ins Wasser. Diese sollen helfen, Gefahren auf See rechtzeitig zu erkennen.

STEINERNE SCHIENEN
Rätselfans fühlen sich von den tiefe Bodenrillen auf einer leicht geneigten Felsfläche bei den Buskett Gardens wie magisch angezogen. Bis zu 40 cm tiefe, parallel zueinander verlaufende Rillen im Gestein kreuzen und verzweigen sich wie Schienen auf einem Rangierbahnhof. Wo kamen sie her, wo führten sie hin? Keiner weiß es.

BADEN IM NATURPOOL
Früh aufstehen lohnt sich. Denn dann bist du nach einem 20-minütigen Fußmarsch als einer der ersten im St Peter's Pool, einem der schönsten Naturpools von Malta in der Nähe von Marsaxlokk.

SCHEINBAR UNAUSSPRECHLICH
Marsaxlokk, Siggiewi, Wied iz-Zurrieq: Allein die Ortsnamen sind eine Herausforderung. Als Urlauber kommt man mit Englisch gut durch. Aber unter sich sprechen fast alle Malteser nur Maltesisch, das eng mit dem Arabischen verwandt ist.

PFUI TEUFEL
Fast jede zweite Kirchturmuhr steht still oder geht falsch. Absichtlich! Um den Teufel zu verwirren, damit er nicht als Störenfried zur heiligen Messe erscheint. Teils sind sie sogar nur aufgemalt.

DIE BESTEN INSIDER-TIPPS

Reisen mit Insider Tipps

SENKRECHT DEN FELS HOCH
Klettern auf Malta, wo der höchste Gipfel gerade einmal 253 m hoch aus dem Meer ragt? Und wie! Über 1500 Routen sind vor allem an den Küsten markiert. Und das Meer ist nie weit weg.

IM FELSFJORD SCHWIMMEN
Vergiss die Welt, schwimm in Xlendi zwischen rauen Klippen dem offenen Meer entgegen.

KUTSCHFAHRT DURCH DIE GASSEN
Hufgetrappel, Pferdeduft. Die Paläste von Mdina im Laternenschein. 20 Minuten pure Romantik.

SCHAUDERN UND STAUNEN
Maltas Gruselgeschichten sind echt: Im Gerichtssaal und in den alten Verliesen des Inquisitor's Palace in Vittoriosa werden die dunkelsten Kapitel der maltesischen Geschichte aufgeschlagen.

DEIN BLAUES WUNDER ERLEBEN
Capri hin, Capri her: Die Blaue Grotte auf Malta ist mindestens ebenso schön. Besonders schön ist das Licht am Vormittag.

UNTER DER ERDE
Hinab in die Höhle Ghar Dalam: In 200 m Tiefe stößt man auf Knochen von prähistorischen Wölfen, Füchsen und sogar Zwergelefanten, die hier lebten.

FILIGRANER SILBERSCHMUCK
Wenn's um filigrane Silberarbeiten geht, waren die Malteser schon immer wahre Meister – zu kaufen beispielsweise im *Silversmith's Shop* in Valletta.

Unsere Empfehlung heute

Vorspeisen

ALJOTTA
Fischsuppe mit viel Knoblauch, Kräutern und Reis

MINESTRA
Suppe mit verschiedensten Gemüsesorten, serviert mit frischem Schafs- oder Ziegenkäse

RAVJUL
Ravioli, gefüllt mit gozitanischem Ricottakäse

Hauptgerichte

BRAGIOLI
Rindsroulade, gefüllt mit Ei, Hackfleisch und Erbsen

BRUGIEL MIMLI
Mit Reis, Hackfleisch und Kräutern gefüllte Auberginen

TIMPANA
Nudelauflauf – meist aus Makkaroni – mit Béchamelsauce, mit oder ohne Hackfleisch

ROSS FIL-FORN
Überbackener Reisauflauf mit Hackfleisch, Eiern und Tomaten

Desserts

IMQARETS
Mit gehackten Datteln gefüllte Teigröllchen

BISKUTTINI TAL-LEWZ
Mandelschnitten, meist auf Reisoblaten gebacken. Ideal zum Kaffee

KANNOLI
Knusprige Teigröllchen, gefüllt mit Ricottakäse und kandierten Früchten

Getränke

SHANDY
Die maltesische Variante des Alsterwassers und Radlers

BAJTRA
Likör aus dem Fruchtfleisch der stachligen Kaktusfeige

GUZE PASSITO
Ein edler, roter Dessertwein aus Shiraz-Trauben, produziert von Marsovin

MAURITIUS!

Flic en Flac Beach

Mark Twain könnte richtig gelegen haben, als er einmal schrieb, Gott habe zuerst diese Insel erschaffen und dann das Paradies nach ihrem Vorbild. Vieles spricht dafür: türkisblaue Buchten, weiße Strände, tropische Wälder und die Herzlichkeit der Einwohner. Mauritius hat bis heute nichts von seinem Charme eingebüßt.
Für deinen Urlaub hast du die Wahl zwischen luxuriös und lässig, zwischen baden, sonnen, wandern, surfen … Ob Filmstar oder Globetrotter, jeder genießt hier nach seiner Fasson.

CHECK IN

- ★ Tropisches Paradies
- ★ Viel Sonne bei 24–30°
- ★ Ein Korallenriff ringsum
- ★ Der Traumstrand ruft!
- ★ Beliebtes Hochzeitsziel

MARCO POLO
TOP-HIGHLIGHTS

ÎLE AUX CERFS ★1

Baden, schnorcheln, sonnen. Trotz der vielen Besucher findet man am Traumstrand immer auch ein idyllisches Robinsonplätzchen

📷 *Tipp: Nimm eine Unterwasserkamera für die Fischschwärme mit – in der Mittagssonne hast du weite, klare Sicht*

CHAMP DE MARS ★2

Auch wenn du es noch nie gemacht hast: Schließ eine Wette ab, wenn zum ältesten Pferderennen der Südhalbkugel in Port Louis aufgesattelt wird

📷 *Tipp: Den besten Überblick hast du vom Gipfel des Montagne de Signeaux*

ZENTRALMARKT ★3

Abgeranzt und voll, doch eine echte Fundgrube. Selbst Damen der Oberschicht kommen aus abgelegenen Bergdörfern nach Port Louis, um auf diesem Markt einzukaufen

📷 *Tipp: Blitz einschalten und rauf auf die Empore der Souvenir- und Tuchhändler!*

CAUDAN WATERFRONT ★4

In der bunten Einkaufsmeile von Port Louis kannst du shoppen, schlendern oder einfach mit Blick zum Hafen den Urlaubstag genießen

📷 *Tipp: Auf der Straße zum Blue Penny Museum hängt der Himmel voll bunter Sonnenschirme*

KALAISSON-TEMPEL ★5

Quietschbunt und heilig: Eine der schönsten tamilischen Stätten für Einkehr, Gebet und Zeremonie steht in Abercrombie

📷 *Tipp: Innen den Gebetsraum fotografieren, der ist noch farbenfroher als die Außenansicht*

EUREKA – LA MAISON CRÉOLE 🌟 7
Seit 1830 wurde in der Kolonialvilla bei Moka so gut wie nichts verändert und es ist, als würde die Familie gleich wiederkommen

VALLÉE DE FERNEY 🌟 8
Im Tal ist der Urwald von Mauritius aufgeforstet und lässt ahnen, wie die Insel früher aussah: Dschungel, Hunderte Vögel, Fledermäuse, Eidechsen, Hirsche ...

CASELA WORLD OF ADVENTURES 🌟 9
Ein Erlebnispark voller Abenteuer: Raubtierzoo, Rutschen und Seilbahn über Schluchten, Safari mit Quad, Segway oder Pferd

BLACK RIVER GORGES NATIONAL PARK 🌟 6
Im größten Wandergebiet der Insel mit 60 km Wegenetz durch den Regenwald siehsts du einzigartige Pflanzen und seltene Vögel wie den Turmfalken

TÖRN ZU DEN INSELN IM NORDEN 🌟 10
Eine Segeltour vorbei an der Steilküste von Coin de Mire zu den Inseln mit Traumstränden und Korallengarten ist ein Urlaubshöhepunkt

BEST OF
LOW-BUDGET

BLICK IN DEN KRATER

85 m tief reicht der Blick in den erloschenen Vulkan Trou aux Cerfs bei Curepipe, aber auch über ganz Mauritius – bei guter Sicht sogar bis zur 170 km entfernten Insel Réunion. Im Krater hat sich ein sumpfiges Biotop gebildet, umgeben von einem Wäldchen.

UNTER DENKMALSCHUTZ

Im Aapravasi Ghat, dem einstigen Lager für indische Einwanderer, die nach Mauritius kamen, um auf den Zuckerrohrplantagen zu schuften, gibt es eine kostenlose Führung. Die Anlage ist ein eindrückliches Zeugnis aus der Zeit der Ausbeutung im 19. Jh.

SCHAU AN!

Heute unvorstellbar, doch früher war es erlaubt, sein Haus mit Korallen und Muscheln zu bekleben. Der Dichter Robert Edward Hart lebte Mitte des 20. Jhs. in einem Häuschen an der Südküste und dekorierte die Fassade mit dem, was das Meer hergab. Die noch original möblierten Wohnräume kannst du kostenfrei besichtigen.

GRÜNE IDYLLE

Gepflegter Rasen, Dattelpalmen, Kampferbäume, Bananenstauden, ein kleiner See – der Botanische Garten von Curepipe kann es mit seinem großen Bruder in Pamplemousses aufnehmen und ist dabei kostenlos zu besuchen.

LECKERES FÜR DIE BADEPAUSE

Mauritier lieben Snacks. Überall gibt es Verkäufer, die *samoussas,* Frühlingsrollen und andere Snacks verkaufen, oft sogar vom Fahrrad aus. Am Strand von Grand Baie kannst du dir an Dutzenden Ständen ein leckeres Menü zusammenstellen.

BEST OF 🚩
TYPISCH
DAS ERLEBST DU NUR HIER

NICHT MAL ABGESTEMPELT ...

... und doch so wertvoll ist die die „Blaue Mauritius", die erste mauritisch Briefmarke im Blue Penny Museum in Port Louis. Da sie größtenteils im Dunkeln liegt, solltest du vorher fragen, wann der Spot angeht.

ZU DEN AFFEN UND GIRAFFEN

Geh nah Tamarin auf Safarifahrt in dem Naturparadies Casela World of Adventure.

PFERDERENNEN

Auf der traditionsreichen Rennbahn Champ de Mars geht es zu wie auf einer Kirmes, wenn sich ganz Mauritius zum Wetten trifft.

GANZ OHNE FOTOFILTER

Die Terres des Sept Couleurs bei Chamarel schimmern in allen Regenbogenfarben. Über etwa 1 ha erstrecken sich die Bodenwellen. Je nach Tageszeit leuchten die Erdschichten rostrot, gelborange, grün, blau oder violett.

ZUM HAFEN STATT INS AQUARIUM

Viele Häfen wie der von Grand Baie haben Fischlandestationen, an denen mittags der farbenfrohe Fang der letzten Nacht preiswert angeboten wird.

KÜSTENSTRASSE NACH SOUILLAC

Eine wellige Hügellandschaft, kreolische Dörfer und Buchten mit Fischerbooten: Auf dem Weg von Le Morne nach Souillac hast du den Ozean immer im Blick.

ZUM WEINEN SCHÖN

Bei jeder Welle spritzt Wasser an dem „weinenden Felsen" von Gris Gris hoch. Durch die Tröpfchenbildung entsteht ein Regenbogen – absolut eindrucksvoll!

DIE BESTEN INSIDER-TIPPS

Reisen mit Insider Tipps

MULTIKULTURELLE SINFONIE
Am Hafen und in der Fußgängerzone der Caudan Waterfront in Port Louis wird jedes Wochenende musiziert, gesungen und getanzt, ganz multikulturell.

NEED FOR SPEED?
Im Vallée des Couleurs saust man an einem 1,5 km langen Stahlseil entlang, der längsten Zipline des Indischen Ozeans.

KRÄUTERWUNDER MIXEN LASSEN
Ab zum Stand des Heilers Jay auf dem Zentralmarkt von Port Louis! Nenn ihm dein Zipperlein, und er verkauft dir eine helfende Teemischung.

RAN AN DIE CHILI-BOMBEN
Unbedingt probieren, aber mit Vorsicht genießen: *bonbons piment.* Das sind frittierte Bällchen aus einer dicken, weißen Bohnenmasse, gewürzt mit scharfen Chilistücken.

GÖTTER ZÄHLEN
Shiva, Krishna, Vishnu, Muruga, Brahma, Ganesha … Es ist eine bunte Truppe, die da auf dem Shivalah-Tempel, der größten Tempelanlage von Mauritius, thront.

EINEN DODO ERGATTERN
Längst ausgestorben ist der mauritische Kultvogel, der flugunfähige Dodo. Einer aus Silber von Patrick Mavros überlebt garantiert alle anderen Kitschexemplare, die in den Souvenirläden angeboten werden.

FEILSCHE, WAS DAS ZEUG HÄLT
Auf dem Zentralmarkt in Port Louis solltest du Spaß am Handeln entwickeln, sonst ärgert dich später ein überteuerter Einkauf.

DAS SCHMECKT AUF MAURITIUS

Unsere Empfehlung heute

Vorspeisen

SAMOUSSAS
knusprige dreieckige Teigtaschen mit
verschiedenen herzhaften Füllungen

GÂTEAUX PIMENTS
scharfe, frittierte Teigbällchen
aus Kichererbsenmehl, Koriander
und Chili

SALADE D'OURITE
Tintenfischsalat mit Thymian,
Kreuzkümmel, Koriander und Chili

Hauptgerichte

CURRY DE POULET
Mit Massala gewürztes Gericht aus
Hühnchenfleisch, Tomaten, Zwiebeln,
serviert mit Reis und dicken Bohnen

**CURRY D'AGNEAU
AVEC COCO ET RAISINS**
mildes Lammcurry mit Kokosnuss
und Rosinen

BRIYANI
pikante Reispfanne mit Fleisch-,
Ei- und Gemüsestreifen

ROUGAILLE DE BŒUF
Rindfleischstücke in einer scharfen
Tomatensauce

Desserts

GÂTEAU PATATE
Kuchen aus Süßkartoffeln,
mit Vanille verfeinert

PUDDING DE MANIOC
saftiger Maniokpudding

VERMICELL
Fadennudeln mit Milch,
Trauben und Kardamom

Getränke

ALOUDA
Milchshake mit Basilikumsamen,
geleeartige Konsistenz durch Agar Agar

LASSI
indisches Joghurtgetränk
mit Mango oder anderen Früchten

TI-PUNCH
Aperitif,
Mix aus Rum, Limetten
und Zucker

RHUM ARRANGÉ
Digestif,
mit Vanille und Kräutern
angesetzter Rum

SEYCHELLEN!

Anse Source d'Argent, La Digue

Finis coronat opus: „Das Ende krönt das Werk", so steht es auf dem Staatswappen der Seychellen. Und tatsächlich – es scheint, als wäre ganz zum Schluss der göttlichen Schöpfung ein Masterpiece entstanden: die 115 Inseln des seychellischen Archipels, jede einzelne wie ein Mosaikstein im Meer, jede einzelne ein Kunstwerk aus Sand, Granit und Palmen. Dazu eine faszinierende Unterwasserwelt mit Meeresschildkröten, Mantarochen und farbenfrohen Tropenfischen.

CHECK IN

★ Entspanntes Badeparadies
★ Dschungelgrün ohne Ende
★ Multikulti der Kreolen
★ Weltkleinste Hauptstadt
★ Küche: scharf & raffiniert

MARCO POLO
TOP-HIGHLIGHTS

SIR SELWYN SELWYN CLARKE MARKET 2
Das Herz der Hauptstadt Victoria: farbenprächtige Früchte, schillernde Fische, exotische Gewürze, kreolische Lebensfreude!
📷 *Tipp: Den besten Überblick hast du aus dem 1. Stock der Markthalle*

MORNE-SEYCHELLOIS-NATIONALPARK 1
Wandern in der Bergwelt Mahés durch exotische Vegetation hinauf auf die Granitgipfel
📷 *Tipp: Vom Plateau der Copolia hast du einen spektakulären Panoramablick*

MORNE-SEYCHELLOIS-LA PLAINE ST. ANDRÉ 3
Eine alte Plantage, ein Gutssitz, eine Rum-Destillerie und ein Spitzenrestaurant – tropische Genüsse mit einem Hauch Kolonialzeit

JARDIN DU ROI 🌟4

Alte Pflanzungen, Tropengehölze und Gewürzpflanzen in Südmahé – ideal für kleine Wanderungen

📷 *Tipp: Ein schönes Panorama – mit Pflanzerhaus, Tropenvegetation und Küste – zeigt sich von der Terrasse des Gartenbistros*

ANSE INTENDANCE 🌟5

Für viele der schönste Strand Mahés! Ein Kilometer purer Tropenkitsch mit weißestem Sand und türkisfarbener Brandung

📷 *Tipp: Postkartenmotive mit Meer, Granit und Palmen bekommst du von der Terrasse und der Bar des Hotels Banyan Tree*

VALLÉE DE MAI 🌟6

Nationalpark der Superlative auf Praslin, allein schon wegen der sagenumwobenen Coco de Mer, der größten Nuss der Welt. Jurassic-Park-Atmosphäre garantiert!

ANSE LAZIO 🌟7

Einer der besten Strände, um einen Tag am Meer abzuhängen – baden, strandwandern und kulinarische Köstlichkeiten auf Praslin

L'UNION ESTATE 🌟8

Wie ein großes Freilichtmuseum erzählen Kokos- und Vanilleplantagen, Ölmühle, Bootswerft und ein alter Friedhof vom ursprünglichen Leben auf den Seychellen

ANSE SOURCE D'ARGENT 🌟9

Der paradiesischste Strand der Seychellen! Markante Felsen, schneeweiße Buchten, kristallklares Wasser, satte Tropenvegetation. Idyllischer als hier auf La Digue geht's nimmer!

VOGELKOLONIE BIRD ISLAND 🌟10

Eine einsame Koralleninsel mit Wildlife pur in Form von Millionen von Vögeln und einer atemberaubenden Unterwasserwelt

BEST OF €

LOW-BUDGET

FÜR DEN KLEINEN GELDBEUTEL

QUIETSCHBUNTER TEMPEL

Die farbenfrohe Fassade des Hindutempels Arul Mihu Navasakthi Vinayagar in Victoria ist ein echter Eyecatcher. Innen eine Oase der Ruhe – nur den Vorraum darf man (barfuß!) betreten, doch das lohnt, weil ab und zu die Ritualgesänge der indischen Mönche nach draußen dringen.

EIN BLAUES WUNDER ERLEBEN

Lust auf eine Inselrundfahrt? Dann ab zur nächsten Haltestelle und rein in den blauen *Tata-Bus!* Schon die oft halsbrecherische Fahrweise ist ein Abenteuer. Nur 7 SCR (50 Cent) kostet es von Stopp zu Stopp. Ohne Ziel Mahé und Praslin zu erkunden verspricht kreolische Lebensart pur!

TAKE AWAY

Seychellisches Streetfood, das an kleinen Verkaufsständen und von Food Trucks an-geboten wird, ist kein 08/15-Fastfood. Man wird nicht nur satt, sondern lernt die typisch tropischen Aromen kennen – und das für nur 3–5 Euro pro Gericht!

BETÖRENDE DÜFTE

Im Regen riecht alles noch intensiver! Die kleine Manufaktur Kreolfleurage am North East Point von Mahé entführt mit exotischen Parfümkreationen in die Duftwelt der Tropen. Dagmar und Daniel erklären, wie die Essenzen entstehen.

SOUVENIRS, FAST GESCHENKT

Es muss nicht immer die teure Coco de Mer sein. Originell und billig sind die typisch seychellischen Reisigbesen, die nicht nur gut kehren, sondern exotische Deko sind. Wer happy werden will, sammelt die roten Samenperlen von Lagati – dem Sandelholzbaum. Sie gelten als Glücksbringer.

BEST OF ⚑
TYPISCH

HARTE NUSS
So viel Aufhebens um den größten Samen der Welt! Doch das ist berechtigt, denn die poförmige Coco de Mer, die bis zu 20 kg schwer werden kann, wächst nur hier.

TIERE HAUTNAH
Zu Land, zu Wasser und in der Luft – die Seychellen sind tierisch schön! Riesenschildkröten wie aus einer anderen Welt, Wasserschildkröten als Bade- und Tauchgenossen und Flughunde, die abends durch die Lüfte schwirren und in den Bäumen abhängen – wenn sie nicht gerade als Curry auf dem Teller landen …

SPRACHLICH MULTIKULTI
Englisch, Französisch und die Muttersprache Kreol – alle drei sind als offizielle Amtssprachen auf den Seychellen gleichberechtigt. Also nicht wundern, wenn in die übliche englische Konversation immer auch mal kreolische Brocken oder französische Vokabeln einfließen.

POSTKARTENSTRÄNDE
Grauer Fels, gepaart mit grünen Palmen und allerfeinstem weißem Puderzuckerstrand – das sind die klassischen Zutaten für die Traumstrände der Seychellen. Und davor liegen Korallenriffe, die Schnorchler und Taucher beeindrucken. Der Klassiker: die Anse Source d'Argent auf La Digue.

SO KLINGEN DIE TROPEN
Überall auf den Inseln klingt es anders, aber immer exotisch: der heiter- schnelle Seychellen-Rhythmus *Sega* und die etwas schwermütigere, mystische *Moutia* bilden einen ganz eigenen Kontrast zum Tropen-Reggae. Zu erleben z. B. auf dem Bazar Labrin in Beau Vallon.

DIE BESTEN INSIDER-TIPPS

Reisen mit
Insider Tipps

STREETFOOD & TAKEAWAYS TESTEN
Kauf ein und iss wie die Einwohner der Seychellen am besten am Straßenrand: rustikal, kreolisch, authentisch!

MIT SCHILDKRÖTEN AUF AUGENHÖHE
Werd eins mit der tropischen Tierwelt und erleb die gepanzerten Riesen auf Bird Island hautnah.

DURCH DEN NATIONALPARK SCHIPPERN
Wag einen Blick in die Unterwasserwelt und buch eine Tour mit dem Glasbodenboot rund um die Insel Ste. Anne.

TRATSCH UND TRÖDEL
Totos Laden in der Baie Lazare, hochtrabend Toto's Museum & Art Gallery genannt, ist eine Wunderkammer. Zwischen Antiquitäten aus der guten alten Inselzeit finden sich skurrile Fundstücke, Gemälde und Bastelarbeiten aus Kokos – unterhaltsamen Tratsch gibt's immer dazu.

NACHTS ÜBER DEN MARKT
Misch dich unters tropische Treiben auf dem Bazar Labrin in Beau Vallon bei Musik und kreolischen Leckereien.

MIT DEM RAD UNTERWEGS
Mach's wie die Einheimischen – mit dem Drahtesel erkundest du La Digue am schnellsten und besten!

DER SCHATZ DER PIRATEN
Geh im weichen Sand am Strand von Beau Vallon buddeln – vielleicht findest du die Schätze der Freibeuter.

Unsere Empfehlung heute

Salate

SALAD MILYONER
Salat aus dem Herzen der Palmiste-Palme

SALAD MANG
Salat aus hauchdünnen Mangoscheiben

Snacks

SAMOUSAS
Gebackene Teigtaschen mit Gemüse- oder Fischfüllung

CHIPS
Hauchdünne, frittierte Scheiben von Brotfrucht, Banane oder Maniok

Currygerichte

KARI KOKO ZOURIT
Mildes Curry-Schöpfgericht mit Tintenfisch und Kokosmilch

KARI POUL
Curry-Schöpfgericht mit Hühnchen

Fisch & Co.

BOURZWA/RED SNAPPER
Roter Schnapper – der bekannteste Seychellen-Fisch

KAKATWA GRIYE
Gegrillter Papageienfisch

KRAB ZIRAF ZENZANM
Riesengarnelen in Ingwersauce

Beilagen

LANTIR KREOL
Linsenstampf

SATINI PAPAY
Geraspelte und geschmorte grüne Papaya

BENYENN BRENZEL
In knusprigem Teig ausgebackene Auberginen

Getränke

SEYBREW
Landestypisches Inselbier, nach deutschem Reinheitsgebot (!) gebraut

TAKAMAKA
Inselrum in verschiedenen Geschmacksrichtungen

SITRONNEL
Tee aus Zitronengras

SIZILIEN!

Ätna

Sizilien ist eine Welt für sich, wo über Jahrtausende Menschen aufeinandertrafen und ihre Kulturen miteinander verschmolzen. Sizilien ist aber auch Meer: Nie ist es weit, von fast allen Bergen der Insel zu sehen. Deren höchster, der über 3000 m hohe Ätna, ist ein aktiver Vulkan. Und als Gegenpol zu den lebendigen Städten voller Kunst und Geschichte zieht es die Sizilianer in die ruhige Natur, in die Orangen- und Olivenhaine, zu gelb blühender Wolfsmilch und türkisblauen Buchten.

CHECK IN

★ Größte Mittelmeerinsel
★ Mediterrane Märkte
★ Wo die Orangen blühen
★ Der Ätna überragt alles
★ Lebendige Antike

MARCO POLO TOP-HIGHLIGHTS

STROMBOLI 1
Naturspektakel: der 924 m hohe aktive Inselvulkan nördlich von Sizilien, über dessen Gipfel immer eine dünne Rauchfahne schwebt

ÄTNA 2
An Fuß des Giganten wachsen Palmen und Zitronen, sein Gipfel ist eine Wüste aus Lava und Eis
📷 *Tipp: Die spektakulärsten Panoramas schießt du aus der Ferne. Oben sieht's manchmal nach Schutthalde aus*

TEATRO GRECO-ROMANO 3
Der Ätna-Kulisse liefert das Bühnenbild für klassische Theater- und Musikdarbietungen in Taormina
📷 *Tipp: Am besten schon um 9 Uhr früh kommen, nachmittags verhüllt sich der Ätna in Wolken*

PIAZZA ARMERINA 4
Die 3500 m² Mosaiken der spätrömischen Villa del Casale sind komplett überdacht. So kannst du Stunden beim Betrachten der grandiosen Steinteppiche verbringen

NOTO 5
Die fantasievolle Barockstadt entstand in 50 Jahren am Reißbrett und ist heute Weltkulturerbe
📷 *Tipp: Im Abendlicht leuchtet der behauene Tuffstein besonders honiggelb*

MUSEO REGIONALE ARCHEOLOGICO 6
Den geballten Formenreichtum des antiken Sizilien dokumentiert das moderne Museum von Syrakus

DOM VON CEFALÙ 7

Welch Fotokulisse: Der älteste Normannendom Siziliens mit einem riesigen Chor ragt markant in den Himmel

DOM VON MONREALE 9

Auf 6340 m² Wandfläche erzählen goldgrundige Farbmosaiken Geschichten der Bibel; im Kreuzgang verkünden 208 Kapitel die Theologie des Mittelalters

STRASSENMÄRKTE VON PALERMO 8

Augenweide und orientalische Geräuschkulisse: Auf den Märkten gibt es ganztägig mediterrane Köstlichkeiten
📷 *Tipp: Lob die Händler, kauf eine Kleinigkeit. Dann posieren viele umso lieber für Schnappschüsse*

VALLE DEI TEMPLI 10

Die 2500 Jahre alte Stadt Akragas (heute Agrigento) fasziniert wegen der Pracht ihrer griechischen Tempel
📷 *Tipp: Templi illuminati – in der Dämmerung konturiert die Linse die Säulenarchitektur plastischer*

BEST OF
LOW-BUDGET

2 X GROSSE KUNST MIT SANTA LUCIA

Auf der prachtvollen Dompiazza von Syrakus schau hinein in die Kirche Santa Lucia alla Badia und suche die heilige Lucia: mal als große Silberstatue mit ausgerissenen Augen, mal als am Boden liegende Märtyrerin, gemalt 1608 von Caravaggio, der wegen eines Mordes nach Sizilien floh.

ANTIKE IN 3-D

Im Living Lab von Catania wird Geschichte erlebar. Die antiken Monumente der Ätnastadt sind hier in 3D reanimiert. Ein kostenloses Erlebnis für die ganze Familie.

AN DER QUELLE ZAPFEN

Am zinnenbekrönten Gemeindebrunnen vor dem Bergdorf Geraci Siculo schöpfst du Mineralwasser direkt aus der Quelle, und das ganz umsonst. Du musst nur Flaschen mitbringen und mit Wartezeit rechnen.

FLUSSTAL ALS FREILICHTGALERIE

Auf den Hügeln oberhalb der Küstenstraße Messina–Palermo und im Geröllbett des ausgetrockneten Tusa-Flusses kann man durch die moderne Fiumara d'Arte wandeln fast 20 m hohe Großplastiken, eine Stahlpyramide und ein Labyrinth bestaunen.

TEA TIME

In der Casa-Museo del Tè in Raddusa erfährst du in nach Feng-Shui-Regeln gestalteten Räumen alles über Tee. Der Eintritt ist frei; wer Gutes tun möchte, kauft ein Tee-Souvenir – und unterstützt damit ein Hilfsprojekt.

VOM INFERNO ZUM PARADIES

Im Valle delle Pietre dipinte bei Agrigent sind auf 110 Travertinblöcken Szenen aus Dante „Göttlicher Komödie" gemalt.

BEST OF ⚑

TYPISCH

DAS ERLEBST DU NUR HIER

PRÜDE ANTIKE? VON WEGEN!

Die Mosaiken der Villa del Casale nahe der Stadt Piazza Armerina geben einen fantastischen Eindruck vom damaligen Leben – und zeigen die ersten Bikinimodels der Geschichte.

HIPSTERKAPPE MIT GESCHICHTE

Sie galt als Symbol der Mafia: die *coppola*. Modeschöpfer haben die Altmännerschirmmütze neu definiert. Junge Sizilianerinnen tragen sie nun aus buntem Samt oder ganz in Weiß – zum Brautkleid. Der Kultshop in Palermo heißt La Coppola Storta.

TAORMINAS TRAUMBLICK

Ein atemberaubendes Panorama genießt du vom Halbrund des antiken Theaters aus, da die zerbrochene Bühnenwand den Blick auf Küste und den schneebedeckten Vulkanriesen freigibt.

BIBLISCHES GELATO

Die „Wundertränen" der Manna-Esche, die das Volk Israel auf seinem Zug durch die Wüste stärkte, kannst du in der Madonie probieren – raffinierter als im Alten Testament. Schon mal Manna-Eis geschleckt?

SCHWERTFISCHE UND ORANGEN, ...

... Hammelköpfe, Tintenfische und Artischockenpyramiden. Die Straßenmärkte del Capo und Ballarò in Palermo und der Fischmarkt von Catania reizen alle Sinne. Und liebevoll mit Myrtenzweigen dekorierte Kalbsfüße passen gut ins barocke Szenario.

WILDE PAPYRUSSTAUDEN

In Ägypten lange ausgerottet, in Sizilien seit Araberzeiten heimisch und heute einzigartig in Europa. Zu entdecken bei einer Bootsfahrt auf dem Ciane-Fluss oder auf einem Spaziergang entlang des Uferwegs.

DIE BESTEN INSIDER-TIPPS

Reisen mit
Insider Tipps

TRAUMBUCHTEN ENTDECKEN
Ins Naturschutzgebiet Riserva dello Zingaro nahe Scopello kommst du nur zu Fuß oder per Boot; immer wieder führen Pfade zu wunderschönen Buchten.

SÜSSE CANNOLI BACKEN
Lass dich in der Pasticceria d'Amore in Taormina ins Geheimnis der Pasticceria Siciliana einweihen.

DEM VULKAN AUFS DACH STEIGEN
Guides bringen dich zum Stromboli-Krater, die Natur sorgt fürs Feuerspektakel.

PUPPENRITTER ANFEUERN
Schwertgeklapper und Liebesschwüre in den Opera dei Pupi von Palermo und Siracusa. Palermo gilt als Metropole der *opera dei pupi,* leider wird nicht täglich gespielt.

GERAUBTE GÖTTER
In Aidone im Museo Archeologico ist eine Reihe von Götterstatuen aus Raubgrabungen ausgestellt, die vom Getty-Museum in Los Angeles zurückgegeben wurden.

IM BASALTBACH KLETTERN
Kalter Ätnabach, fotogene Lavapfeifen: geführte Wildwasserabenteuer in der Gola d'Alcantara.

FLAMINGOS FOTOGRAFIEREN
Die Lagune von Trapani mit ihren Salinen ist ein idealer Rastplatz für Zugvögel.

WOHNEN BEI DEN NONNEN
Die Zisterzienserabtei Santo Spirito in Agrigent ist ein B&B-Geheimtipp und weithin berühmt für ihre österlichen Marzipanlämmchen.

Unsere Empfehlung heute

Antipasti

INSALATA DI ARANCE
Orangensalat mit milden Zwiebeln

ALICI MARINATE
Marinierte Sardellen mit frischer Minze

CAPONATA
Kalt serviertes Essig-Honig-Gemüse aus
Auberginen, Paprikaschoten, Kapern
und Oliven

PARMIGIANA DI MELANZANE
Mit Mozzarella und Tomaten
überbackene Auberginen

Primi Piatti

MACCU DI FAVE
Saubohnenpüree mit Wildkräutern

PASTA CON LE SARDE
Nudeln mit Sardinen, Wildfenchel,
Pinienkernen und kleinen Rosinen

PASTA AL PESTO TRAPANESE
Spaghetti mit kaltem gemörsertem
Sugo aus Tomaten, Mandeln,
Knoblauch, Olivenöl

MACCHERONI ALLA NORMA
Hausgemachte Pasta mit Auberginen,
Tomatensugo, Basilikum und Salz-
Ricotta

Secondi Piatti

TONNO ALLA CIPUTTADA
Thunfischsteaks mit süßen
Schmorzwiebeln

ZUPPA DI PESCE
Tagesfang des Fischers, in Weißwein,
Tomatensugo und Olivenöl geköchelt

INVOLTINI (DI SPADA)
Kalbfleisch- oder Schwertfischröllchen,
gefüllt mit Brösel, Pinienkernen und
kleinen Rosinen

BISTECCA ALLA PALERMITANA
Kalbsschnitzel in Kräuterpanade, in
Olivenöl gebraten

CONIGLIO AL AGRODOLCE
Süßsauer geschmortes Kaninchen

**AGNELLO O CASTRATO ALLA
GRIGLIA**
Gegrillte Lamm- oder
Hammelkoteletts

Dolci

CANNOLI
Teigröllchen mit Ricotta-Füllung

GELO DI MELONE
Wassermelonengelee

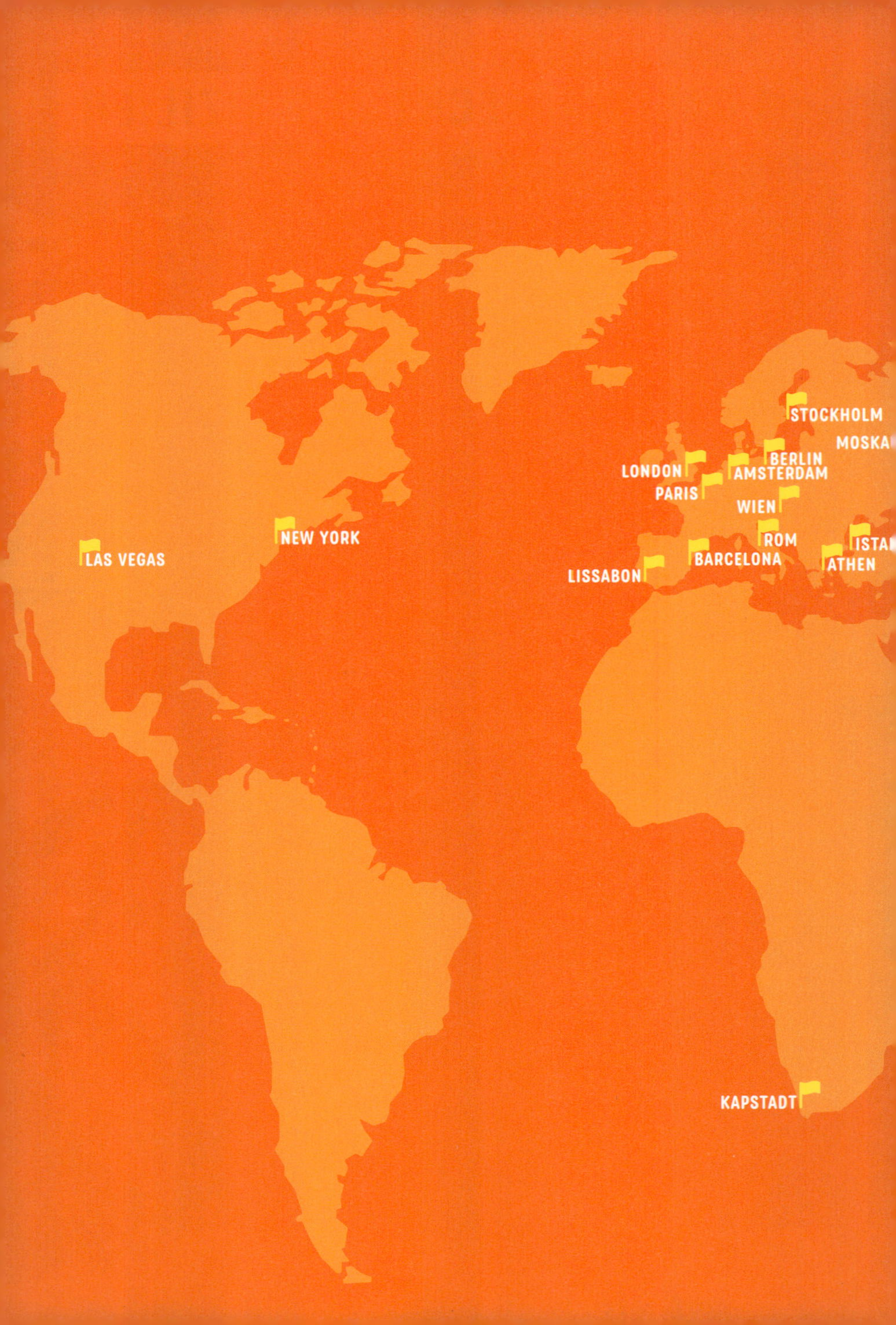

STOCKHOLM

MOSKA

BERLIN
LONDON
AMSTERDAM
PARIS
WIEN

NEW YORK

ROM
ISTAN
BARCELONA
ATHEN

LAS VEGAS

LISSABON

KAPSTADT

STÄDTE

PEKING

DUBAI

HONGKONG

SINGAPUR

AMSTERDAM!

Keizersgracht

Eine Stadt, die sich über ganze 90 Inseln erstreckt, die geprägt ist von unzähligen Grachten, berühmten Museen und einer kompakten Innenstadt unter Denkmalschutz. Seit Jahrhunderten gehen hier der Unternehmergeist der Kaufleute und das tolerante „Anything goes" eine Verbindung ein, die ein ganz eigenes Flair gibt. So präsentiert sich Amsterdam mit seiner ungewöhnlich internationalen und ungewöhnlich jugendlichen Bevölkerung aufregend und doch entspannt, aktiv und geruhsam, weltstädtisch und dörflich zugleich.

CHECK IN

★ Westentaschen-Metropole
★ Brücken ohne Ende
★ Fahrräder haben Vorfahrt
★ Rembrandt & Van Gogh
★ Toleranz liegt im Blut

MARCO POLO TOP-HIGHLIGHTS

RIJKSMUSEUM 📷 1
Von Rembrandts „Nachtwache" bis zu
Vermeers „Küchenmagd" ist das ganze
Goldene Zeitalter vertreten
📷 *Tipp: Im Museumsgarten lockt der
begehbare Wasserpavillon des däni-
schen Künstlers Jeppe Hein. 12 Sekun-
den hat man Zeit, um sich in die Mitte
zu stellen und zu knipsen, bevor es
feucht wird*

GRACHTENRING 📷 2
Nirgends in Amsterdam spaziert es sich
so schön wie entlang der Pracht von
Heren-, Keizers- und Prinsengracht
📷 *Tipp: Vom Grachtenboot aus hat
man an der Mündung der Reguliers-
gracht in die Herengracht gleich sieben Brücken auf einmal im Blick*

BEGIJNHOF 📷 4
Einen Gang runterschalten: Amsterdams ältestes *hofje* ist eine Oase im
Shopping-Getümmel
📷 *Tipp: Montagmorgens um Punkt
neun Uhr hat man den Hof noch für
sich allein*

NIEUWMARKT 📷 3
Kulturenclash im Rotlichtviertel: Rund
um die alte Stadtwaage gibt es *nasi
goreng, biertjes* und Gouda

VAN GOGH MUSEUM ⭐6
Die weltweit größte Sammlung mit Gemälden des berühmten Ohrabschneiders und Sonnenblumenmalers

TUSCHINSKI ⭐7
In Amsterdams expressionistischem Lichtspielhaus lässt sich manchmal sogar Ex-Königin Beatrix blicken
📷 *Tipp: Auf dem zweiten Balkon bist du ganz nah an der prächtigen Gewölbedekoration*

CONCERTGEBOUW ⭐8
Lass mal hören: altehrwürdiges Konzerthaus mit legendär guter Akustik

JORDAAN ⭐9
Das Kontrastprogramm zum prächtigen Grachtenring: Hutzelige Häuser, historische Kneipen und vor allem versteckte *hofjes* machen den Charme des ehemaligen Arbeiterviertels Jordaan aus

WESTERTOREN ⭐5
Unten ruht Rembrandt in der Kirche, oben schaut man über die Dächer des Grachtenrings
📷 *Tipp: Nur morgens kann man nach Westen fotografieren, wo der Jordaan und das IJ ein besonders schönes Panorama bieten*

KONINGSDAG ⭐10
Am Tag des Königs spielt ganz Amsterdam verrückt – erst beim stadtweiten Flohmarkt, anschließend bei Bier und Oranjebitter-Likör

BEST OF €

LOW-BUDGET

FÜR DEN KLEINEN GELDBEUTEL

PARKKULTUR

Im Sommer trifft sich im Vondelpark ganz Amsterdam – zum Picknick, zum Besuch eines der (kostenlosen) Konzerte auf der Freiluftbühne oder einfach zum Fußballspielen. In diesen Park geht man eben nicht wegen der Ruhe, sondern wegen der Geselligkeit.

KLASSIK AM MITTAG

Die gratis zugänglichen „Lunchkonzerte" im Concertgebouw sind eine Amsterdamer Institution. Immer mittwochs um 12.30 Uhr kann man einer Probe des Concertgebouworkest beiwohnen oder sich ein halbstündiges Konzert von jungen Talenten anhören.

KINO IM FREIEN

Auf einer kleinen Halbinsel am Westerdoksdijk findet jedes Jahr im August ein mehrwöchiges Kinofestival im Freien namens Pluk de Nacht statt. Nur wer zum Liegestuhl auch eine Wolldecke haben möchte, muss dafür bezahlen.

GALERIEN IM JORDAAN

Zeitgenössische Kunst zu erleben, muss nicht gleich Eintritt kosten. In Amsterdam kann man auch einfach einen Galerienspaziergang unternehmen. Die meisten bekannten Galerien, wie Fons Welters, Annet Gelink oder Torch, findest du in unmittelbarer Nähe zueinander im Jordaan-Viertel.

KNALLBUNTER PARADIESVOGEL

Chinesen mögen es farbenfroh. Mitten zwischen den alten Backsteinbauten am Zeedijk thront der buddhistische Fo-Guang-Shan-He-Hua-Tempel. Hier darfst du einen Blick in das religiöse Herz der Amsterdamer Chinatown werfen.

BEST OF

TYPISCH

DAS ERLEBST DU NUR HIER

BRÜCKEN, BRÜCKEN, BRÜCKEN

Insgesamt 600 Brücken gibt es in der Altstadt, darunter als berühmtestes Exemplar die hölzerne Magere Brug über die Amstel, die aussieht, als wäre sie einem Gemälde von Van Gogh entsprungen. Den Oudezijds Achterburgwal überspannt seit Kurzem sogar die weltweit erste Brücke aus dem 3-D-Drucker.

AUF DEM RAD DURCH DIE STADT

Ohne Fahrräder ist Amsterdam nicht denkbar. Dank vieler Verleihe können Besucher es den Einheimischen gleichtun. Besonders netten Service und einen guten Latte Macchiato bietet Star Bikes Rental.

WOHNEN AN DEN GRACHTEN

Amsterdams Grachtenhäuser sind mal windschief und hutzelig, mal imposant und vornehm. Schulter an Schulter säumen sie Altstadtkanäle. Zwar bestehen alle aus Backstein, aber keins gleicht dem anderen. Die prächtigsten Häuser findest du im Gouden Bocht der Herengracht.

BRAUNE CAFÉS

Rundum holzvertäfelt, vor allem aber „gezellig" müssen sie sein: die „braunen Cafés", die es in Amsterdam an fast jeder Ecke gibt. Manch ein Beispiel dieser Kneipengattung ist, wie De Oosterling oder Wynand Fockink, mehrere hundert Jahre alt.

KÖNIGLICHES DATUM

Am Koningsdag, dem 27. April, feiern die Niederländer ihren König Willem-Alexander. In Amsterdam wird der Tag mit einem stadtweiten Flohmarkt begangen, der nachmittags in eine große Freiluftparty übergeht. Style dich von Kopf bis Fuß in Orange und hau mal richtig auf den Putz.

DIE BESTEN INSIDER-TIPPS

Reisen mit Insider Tipps

BEACHPARTY AM UFER
„Gezellig" geht auch open air, wie im Strandlokal auf dem Gelände der früheren NDSM-Werft.

HISTORISCH PROSTEN
Sich im 1670 eröffneten Café Hoppe mit seinem schummrigen Holzinterieur und Sand auf dem Boden unter die Locals mischen und ein zünftiges Bier zischen.

TREPPAUF, TREPPAB …
… geht's durch das verwinkelte Kaufmannshaus Ons Lieve Heer op Zolder. Das Highlight: die dreigeschossige katholische Geheimkirche auf dem Dachboden.

XXX
Was hat es mit den drei übereinander stehenden Kreuzen auf sich, die man überall sieht – am Giebel von Grachtenhäusern, auf Bootsflaggen und auf den als Amsterdammertjes bekannten Pfählen, die die Gehwege von der Straße abgrenzen? Ihren Ursprung haben sie in den drei Andreaskreuzen im Amsterdamer Stadtwappen.

ÜBER DEM ABGRUND SCHAUKELN
Auf dem Adam-Hochhaus kann man in 100 m Höhe hin- und herschwingen, bis der Magen kribbelt.

ÜBER DIE GRACHTEN TUCKERN
Bei Boaty darf man selber Kapitän spielen und ein mit Ökostrom angetriebenes Elektroboot mieten.

SURINAMISCHE BROODJES
Auf dem Albert-Cuyp-Markt locken Spezialitäten aus aller Welt.

DAS SCHMECKT IN AMSTERDAM

Unsere Empfehlung heute

Snacks

PATAT OORLOG
Pommes mit Mayonnaise, Erdnussauce und Zwiebeln

RUNDVLEESKROKET
Rindfleischkrokette

BITTERBALLEN
frittierte Fleischbällchen, mit Senf zum Dippen

HOLLANDSE NIEUWE
junger Matjes, mit oder ohne Gewürzgurke und Zwiebeln

SAUCIJZENBROODJE
warmes Blätterteigbrötchen mit Wurstfüllung

Hauptgerichte

MOSSELEN
in Weißwein oder Bier gekochte Miesmuscheln, dazu Pommes und Mayo

STAMPPOT
Kartoffelbrei mit Wurst oder Fleisch und Gemüse

ROTI
indisch-surinamische Weizenfladen, gefüllt mit pikantem Fleisch oder Gemüse

KIPSATÉ
indonesische Hühnerspieße mit Erdnusssauce

ERWTENSOEP
dicke Erbsensuppe mit Roggenbrot und Katenspeck

Süßes

POFFERTJES
Mini-Pfannküchlein mit Butter und Puderzucker

APPELTAART
Apfelkuchen, mit oder ohne Schlagsahne

OLIEBOLLEN
in Fett ausgebackene Rosinenkrapfen mit Puderzucker

Getränke

WITBIER
Weißbier, gebraut mit Koriander und Zitrusfrüchten

KOFFIE VERKEERD
Kaffee „verkehrt herum" (mit viel warmer Milch)

GENEVER
Wacholderschnaps

ATHEN!

Acrópolis-Museum

In Athen, der Metropole direkt am Meer, treffen absolute Kulturhighlights wie die Akropolis und ihr neu gestaltetes Museum auf das pulsierende Leben von heute. Urige Tavernen, Szenerestaurants, trendige Cafés und Lounges gibt es im Überfluss. Die unterschiedlichsten Museen sowieso. Und das Shoppingangebot reicht vom Flohmarkt bis zum Edelkaufhaus. Was will man mehr? Vielleicht Baden? Dann nimm die Metro und fahre zu den Stränden und zum Hafen von Piräus, von dem Tagesausflüge zu idyllischen Inseln möglich sind.

CHECK IN

★ 5000 Jahre Geschichte
★ Stadt der Gegensätze
★ Szeneviertel Psirrí
★ Vergiss Gyros & Souvláki
★ Luxusyachten in Piräus

MARCO POLO
TOP-HIGHLIGHTS

AKRÓPOLIS ⭐1
Meisterwerke antiker Baukunst und ein
unvergesslicher Rundblick
📷 *Tipp: Ein Mensch vor den Säulen
des Parthenon macht deren Höhe erst
deutlich*

AKRÓPOLIS-MUSEUM ⭐2
Antike Kunst in einem Maßstäbe
setzenden Bau, der selbst ein Kunstwerk ist

AGORÁ MIT AGORÁ-MUSEUM ⭐3
Das Herz des antiken Athen inmitten eines schönen Parks, dazu Griechenlands
am besten erhaltener Tempel
📷 *Tipp: Den besten Überblick hast du
vom Dach des Agorá-Museums aus*

TEMPEL DES OLYMPISCHEN ZEUS ⭐4
15 Säulen am Rand der Altstadt zeugen
vom einst größten Tempel Athens

MARKTHALLEN ⭐5
Alles schön drapiert, vom Hammelho-
den bis zum Filetsteak, von Anchovis bis
zum Thunfisch. Drum herum Käse,
Nüsse und Oliven

LIKAVITTÓS ⭐6
Ganz Athen – einschließlich der Akrópolis – liegt dir hier zu Füßen
📷 *Tipp: Die schönsten Bilder
gelingen, wenn in der Stadt die Lichter
angehen*

PLÁKA ⭐7
Die Altstadt ist Freilichtmuseum, Shoppingmeile und Freiluftlokal zugleich. Aber es gibt auch ganz stille Ecken
📷 *Tipp: Am fotogensten sind die von Katzen geliebten engen Gassen im Anafiótika-Viertel*

ARCHÄOLOGISCHES NATIONALMUSEUM ⭐9
Unermesslich wertvolle Kunstschätze von der Steinzeit bis zu den alten Römern

SÍNTAGMA-PLATZ ⭐10
Athens zentraler Platz wird vom alten Königspalast, dem heutigen Parlament, dominiert
📷 *Tipp: Sei um 11 Uhr zur Wachablösung vor dem Denkmal des Unbekannten Soldaten*

NATIONALGARTEN ⭐8
Eine grüne Oase im Herzen der Stadt: Bänke unter Palmen, ein Ententeich und ein weltentrücktes Café

BEST OF

LOW-BUDGET

FÜR DEN KLEINEN GELDBEUTEL

METRO ODER MUSEUM?

Athener Metrostationen sind oft auch Museen. In der Station *Acrópolis* siehst du eine Replik des Parthenon-Frieses, in der Station *Monastiráki* ein gemauertes Bachbett und Wasserleitungen aus der Antike.

DEM TRUBEL ENTFLIEHEN

Mitten im Großstadttrubel entspannen: Im Schatten hoher Palmen und alter Bäume des Nationalgartens (Ethnikós Kípos) kannst du hier bei freiem Eintritt Athener Volksleben und, wenn du magst, dein Picknick verspeisen.

BUSFAHRT IM HAFEN

Im größten Fährhafen Europas, *Kantharós*, ist immer eine Menge los. Von Kai zu Kai zu schlendern dauert Stunden. Wer müde wird, besteigt einen der im Hafengebiet kostenlos verkehrenden Passagierbusse.

FLOHMARKTPREISE

Bunte, trubelige Flohmarktgassen liegen um den *Monastiráki-Platz* herum. Jeans, Hemden, T-Shirts, andere Klamotten und Schuhe sind hier besonders günstig zu haben.

IM ÄLTESTENS WOHNHAUS ATHENS

Das Gebäude des eintrittfreien Benizélos Museums gilt als ältestes erhaltenes Haus Athens. Es gehörten zum Haus auch eine Oliven- und Weinpresse. Im kleinen Hof des Museums kann man die nostalgische Atmosphäre gut bei einer Tasse Kaffee genießen.

FRAGEN STATT FÜHRUNG

Tolle Idee: Im *Akrópolis-Museum* kannst du den Museumswärtern kostenlos Fachfragen zu Objekten stellen. Das erspart eine komplette Führung.

BEST OF

TYPISCH

DAS ERLEBST DU NUR HIER

HAFENFLAIR AUF GRIECHISCH
Athen liegt zwischen Bergen und Meer. Beides hast du vor Augen, wenn du in den Fischrestaurants und Musikcafés am *Mikrolímano-Hafen* von Piräus sitzt, vor Fischerbooten und Yachten.

DER SONNTÄGLICHE SPAZIERGANG
Sonntags gehen die Athener gern spazieren. Am liebsten umrunden sie dabei auf einer autofreien Flaniermeile die Akrópolis – zumindest halb von der Metrostation Akrópolis bis zur Station Monastiráki. Im ersten Teil steht viel Straßenkunst, im zweiten liegen viele Cafés und Tavernen.

HAMMAMS
Die traditionellen Badehäuser der osmanischen Zeit, sind in Athen wieder groß im Kommen. Übers Traditionelle hinaus bieten sie auch zeitgenössische Behandlungen an.

VIRTUELLE ANTIKE
Modernste Technologie entführt dich im Hellenic Cosmos ins antike Athen oder nach Konstantinopel. Spaziere über die wieder belebte antike Agorá nimm selbst an einem Scherbengericht aktiv teil.

DIE TAVERNEN IM KELLER
Kleine Kellertavernen sind eine markante Eigenart Athens. In der Taverne *Diporto* im Marktviertel ist Schlichtheit Kult. Freunde und Fremde sitzen an nur acht Tischen beisammen, die Kellner sprechen nur Griechisch, aber es gibt täglich immerhin sechs stets marktfrische Gerichte.

HÖHLENWASSER
Die einzigen Wassertropfen, die du in der Höhle von Peanía sehen wirst, sind jahrhundertealt, und sie fallen von bildschönen Tropfsteingebilden auf dich hinunter.

DIE BESTEN INSIDER– TIPPS

Reisen mit Insider Tipps

ATHEN VON GANZ OBEN
Besonders zum Sonnenuntergang sind die kleinen Felskuppen nahe der Akrópolis Athens schönster Aussichtspunkt.

GRIECHISCH TANZEN LERNEN
Du willst griechisch tanzen? Im Kritikoú lernst du ganz schnell zu Livemusik die ersten Schritte.

BUNTE COCKTAILS SCHLÜRFEN
Bezahlbare Cocktails auf Weltniveau in legerem Ambiente schüttelt und rührt dir das Baba au Rum.

OPEN-AIR-THERMALBAD
Pool und Meer sind normal. Athener haben alternativ den See von Vouliagméni, einem Küstenvorort. Thermalquellen halten in dem als Bad gefassten See die Temperatur ganzjährig auf mindestens 22 Grad. Schön ist auch die Felskulisse samt Grotte.

DURCH DIE CITY JOGGEN
Lauf einfach mit. Täglich geht's nach dem Warm-up vom Síntagma durch die Pláka zur Akrópolis und zurück.

SCHLEMMEN WIE DIE LOCALS
300 Tische voller Kebabs. Im Thanásis kommt dir jeder Tag vor wie ein griechisches Dorffest.

DER STADT ENTFLIEHEN?
Noch auf Athener Stadtgebiet, aber schon mitten im Grün der Wälder am Hang des Berges Ymettós steht das uralte, heute unbewohnte Kloster Kessarianí. In der Umgebung des Klosters sind mehrere Wanderwege gut markiert.

DAS SCHMECKT IN ATHEN

Unsere Empfehlung heute

Vorspeisen

DOLMADÁKIA
Mit Reis gefüllte Weinblätter

FÁVA
Püree aus gelben Platterbsen mit
Zwiebeln und Olivenöl

TARAMÁ
Püree aus Fischrogen, rot oder weiß

Salate

CHORIÁTIKI
Gemischter Salat mit Oliven und
Fétta-Käse

CHÓRTA
Salat aus gekochten Blättern von
Wildpflanzen und Mangold

PATSÁRIA
Mit ihren Blättern gekochte milde
Rote Bete

Fleisch

BEKRÍ MEZÉ
In Rotwein gedünstetes, leicht scharfes
Schweinegulasch

JUVÉTSI
Überbackene, reisförmige Nudeln mit
Rindfleisch

KLÉFTIKO
Mit Kartoffeln und Kräutern
geschmortes Lamm- oder Ziegenfleisch

KOKORÉTSI
Gegrillte, in seinen Darm gewickelte
Innereien vom Lamm

STIFÁDO
Rindergulasch mit kleinen
Gemüsezwiebeln in Tomaten-
Zimt-Sauce

Fisch

BAKALJÁROS ME SKORDALIÁ
Stockfisch vom Kabeljau, serviert mit
Knoblauch-Kartoffel-Püree

KAKAVIÁ
Fischsuppe mit einem ganzen, in der
Suppe gekochten Fisch Ihrer Wahl,
separat serviert

KALAMÁRI JEMISTO
Im Ganzen servierter mit Käse gefüllter
frischer Tintenfisch

KSIFÍAS
Steak vom Schwertfisch, garantiert
grätenfrei

MARÍDES
Knusprig ausgebackene Sardellen, mit
Kopf und Schwanz zu verzehren

BARCELONA!

Plaça Reial

Ob Chillen auf der Placa, Sundowner am Strand, Kulturtempel oder coole Kneipe, Sightseeing oder Shopping: In Barcelona wird dir garantiert nicht langweilig. Auch wenn jeder ständig etwas vorhat, bleibt immer Zeit für einen Espresso oder Drink – mediterrane Gelassenheit pur. Cafés und Bars gibt es an jeder Ecke, dazu spannende Museen und abgefahrene Locations, die sich manchmal hinter meterdicken mittelalterlichen Mauern verstecken. Vor allem in der Barri Gòtic sind Historisches und Aktuelles wunderbar vermixt.

CHECK IN

★ **Stadt trifft Meer**
★ **Gaudís Jugendstil**
★ **Tapas & Cava**
★ **Für Nachtschwärmer**
★ **Alles in Laufweite**

MARCO POLO
TOP-HIGHLIGHTS

SAGRADA FAMÍLIA 1
Gaudís große Unvollendete ist Barcelonas berühmteste Baustelle
📷 *Tipp: Die Monumentalität fängst du mit dem Weitwinkel am besten ein, besonders vom Mittelstreifen der Avinguda Gaudí aus*

MUSEU PICASSO 2
Beeindruckende Sammlung des genialen Malers in mittelalterlichen Mauern – mit hervorragenden Sonderausstellungen

LA RAMBLA 4
Freilichtbühne für Flaneure, Touristen und Taschendiebe – der ganz eigene Charme der prominentesten Promenade Barcelonas

BARRI GÒTIC 3
Die verwinkelte Altstadt versetzt Besucher zurück ins Mittelalter
📷 *Tipp: Am späten Nachmittag fällt das Licht besonders malerisch in die Gassen*

MERCAT DE SANT JOSEP 5
Der „Bauch Barcelonas" gilt aus gutem Grund als schönste Markthalle der Stadt
📷 *Tipp: Foodfotografen kommen direkt nach Öffnung, vor den Reisegruppen, und fragen nett um Erlaubnis*

PALAU DE LA MÚSICA CATALANA ⭐ 8

Musikpalast im üppigsten Modernismestil: Architekt Lluís Domènech i Montaner hat aus dem Vollen geschöpft
📷 *Tipp: Die Keramikblüten an Säulen und Balustraden kommen vor unscharfem Hintergrund super zur Geltung*

CASA MILÀ ⭐ 6

Das verrückteste Mietshaus der Stadt setzte neue Maßstäbe beim Wohnungsbau. Näher kommst du dem Genie Gaudís nirgends

MUSEU NACIONAL D'ART DE CATALUNYA ⭐ 9

Von Fresken bis Fotografie: Die Kunstsammlung ist einzigartig
📷 *Tipp: Bis abends bleiben! Der Treppenaufgang rückt das Lichtspektakel der Font Màgica in die richtige Perspektive*

PARK GÜELL ⭐ 7

Drachen, Schmetterlinge, Schlangen und zauberhafte Grotten: Als Plus bietet Gaudís hängender Märchengarten noch einen großartigen Blick über die Stadt

CAMP NOU ⭐ 10

Beeindruckendes Stadion des Clubs, der für Barcelona viel mehr ist als ein Verein

BEST OF

LOW-BUDGET

FÜR DEN KLEINEN GELDBEUTEL

WORKOUT AM STRAND

Der Bizeps könnte ein Toning vertragen, aber du hast keine Lust auf stickige Gyms? Dann auf zum Meer! Entlang der Promenade warten Klimmzugstangen, Sprossenwände, Bauchtrainer und andere Fitnessgeräte.

GRATIS INS GOTTESHAUS

Barcelonas gotische Kathedrale samt Kreuzgang musst du gesehen haben – dafür aber nicht unbedingt Eintritt bezahlen: Wenn du außerhalb der Kernzeiten kommst, ist die Besichtigung gratis!

MITTAGS FÜRSTLICH TAFELN

Sich den Bauch mit Köstlichkeiten vollschlagen und dabei den Geldbeutel schonen: Das „Menu de mediodía" macht's möglich. Auch die aufstrebenden Stars von Barcelonas Gourmetszene bieten mittags günstige Menüs an, wie Rafa Peña in seiner Gastro-Bar Gresca. Für diese Qualität zahlt ihr anderswo leicht das Doppelte.

PICASSO AM ABEND

Auf dem Markt erzielen Picassos Werke Rekordpreise, im Museu Picasso ist der Kunstgenuss kostenlos – zumindest, wenn du online ein Ticket für Donnerstagabend oder für den ersten Sonntag im Monat reservierst. Auch im Museum für Katalanische Kunst ist der Eintritt am ersten Sonntag im Monat frei.

JAM-SESSION MIT DEN STARS VON MORGEN

Egal ob New Flamenco, Jazz oder Pop: Die Schüler des Taller de Músics haben's drauf und zeigen jeden Abend im JazzSí Club ihr Können. Mit acht bis zehn Euro ist der Preis mehr als fair, schließlich wird er voll aufs erste Getränk angerechnet.

BEST OF

TYPISCH

DAS ERLEBST DU NUR HIER

IN APPETITLICHEN HÄPPCHEN

An den Tresen der Bars kommst du den Essgewohnheiten der Einheimischen am besten auf die Spur! Probiere Häppchen mit Fisch und Meeresfrüchten in der rustikalen Bar Leo, marktfrische Tapas in der Cervecería Catalana oder leckere Kleinigkeiten in der Bar El Xampanyet.

GAUDÍS GOTTESHAUS

Die Sagrada Família ist das weltberühmte Wahrzeichen der Stadt. Wer die beeindruckenden gigantischen Säulen und das spektakuläre Licht im Inneren des riesigen, vom Papst geweihten Kirchenschiffs nicht gesehen hat, kennt Barcelona nicht!

MEDITERRANES LEBENSGEFÜHL

Auf den vielen lauschigen Plätzen genießen Besucher und Einheimische das Flair der Stadt – bei einem Kaffee oder einem kühlen Bier. Besonders stimmungsvoll sind die Plaça de la Vila und die Plaça de la Virreina im Gràcia-Viertel.

POPULÄRES PANOPTIKUM

Wirf dich auf der berühmten Rambla ins Getümmel – zwischen Touristen und Theaterbesuchern, Kulturinteressierten und Kitschverkäufern, gestylten Opernbesuchern und geschickten Kellnern. Am unteren Ende der Rambles verblüffen die lebenden Statuen mit fantasievollen Kostümen.

STEINGEWORDENES REPTIL

Knochen, Masken, Elefantenfüße: Für sein bizarres Jugendstilwohnhaus Casa Batlló am Nobelboulevard Passeig de Gràcia ließ sich Kataloniens berühmter Baumeister Antoni Gaudí von der Natur inspirieren. Im Innern gleicht kein Zimmer dem anderen.

DIE BESTEN INSIDER-TIPPS

Reisen mit
Insider
Tipps

IRRWEG FÜR VERLIEBTE
Im Parc del Laberint macht es Spaß, sich zwischen Zypressenhecken zu verlaufen. Die Parkanlage ist der Treff der Liebespaare – als Kulisse dienen Amorstatuen, Wasserkaskaden und Marmortempel.

IN ANDACHT VERSINKEN
Vom Turó de la Rovira oberhalb des Park Güell ist der Blick über die Stadt so atemberaubend, dass manche glatt das Knipsen vergessen.

HAI IN SICHT!
Gefahrlos an Haien vorbeischlendern kannst du im Acryltunnel des Aquàrium, das eine grandiose Schau von über 8000 Tieren und Pflanzen aus allen Meeren der Welt bietet, mit nachgebauten Korallenriffen, Biotopen und Tiefseeszenarien.

STILBEWUSST SÜFFELN
Im In-Viertel Sant Antoni feiert der Likörwein Wermut ein Revival! Hipster schwören auf die Hausmarke der Bar Calders.

MIT DRACHEN TANZEN
Beim Stadtfest Mercè ziehen feuerspuckende Ungeheuer durch die Straßen – zu mitreißender Musik.

TRENDSCOUT WERDEN
Lässig, urban, laufstegtauglich: Im Born-Viertel entdeckst du in Modeläden wie Suno die Design-Genies von morgen.

DEN TAG ZUR NACHT MACHEN
Ob Swing, Tango oder Salsa: Mit tragbaren Lautsprechern macht Barcelonas Tanzgemeinde jeden Platz zur Partyzone.

DAS SCHMECKT IN BARCELONA

Unsere Empfehlung heute

Vorspeisen

ESCALIVADA
geröstetes Gemüse (Aubergine, Paprika, Zwiebel) in Olivenöl

ESQUEIXADA
Salat aus Stockfisch, Tomaten, Zwiebeln, Paprika und Oliven

ESPINACS A LA CATALANA
Spinat mit Rosinen und Pinienkernen

AMANIDA CATALANA
Salat mit *embotits,* geräucherten Wurstwaren

Hauptgerichte

SUQUET DE PEIX
katalanischer Fischsuppentopf mit Meeresfrüchten und Kartoffeln

BACALLÀ A LA SAMFAINA
Stockfisch mit Gemüseragout

ARRÒS NEGRE
schwarze Reispfanne mit Tintenfisch samt Tinte

FIDEUÀ
Nudelpaella mit Fisch und Meeresfrüchten, im Ofen überbacken

FRICANDÓ
in Pilzsauce gesottene Kalbsfilets

MANDONGUILLES AMB SIPIA
Fleischbällchen mit Tintenfisch in Sauce

CANELONES A LA CATALANA
mit Béchamelsauce überbackene und mit Hack oder Huhn gefüllte Röhrennudeln

Beilagen

PA AMB TOMÀQUET
Brot, mit Knoblauch und Tomate eingerieben und mit Olivenöl beträufelt

ALLIOLI
Mayonnaise aus Knoblauch und Olivenöl

Desserts

CREMA CATALANA
Eiercremesüßspeise mit Karamellkruste

MEL I MATÓ
Frischkäse mit Honig

Getränke

CAVA
Katalanischer Schaumwein

BERLIN!

Brandenburger Tor

Hier kommt Berlin! Achtung
Keule: Wer Ruhe braucht, ist hier
definitiv falsch. Doch für alle, die
gern aus rund 150 Konzerthäusern
und Bühnen, 180 Museen und
Sammlungen wählen möchten, die
im Park spontan zu Beats tanzen,
vietnamesischen Kaffee auf Englisch bestellen oder mit dem Trabi
am Reichstag vorfahren wollen, ist
bestens gesorgt. Denn so international und vielfältig wie in seiner
Hauptstadt ist Deutschland sonst
nirgendwo.

CHECK IN

★ Einstige Mauerstadt
★ Wasserblick: Spree & Co.
★ Clubs, Cafés & Kneipen
★ Herkunft? Nebensache!
★ Hinterhofidyllen

MARCO POLO
TOP-HIGHLIGHTS

REICHSTAGSGEBÄUDE 1
Der Bundestag versteht zu residieren! Mit der modernern, begehbaren Glaskuppel wurde dem Koloss der Neorenaissance eine zeitgenössische Krone aufgesetzt
📷 *Tipp: Einmal auf die andere Spreeseite wechseln, schon sieht der Bau ganz anders aus*

BRANDENBURGER TOR 2
Früher Grenze, verbindet das Wahrzeichen mit der Quadriga on top heute den Osten mit dem Westen der Stadt

POTSDAMER PLATZ 3
Urbanes Zentrum mit dem Sony Center, Hochhäusern und viel Großstadtflair

JÜDISCHES MUSEUM 4
2000 Jahre jüdischer Kultur werden im spektakulären Museumsbau des Stararchitekten Daniel Libeskind präsentiert
📷 *Tipp: Nicht das Außengelände mit dem Garten des Exils verpassen!*

FERNSEHTURM 5
Berlin auf einen Blick gibt es von der Aussichtsplattform in 203 m Höhe über dem Alexanderplatz
📷 *Tipp: Vorne Weltzeituhr, hinten Fernsehturm, die beiden Hochhäuser als Flanken – Berliner wird's nicht!*

MUSEUMSINSEL 6
Der Beweis, dass fünf weltberühmte Museen samt beeindruckenden Sammlungen auf eine Spreeinsel passen
📷 *Tipp: Die schönste Perspektive hast du von der Ebertbrücke Richtung Bodemuseum*

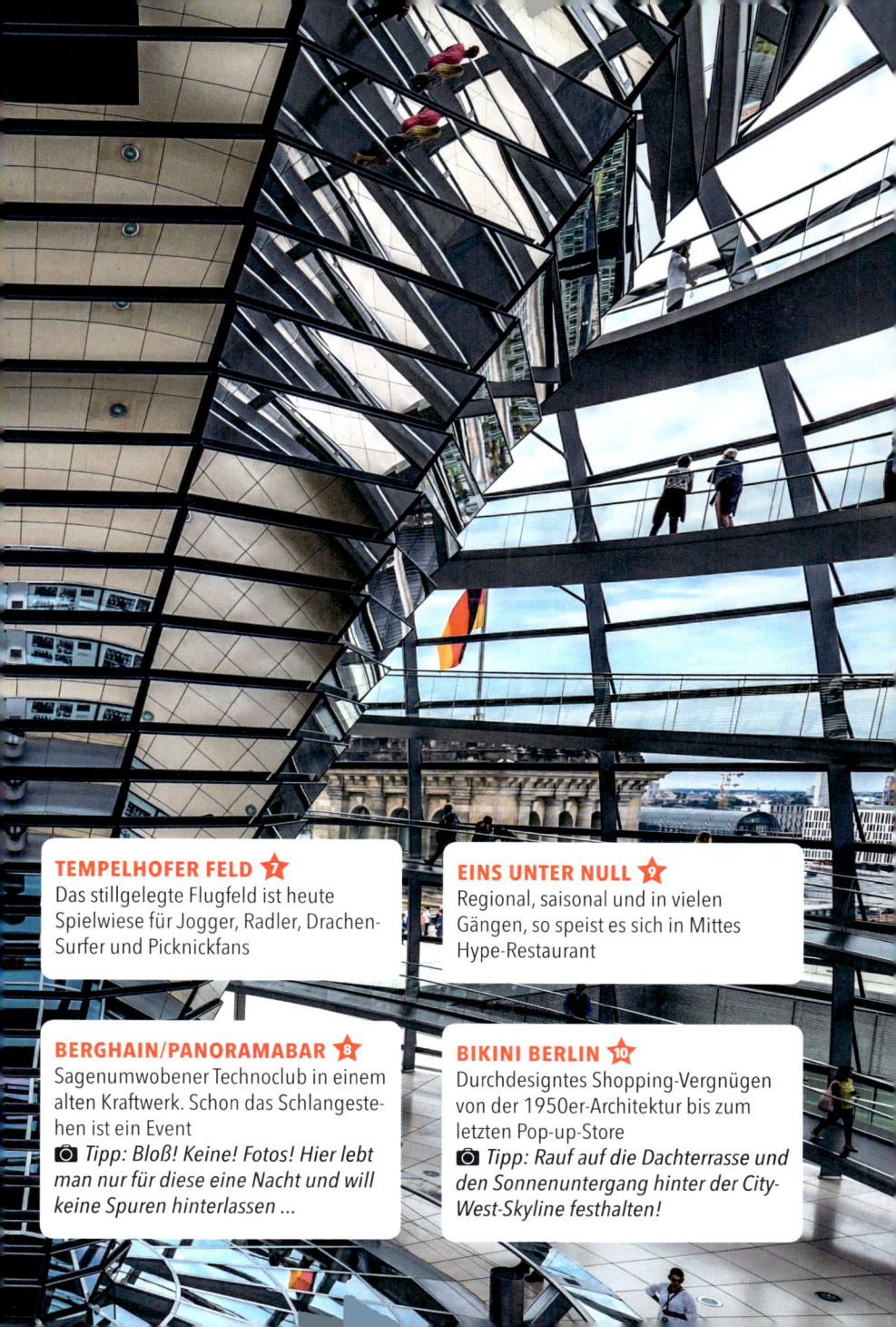

TEMPELHOFER FELD 7

Das stillgelegte Flugfeld ist heute Spielwiese für Jogger, Radler, Drachen-Surfer und Picknickfans

EINS UNTER NULL 9

Regional, saisonal und in vielen Gängen, so speist es sich in Mittes Hype-Restaurant

BERGHAIN/PANORAMABAR 8

Sagenumwobener Technoclub in einem alten Kraftwerk. Schon das Schlangeste-hen ist ein Event
📷 *Tipp: Bloß! Keine! Fotos! Hier lebt man nur für diese eine Nacht und will keine Spuren hinterlassen ...*

BIKINI BERLIN 10

Durchdesigntes Shopping-Vergnügen von der 1950er-Architektur bis zum letzten Pop-up-Store
📷 *Tipp: Rauf auf die Dachterrasse und den Sonnenuntergang hinter der City-West-Skyline festhalten!*

BEST OF
LOW-BUDGET
FÜR DEN KLEINEN GELDBEUTEL

DER MAUER AUF DER SPUR
Die kostenlose Mauerschau-App der Bundeszentrale für politische Bildung führt auf den Spuren der Berliner Mauer durch die Stadt. Mit Karten, historischen Fotos sowie Film- und Ton- Dokumenten.

MITTAGSMUSIK
Hochkarätige Ensembles geben kostenlose Konzerte – jeden Dienstag von September bis Juni mittags in der Philharmonie.

LET IT ALL OUT
Statt erst bestellen gleich anprobieren und dabei bis zu 70 Prozent sparen, das geht beim Zalando Outlet in der Köpenicker Str. 20. Krümelmonster kommen derweil im Bahlsen-Fabrikverkauf in der Oberlandstr. 52–63 mit Keksen in 5-Kilo-Eimern auf ihre Kosten. Portionsgrößen für den kleinen Hunger gibt's auch.

AUS ELSES SICHT
Wer keine Angst vor 285 Stufen hat, bekommt von der Siegessäule mit ihrer Goldelse obenauf gute Aussicht zum kleinen Preis.

QUER ÜBERN WANNSEE
Mit der BVG-Fähre schippert es sich gemächlich vom S-Bahnhof über den Wannsee ins dörfliche Kladow und zurück. Die 20-minütige Fahrt ist im BVG-Tagesticket enthalten. Frische Brise und Naturerlebnis gib's kostenlos obendrauf.

VOM LEBEN IN DDR
Wie es sich im Zelt auf dem Trabidach schlief, mit Rotkäppchen-Sekt feierte und mit der Stasi als Nachbar lebte, vermittelt die eintrittsfreie Ausstellung „Alltag in der DDR" in der Kulturbrauerei.

BEST OF
TYPISCH

DAS ERLEBST DU NUR HIER

PACK DIE BADEHOSE EIN …
Sieht aus wie Ostsee, ist aber Wannsee. Das Strandbad bietet neben einem Ohrwurm auch Strandkörbe und Sand, so weit das Auge reicht. Berlin ist eben eine Großstadt am Wasser.

QUADRIGA UND ZWÖLF STELZEN
Berlin ohne Brandenburger Tor geht nicht. Zu seinen Füßen toben sich Straßenkünstler wie Hobbyfotografen aus. Findest du eine neue Perspektive auf das Wahrzeichen der Stadt?

IM HIMMEL ÜBER BERLIN
Zum Glück wurde der Fernsehturm nicht, wie mal geplant, auf den Müggelbergen am Stadtrand errichtet, sondern auf dem zentralen Alexanderplatz. So bietet er heute in 203 m Höhe die beste Sicht über die ganze Stadt.

ES GEHT UM DIE WURST
Um das mal klarzustellen: Die Currywurst wurde in Berlin erfunden, und auf besonders legendäre muss man auch mal 5 Minuten warten. Doch das lohnt sowohl in Kreuzberg bei Curry 36 am Mehringdamm 36 als auch bei Konnopke in Prenzlauer Berg in der Schönhauser Allee 44b.

PARK-PARTY
An Sommer-Sonntagen wird der Mauerpark zum Festivalgelände, mit Livemusik, Karaokeshow und einem Flohmarkt, dessen Angebot von alten Messern bis zu hippen Jutebeuteln reicht .

PELZMÄNTEL UND BRILLANTEN
Auch wenn der Osten um die Friedrichstraße längst aufgeholt hat: Der Ku'damm bleibt mit seinen Edelboutiquen der Prachtboulevard der Stadt.

DIE BESTEN INSIDER-TIPPS

Reisen mit Insider Tipps

SIGHTSEEING IN HIGHSPEED
Wer was sehen will, nimmt S- und U-Bahn. Mit dem Lückenschluss der U5 sind viele Wahrzeichen Berlins in Windeseile erreichbar: in nur 10 Minuten vom Alexanderplatz zum Reichstag.

IN ABGRÜNDE SCHAUEN
Schaurig schön wird es bei der Tour durch vergessene Atombunker vom Verein Berliner Unterwelten.

IN DEN ORIENT REISEN
Der Markt am Maybachufer brummt wie ein Basar. Da handelst du um Gewürzpreise und genießt frische Gözleme.

AUF ROLLEN ROCKEN
Nicht verpassen: die Rollerskate-Disco im Kreuzberger Club-Urgestein SO 36.

GRENZERFAHRUNG SAMMELN
Im Tränenpalast am alten Grenzübergang Friedrichstraße wird es in der Passkontroll-Kabine beklemmend.

RASANT AUFSTEIGEN
Europas schnellster Fahrstuhl katapultiert dich auf den Kollhoff-Tower, wo dir ganz Berlin zu Füßen liegt.

SONNENKRAFT VORAUS!
Wie wär's mit einer lautlosen, umweltschonenden Tour über Spree und Dahme? Dann entscheide dich fürs emissionsfreie Solarboot.

MAL GANZ GROSS RAUSKOMMEN
Keine Superstar-Stimme? Egal! Beim Karaoke im Mauerpark am Sonntag kann jeder performen.

DAS SCHMECKT IN BERLIN

Unsere Empfehlung heute

Snacks

SAURE GURKEN
Aus dem Spreewald, natürlich

SOLEI
Hartgekochtes Ei, eingelegt in Salzlake

BULETTEN
Französisch benannte Fleischklopse

KLAPPSTULLE
Belegtes Brot, zusammengeklappt

CURRYWURST
Zerschnittene Bratwurst mit Currysauce

Hauptgerichte

EISBEIN
Gepökelte Schweinshaxe mit Erbspüree

LÖFFELERBSEN MIT SPECK
Dickflüssiger Eintopf

KASSELER
Geräucherte Schweinerippe, die nicht
aus Kassel kommt: Ein Berliner
Fleischer namens Kassel verhalf ihr zu
Ruhm. Dazu gehört Sauerkraut

DÖNER
Abgeschabtes Fleisch vom Grillspieß
mit Salat im Brot

MAKALI
Vegetarischer Döner mit grilltem
Gemüse

Desserts

PFANNKUCHEN
In Fett ausgebackener Hefeteig, mit
Marmelade gefüllt (nein, die heißen
hier nicht Berliner!)

SPLITTERBRÖTCHEN
Rustikale Variante des Croissants

BERLINER LUFT
Fluffige Weißweincreme mit
Himbeersauce

Getränke

BERLINER WEISSE
Weißbier mit „Schuss", wahlweise
Waldmeister- oder Himbeersirup

FASSBRAUSE
Limonade mit Malz, aber ohne Alkohol

FUTSCHI
Cola mit Weinbrand
(Eckkneipengetränk)

BERLINER LUFT
Pfefferminzlikör, von Insidern Pfeffi
genannt, nicht zu verwechseln mit der
gleichnamigen Süßspeise

DUBAI!

Skyline mit Burj Khalifa

Eine Stadt wie ein achtes Weltwunder, mit Hotels so aufregend wie in 1001 Nacht, mit Shoppingmalls, die mit Skiarena und Aquarien punkten. Das höchste Gebäude, der weltgrößte künstliche Wasserweg, noch vom All aus sichtbare künstliche Inseln – das von einem Scheich regierte Emirat lockt seine Besucher mit der Erfindung utopisch anmutender Sehenswürdigkeiten an den Arabischen Golf. Innerhalb weniger Jahre avancierte Dubai zum spannendsten Kurzurlaubsziel.

CHECK IN

★ **Gigantische Bauprojekte**
★ **Veränderung als Essenz**
★ **Sonne, Strand, Dünen**
★ **Falkenjagd & Kamelrennen**
★ **Kriminalität: gegen null**

MARCO POLO TOP-HIGHLIGHTS

GOLD SOUK ⭐1
Mit seinen über 300 kleinen Shops, in denen nur nach Gewicht verkauft wird, ist Gold Souk nicht nur „die" Einkaufsadresse, sondern auch Top-Sehenswürdigkeit auf Sightseeingtouren

DUBAI MUSEUM ⭐2
Ein Kellergeschoss, das es in sich hat: Im Halbdunkel des Al Fahidi Forts wartet eine Zeitreise in das alte Dubai

FAHRT ÜBER DEN CREEK ⭐4
Ans andere Ufer des Creek – nicht über eine der Brücken bitte, sondern im tuckernden Holzkahn. Zehn authentische Minuten

BASTAKIYA ⭐3
Orientalische Märchenkulisse im restaurierten Stadtteil der Windturmhäuser
📷 *Tipp: Nach Sonnenuntergang die märchenhaft illuminierten Windturmhäuser und darüber den Mond mit langer Belichtungszeit aufnehmen*

BURJ KHALIFA ⭐5
Im höchsten Gebäude der Welt zur Aussichtsterrasse schweben und ganz Dubai liegt dir zu Füßen
📷 *Tipp: Den Burj Khalifa von der Dubai Opera aus so aufnehmen, dass ein Teil der Glasfassade der Oper schräg ins Bild rückt*

DUBAI MALL 8
Stil, Glamour, Attraktionen und so manches Schnäppchen: Schauen und Schlendern in einer der weltgrößten Shoppingmalls
📷 *Tipp: Die Kunstinstallationen in den diversen Atrien der Mall ergeben starke, ungewöhnliche Motive*

DINNER IN DER WÜSTE 9
Mit dem Geländewagen über haushohe Dünen. Und als Abschluss ein zünftiges Beduinendinner
📷 *Tipp: Unterwegs aussteigen und einen der folgenden Geländewagen aufnehmen, wenn der am Dünenkamm entlangfährt*

DUBAI MARINA 6
Zwischen Wolkenkratzern und Megayachten: Dolce Vita aufsaugen und einen der größten Häfen der Welt erleben
📷 *Tipp: Warte bei der Marina Mall, bis dir jemand beim Ziplining entgegenkommt. Wasser und Hochhäuser sind ein toller Hintergrund*

DUBAI OPERA HOUSE 10
Dabei sein bei einem Konzert im Herzen des neuen Opera District – nicht nur die unglaubliche Akustik bringt die Emotionen zum Kochen
📷 *Tipp: Das abends hell erleuchtete Bauwerk und davor der künstliche Dubai Lake: sieht aus wie ein Schiff auf hoher See!*

BURJ AL ARAB 7
Dubais Wahrzeichen, das weltberühmte Hotel, thront auf der eigenen Insel vor Jumeirah Beach

BEST OF €

LOW-BUDGET

FÜR DEN KLEINEN GELDBEUTEL

GEWÜRZE IN HÜLLE UND FÜLLE

Im Spice Souk findet man exotische Gewürze aus Asien und Arabien, abgepackt oder in großen Jutesäcken. Frage nach dem ägyptischen Khol Kajal – ein preisgünstiges, originelles Geschenk für Hennaabende zu Hause.

TANZENDE WASSER

Nach Sonnenuntergang wird der Dubai Fountain zur grandiosen Freilichtbühne. Plötzlich erschallt Musik, und Wasserfontänen schießen im Takt über 100 m in die Höhe. Da ist selbst der dahinter aufragende Burj Khalifa nur Beiwerk.

WO LAUFEN SIE DENN?

Die Atmosphäre auf dem Meydan Race Course ist elektrisierend, die Pferde – reinrassige Araber – blitzschnell und kostbar. EIn Teil der Haupttribüne ist frei zugänglich.

AUTHENTISCH ESSEN

In den Restaurants von Karachi Darbar kannst du pakistanisch-indische Gerichte für wenig Geld probieren. Nach Sonnenuntergang auch Tische im Freien.

AQUARIUM XXL

Teil der spektakulären Dubai Mall ist das zehn Mio Liter (!) fassende Dubai Aquarium. Hier siehst du gewaltige Haie, Schwärme von Papageienfischen und Mantarochen in einer märchenhaften Korallenwelt.

CITY-TOUR MIT SHOPPERN

Dubais große Einkaufstempel liegen weit entfernt voneinander, sodass die meisten Hotels mit einem kostenlosen Shuttle-Service etwa zur Mall of the Emirates, der Dubai Mall oder dem Deira City Centre verbunden sind. Dann nichts wie los zur Stadtrundfahrt, mit oder ohne Shoppen.

BEST OF ⚑

TYPISCH

DAS ERLEBST DU NUR HIER

LUXUSHAUSTIERE
Nicht Hund und Katze, sondern Rennkamel und Falke sind die Lieblinge der Dubaier. Die kostbarsten Falken sind bis zu 1 Mio. Dirham (ca. 200 000 Euro) wert und werden von ihren Besitzern auch mit ins Ausland zur Jagd genommen.

DINNER MIT DHAU
Alte arabische Handelsschiffe als schwimmende Restaurants: Wenn ganz Dubai als ein einziges funkelndes Lichtermeer erglüht, bedienst du dich am Büfett bei einer nächtlichen Dinner Cruise.

ORIENT PUR
Enge, teilweise von Palmblattdächern beschattete Gassen und Kaufmannshäuser mit Galerien, Restaurants und Cafés im altertümlichsten Viertel, Bastakiya. Auf zur Entdeckertour!

DUBAI ZU DEINEN FÜSSEN
Lust auf einen besonderen Thrill? Die Aussichtsterrasse „At the Top" liegt im 124. Stock des Burj Khalifa, des höchsten Gebäudes der Welt.

VIER WOCHEN KAUFRAUSCH
VIPs reisen zu den Modenschauen und Charity Events in den Luxushotels an. Es winken gewaltige Rabatte, Tombolas mit millionenschweren Gewinnen, Feuerwerk und viel Kultur beim Dubai Shopping Festival.

STRANDLEBEN
Hotspot reicher Einheimischer, Expatriates und Touristen beim Stopover: der Jumeirah Beach mit Dubais Wahrzeichen, dem Burj Al Arab, der künstlichen Insel Palm Jumeirah vor der Küste und Beachclubs zum luxuriösen Abhängen mit Shisha und Mocktails.

Reisen mit Insider Tipps

DIE GOLDGELBE WÜSTE LOCKT

Schuhe aus, und der Sand rinnt goldgelb und fein wie Puderzucker über die Zehen: Vor den Toren der Stadt locken Sanddünen so hoch wie Berge, Big Red genannt. In dieser gigantischen Sandkiste werden die angebotenen Aktivitäten – vom Kamelreiten, Buggyfahren bis zum Beduinendinner – fast schon zur Nebensache.

SCHNEE UND RODEL GUT

Im Ski Dubai fährt man schwungvoll ab oder rutscht im Reifen den Hang hinunter. Die Alternative: das Schneetreiben durch die Panoramascheiben des St. Moritz Café nebenan betrachten.

CAMELCINO SCHLÜRFEN

Wir sind schließlich in der Wüste: Da wird der Espresso schon mal mit aufgeschäumter Kamelmilch serviert. Mmh, schmeckt … interessant!

UNTERIRDISCH

Im Untergeschoss des Al Fahidi Fort herrscht Halbdunkel – und angenehme Frische. In diesem Ambiente lässt sich ganz entspannt das frühere Leben am Golf nachempfinden, etwa der Alltag in einer Oase, das typische Treiben in einem altertümlichen Souk.

SANDDÜNEN RUNTERSAUSEN

Beim Sandboarding auf einem Monoski die Wüste erfahren.

INS HAIFISCHBECKEN RUTSCHEN

Im Aquaventure katapultiert dich die Wasserrutsche hinein ins Abenteuer. Tauchen zwischen Mantarochen und Raubfischen. Gibt es was Aufregenderes?

DAS SCHMECKT IN DUBAI

Unsere Empfehlung heute

Vorspeisen

FATTOUSH
grüner Salat mit frittierten Brotscheiben

ACHAR
in Essig und Knoblauch eingelegter
Blumenkohl, Oliven, Zwiebeln, Paprika

BABAGANOUSH
Auberginen- und Tomatenpüree mit
Zwiebeln, Petersilie, Salz und Sesamöl

MOUTABEL
gebackenes Auberginenmus, verfeinert
mit Sesampaste und Nussöl

Hauptgerichte

THEREEF LAHM
Lammfleisch mit Gemüse und
Kartoffeln

FOUL MEDAMES
weiße Bohnen in würziger
Tomatensauce mit Zwiebeln und
Gemüse, dazu warmes Fladenbrot
(khoubiz)

MAKBUS
gebratenes Lammfleisch mit Reis

HAMMOUR
Barsch aus dem Arabischen Golf, gegrillt
oder gebraten

SHISH TAWOUK
mariniertes, gegrilltes Hühnerfleisch
am Spieß

Desserts

MEHALABIYA
Pudding mit Pistazien

BAKLAVA
Dessert aus Blätterteig, Mandeln,
Pistazien und Kardamom, mit Honig
getränkt

MUHAMMAR
süßer Reis mit Rosinen, Kardamom,
Rosenwasser und Mandeln

Drinks

QAHWA
Mit Safran, Kardamon, Nelken und
Rosenwasser gewürzter Kaffee

G&J
frisch gepresster Grapefruitsaft mit
Mineralwasser, Zitrone, Palmzucker und
einer Prise Meeressalz

MILK & HONEY
frischer Ananassaft, Kardamomsirup,
Kokosnussmilch und Honig auf
zerstoßenem Eis

HONGKONG

Mong Kok Market

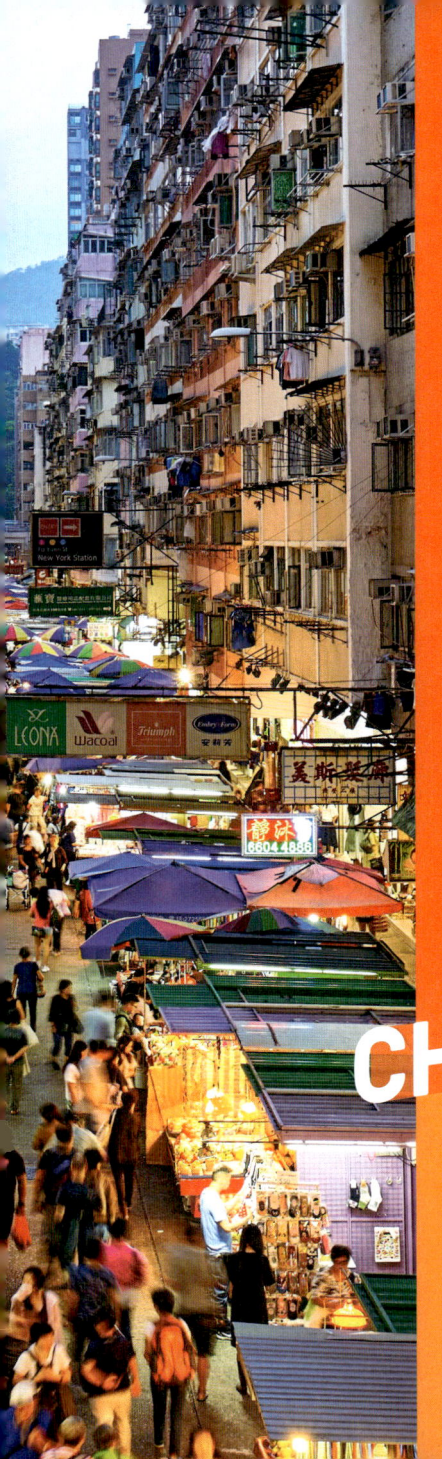

Hongkong bedeutet Fernost-
faszination. Du erwartest eine hoch-
moderne Metropole mit einem
Wolkenkratzerwald, hoffst aber
auch auf quirlige Straßenmärkte,
Rätselhaftes und Chinaexotik?
Damit liegst du gar nicht so verkehrt. In Hongkong ist Chinesi-
sches britisch geprägt, hier ver-
mischt sich Profitstreben mit
altchinesischen Werten. Und
gleich nebenan liegt Macau, ein
Stück altes Europa in Fernost,
heute vor allem aber ein gigantischer Hotspot des Glücksspiels.

CHECK IN

★ Stadt voller Dynamik
★ Lebendige Traditionen
★ Spiegelnde Glasfassaden
★ Höllengeld & Fengshui
★ 7,5 Mio. Einwohner

MARCO POLO
TOP-HIGHLIGHTS

PEAK-RUNDWEG 🌟
Das Beste von allem ist – bei guter Sicht
– das Hongkongpanorama
📷 *Tipp: Am beeindruckendsten ist die
Abenddämmerung, aber komm zeitig
genug, um dir einen guten (Foto-)Platz
zu sichern*

CENTRAL HARBOURFRONT 🌟
Grüne Hafenpromenade mit einem
Riesenrad: das neue Gesicht der Stadt

HONG KONG PARK 🌟
Hongkongs schöner Stadtpark ist eine
Wohlfühloase mit reichlich Fotomoti-
ven – und nur eine Rolltreppenfahrt
vom nächsten Einkaufszentrum entfernt

MONG KOK 🌟
Vögel, Blumen, Fische, Socken: In diesem Stadtteil sind die meisten Märkte
zu finden
📷 *Tipp: Der Nelson-Street-Markt ist
vormittags am besten, aber ab ca. 10
Uhr herrscht ein ziemliches Gedränge*

STANLEY 🌟
Kleidermarkt mit Atmosphäre und Pro-
menade mit Frischluft, Restaurants mit
Seeblick, ein Strand ... Es gibt viele
Gründe herzukommen

TEMPLE STREET 🌟
Schlendern, stöbern und verweilen:
Auf Hongkongs buntem Nachtmarkt
gibt's Wahrsager, Musik und traditionelle Garküchen

LAN KWAI FONG 8

Das Kneipenviertel der Langnasen (und ihrer chinesischen Freunde)! 📷 *Tipp: Wo die D'Aguilar Street abknickt, verläuft oben ein Fußpfad – ideal, um in den Trubel hineinzufotografieren*

WONG-TAI-SIN-TEMPEL 9

Die größte innerstädtische Tempelanlage – und die trubeligste: Jährlich opfern hier über 3 Mio. Gläubige einem als wundermächtig gerühmten Heiligen

LANTAU MIT PO-LIN-KLOSTER 7

In den Bergen von Hongkongs größter Insel meditiert ein riesiger Bronzebuddha. Zu ihm rauf schwebst du per Gondelbahn. 📷 *Tipp: Den Goldprunk der Halle kannst du durch die offenen Türen fotografieren; nimm dafür ein lichtstarkes Objektiv mit*

AUSFLUG NACH MACAU 10

Macau, die älteste europäische Niederlassung in Fernost, wartet mit Bauwerken auf, die zwar meistens klein, aber historisch einzigartig sin. Ausnahme: The Venetian, der größte Casinopalast der Welt

BEST OF
LOW-BUDGET

FÜR DEN KLEINEN GELDBEUTEL

BRÜCKE INS GARTENGLÜCK
Das jüngste der Hongkonger Tempelklöster ist das 2000 fertiggestellte Chi-Lin-Nonnenkloster. Eine Brücke führt vom Kloster in den gepflegten, eintrittsfreien Nan-Lian-Garten gegenüber. Mit 3,5 ha eine der größten Gartenkunstanlagen Hongkongs.

MUSEUM FÜR LAU
Für Hongkongs staatliche Museen gilt: Eintritt frei! Eine Ausnahme bildet das Space Museum, wo du nur mittwochs das Portemonaie stecken lassen kannst.

MITTAGS ZUM GOURMET WERDEN
Für Schlemmermäuler: Montags bis freitags bieten alle guten Lokale einen günstigen Mittagstisch. Da kostet ein Dreigängemenü auf Gourmetniveau oft nur ein Drittel von dem, was man abends dafür ausgeben müsste. Voab einen Tisch reservieren!

AUSFLÜGE UNTER DER WOCHE
Das spart Geld, denn die Fähren erheben Wochenendzuschläge. Hotelschnäppchen außerhalb der Stadt, auch in Macau, sind genauso nur wochentags zu erwarten.

DEM IFC AUFS DACH STEIGEN
Okay, der Blick vom Peak ist unvergleichlich. Aber die Aussicht von Balkon und Dach der IFC Mall ist leichter erreichbar und gratis zu haben. Hier bist du auch komplett von der kribbelnden Atmosphäre der Hochhausmetropole umgeben.

STIPPVISITE BEI DEN PEANUTS
Snoopy's World nebenan in Sha Tin ist ein liebenswerter kleiner Themenpark für die ganze Familie. Hier warten der philosophische Beagle, Charlie Brown, Schroeder und Lucy, Linus und weitere 60 Figuren der Comicserie zum Anfassen. Eintritt frei!

DAS ERLEBST DU NUR HIER

IMMER DEM DUFT NACH

Weihrauchschwaden empfangen dich im Man-Mo-Tempel, der geradezu winzig zwischen den Hochhäusern wirkt. Neben Touristen zieht es auch die Hongkonger selbst hierher, um für Nachschub beim Weihrauch zu sorgen.

SHOPPINGLABYRINTHE

Nach Klamotten stöbern kann man prima im Island Beverley und im Causeway Place. Miniboutiquen voller Trendmode zeigen Hongkongs Platzproblem. Und den Ideenreichtum der Stadt.

MIT HÖLLENGELD DIE HÖLLEN-RICHTER BESTECHEN

Damit es die verstorbene Oma weiterhin gemütlich hat, baut man Hausmodelle aus Papier, die beim Verbrennen ins Jenseits fliegen. Ebenso funktioniert das Höllengeld, mit dem die Höllenrichter bestochen werde, um allen Strafen für eventuelle Fehltritte zu entgehen. Man kann dieses stapelweise in speziellen Totenbedarfsläden kaufen.

DURCH DEN HAFEN SCHIPPERN

Mit der Star Ferry, Hongkongs Verkehrsinstitution Nr. 1! Zwar ging ihre Bedeutung seit dem U-Bahn-Bau zurück, aber von Tsim Sha Tsui nach Wan Chai oder Central gelangt man nach wie vor nicht schöner als mit den rundlichen Booten, die vorwärts wie rückwärts fahren.

EINARMIGE BANDITEN VOR BAROCKGEMÄLDEN

Diese kuriose Kombi erwartet dich im The Venetian, Macaus verrücktestem Casino-Hotel-Theater-Shoppingpalast. Sogar Gondel fahren kannst du dort. Was wäre typischer für das Las Vegas Asiens?

DIE BESTEN INSIDER-TIPPS

Reisen mit Insider Tipps

DRACHENBOOTRENNEN

Beim Tuen-Ng-Fest im Frühsommer sind überall die Drachen los, so auch im Hafen von Aberdeen. Etwas später finden dann die internationalen Rennen in Sha Tin statt.

URLAUB IM URLAUB MACHEN

So fühlt sich ein Ausflug zur hochhausfreien Lamma Island an: Geh baden, wandern, im Fischlokal schlemmen.

LASS DIR MAL WAS ZWITSCHERN

Auf dem liebenswerten Blumen- und Vogelmarkt in Mong Kok gibt's Hübsches für Ohren und Augen.

DURCHS INSELLABYRINTH TOUREN

Kein Hongkongbesuch ohne eine Fahrt mit einem traditionellen Sampan-Boot – am besten ab Sai Kung!

WO EDLES DEN TON ANGIBT

Bei einem Schaufensterbummel in der Antiquitätenstraße Hollywood Road bekommst du einiges geboten.

WOW! WAS FÜR EINE TERRASSE!

Das Wooloomooloo im 32. Stock ist eine Freiluftlounge mitten im Hochhausdschungel. Nicht ganz billig, aber die Aussicht!

STADTRUNDFAHRT FÜR 30 CENT

Günstiger und typischer bekommst du keine Einblicke ins Leben der Stadt, als wenn du auf dem Oberdeck der Straßenbahn durch die Straßenschluchten Hongkongs rollst.

MÜDE SOHLEN AUFMUNTERN

Eine Joggingbahn mit Trimm-dich-Stationen gibt es im Victoria Park, dazu eine Stelle, wo einem kleine Kiesel die Füße massieren.

DAS SCHMECKT IN HONGKONG

Unsere Empfehlung heute

Dimsum

SHRIMP DUMPLINGS
gedämpfte Reismehlteigtaschen mit
Garnelenfüllung

**BEANCURD SKIN ROLL
FILLED WITH PORK AND
VEGETABLES**
Tofuhautwickel mit
Schweinefleisch-Gemüse-Füllung

BAKED BUN WITH BBQ PORK
Weizenmehl-Hefeteigtasche mit
gegrilltem Schweinefleisch

**STEAMED SPARERIBS
WITH BLACK BEAN SAUCE**
gedämpfte Rippchen mit
Schwarze-Bohnen-Sauce

EGG TART
süße portugiesische Eiertörtchen

LOTUS SEED BUN
mit Lotoskernpaste gefüllte,
frittierte Bällchen (süß)

Reis

YANGZHOU FRIED RICE
Bratreis mit Huhn, Ei, Erbsen, Pilzen
und anderen Zutaten nach
Verfügbarkeit

Huhn

GONG BAO CHICKEN
Hühnerfleisch mit Erdnüssen und Chili

HAINAN CHICKEN
Huhn mit Ingwermarinade auf Reis

Seafood

ABALONE
Haftfuß einer Meeresschnecke

STEAMED CRAB
gedämpfte Wollhandkrabbe

COD FISH WITH HERB CRUST
Stockfischfilet mit Kräuterkruste

GAROUPA IN CLAYPOT
Zackenbarsch aus dem Tontopf

Vegetarisch

LO HON VEGETABLE
kurz gebratenes, gemischtes Gemüse

MA PO DOUFU
Tofu nach Sichuan-Art, scharf

**STIRFRIED KAILAN
WITH GINGER SAUCE**
kurzgebratener chinesischer
Brokkoli in Ingwersauce

ISTANBUL!

Sultanahmet Square

Sie ist großes Open-Air-Museum und moderne Metropole zugleich. In den fast 3000 Jahren, in denen die Stadt als Byzanz, Konstantinopel und später als İstanbul Hauptstadt von Weltreichen war, sind unzählige Bau- und Kulturdenkmäler entstanden. Neue, mondäne Wohnpaläste nördlich vom Taksim-Platz. kamen noch hinzu. Die alte, wunderschöne Dame İstanbul ist ziemlich lebendig – und ein Paradies für Shoppingbegeisterte, Clubgänger und Schlemmerfans.

CHECK IN

- ★ Stadt am Goldenen Horn
- ★ Orient trifft Okzident
- ★ Der Ruf der Muezzine
- ★ Feiern am Bosporus
- ★ Orientalisches Flair

MARCO POLO TOP-HIGHLIGHTS

TOPKAPI-PALAST ⭐1
Ein grüner Hof nach dem anderen und herrlich geschmückte Portale: Der Topkapı-Palast und sein Harem sind unvergesslich

ARCHÄOLOGISCHE MUSEEN ⭐2
Eine Reise durch vergangene Jahrtausende: Von der Prähistorik über die Griechen und Römer bis ins osmanische Zeitalter

HAGIA SOPHIA ⭐3
Immer noch die höchste Kuppel der Stadt: Der byzantinische Bau mit dem grandiosen Interieur lässt den Atem stocken
📷 *Tipp: Bei Sonnenaufgang fällt das Licht ganz besonders auf die gelbliche Fassade der Hagia Sophia*

YEREBATAN-ZISTERNE ⭐4
Erkunde bei klassischer Musik die riesige unterirdische Säulenhalle, wo noch Fische herumschwimmen

BLAUE MOSCHEE ⭐5
Die feinen Kacheln machen's: Die Sultanahmet-Moschee ist ein Meisterwerk der sakralen muslimischen Architektur

GROSSER BASAR ⭐6
Eine unerschöpfliche Fundgrube – vom orientalischen Schnäppchen über wertvolle Antiquitäten bis zu billigen Souvenirs

BOOTSFAHRT ÜBER DEN BOSPORUS 9
Den Bosporus einmal nach ganz oben und zurück: İstanbul in seiner ganzen natürlichen und architektonischen Pracht
📷 *Tipp: Die großartigen Villen aus Holz direkt am Bosporusufer sind nur vom Boot aus zu sehen*

GALATA-TURM 7
Der genuesische Rundturm thront über İstanbul und bietet eine Übersicht über die verwinkelte Geografie der Stadt

KADIKÖY 8
Bunt, modern, gebildet und quirlig: Der asiatische Stadtteil mit vielen Geschäften, Cafés, Kneipen und Märkten ist einen Besuch wert
📷 *Tipp: Einer der schönsten Fischmärkte İstanbuls mit offenen Ständen*

PRINZENINSELN 10
Wandern, Radfahren, schwimmen gehen, mit der Pferdekutsche touren und exzellent essen: eine Oase der Ruhe
📷 *Tipp: Die Inseln sind voller Katzen, die sich gerne fotografieren lassen*

HAUS DER KÜNSTLERISCHEN AVANTGARDE

Das SALT ist die angesagteste Adresse der İstanbuler Kunstszene. Im prachtvoll restaurierten Haus der alten Osmanischen Bank findest du verschiedene Ausstellungen – inklusive WLAN und Arbeitsplatz, ganz umsonst.

PREISWERTER FISCH

Wer echten Bosporus-Fisch preiswert auf dem Teller serviert haben möchte, fährt ein Stück am europäischen Ufer hoch: Das Fischlokal Adem Baba in Arnavutköy ist so beliebt, dass man manchmal für einen Tisch anstehen muss – es lohnt sich!

HOCH ÜBER DEM GOLDENEN HORN

Die Patriarchatskirche in Fener ist ein guter Ort, um dem alten Byzanz nachzuspüren. Der Backsteinbau thront imposant über dem Goldenen Horn und kann kostenlos besichtigt werden.

LANGER FREITAG IM MUSEUM

Der Eintritt zum kleinen, aber sehr feinen Pera-Museum ist freitags zwischen 18 und 22 Uhr kostenlos. Das Museum hat eine orientalistische Gemäldesammlung und wechselnde Ausstellungen moderner Künstler.

KUNST UND JAZZ IN PRIVATVILLA

Im Ort Emirgan hat die Familie Sabancı, eine der reichsten türkischen Industriellenfamilien, ihre großartige Stadtvilla in ein privates, eintrittsfreies Museum umgewandelt, das Sabancı-Museum. Hier finden auch mehrmals jährlich spektakuläre Präsentationen statt und im Sommer gute Jazzkonzerte – ideal zum Chillen.

BRÜCKE ZWISCHEN DEN WELTEN

Die Galata-Brücke n Eminönü ist die symbolische Mitte İstanbuls. Nirgends wird die Verbindung von Alt und Neu, Orient und Okzident für Besucher so anschaulich wie hier. Schau vorbei bei den vielen Anglern am Nadelöhr des Goldenen Horns! Zudem ist sie der beste Startpunkt, um İstanbuls historische Altstadt zu erkunden.

ORIENTALISCHE SCHLEIERTÄNZE

Die tanzende Schöne hinter dem Schleier ist das Orient-Klischee par excellence. Aber wer will nicht einmal einen Bauchtanz von hoher Qualität sehen? Das Kervansaray ist dafür eine gute Adresse.

HAMAM MUSS SEIN!

Der Besuch in einem türkischen Bad dient nicht nur der körperlichen Reinigung. Die Massage, das kalte Getränk im Abkühlungsbereich und der Service tun auch der Seele gut. Am traditionellsten entspannst du dich im über 500 Jahre alten *Galatasaray Hamami*.

RUND UM DIE MOSCHEE

Um die Blaue Moschee herum pulsiert immer das Leben: Genieße nicht nur die abendliche Lichtshow im Sommer, sondern auch die Atmosphäre. Einfach hier sitzen und dem Treiben zuschauen.

MIT DEN FRACHTCONTAINERN AUF DU UND DU

İstanbul ist die einzige Weltstadt, wo sich der rege, kommerzielle Schiffsverkehr kilometerlang mitten durch die Stadt hindurchzieht. Dabei im Pool Çırağan Kempinski zu baden und dem direkt vor der Nase vorbeifahrenden Fracht- oder Passagierschiff „Ahoi!" zu sagen, das ist nur hier möglich.

DIE BESTEN INSIDER-TIPPS

Reisen mit **Insider Tipps**

UNTERIRDISCHER SÄULENWALD
Die Türken nannten die Yerebatan-Zisterne „versunkenes Schloss". 336 Säulen verhindern seit 1400 Jahren, dass die Decke der Zisterne einbricht. Zwei dieser Säulen stehen sogar auf antiken Medusenköpfen.

CHILLEN AM SCHWARZEN MEER
Die Küstenorte Sile und Agva sind gerade im Sommer ideal für ein paar entspannte Strandtage nach der Hektik der Großstadt.

JAZZ BEIM SUNDOWNER
Auf der Vergnügungsoase Bomontiada gibt es beste Musik bei Bier, Wein oder hervorragenden Cocktails.

VON KONTINENT ZU KONTINENT
Statt viel Zeit auf einer Fähre oder im Stau auf der Bosporusbrücke zu verbringen, fährt man nun in vier Minuten mit der Bahn von Europa nach Asien.

NEUER SITZ DER SULTANE
Im Dolmabahçe-Palast am Bosporus wurde mit Gold, Marmor und Kristallen nicht gespart. Führungen zeigen die Schätze.

FISCH UND WEIN AM BOSPORUS
Eine alte Fähranlegestelle als eines der besten Fischlokale der Stadt: Die Auswahl im Restaurant Rumelihisarı Iskele an (auch vegetarischen) Gerichten ist enorm.

CREME UND SHAMPOO NACH ALTEN REZEPTEN
Bei Ucuzcular, dem ältesten Kräuter- und Naturladen İstanbuls, gibt es viele gute Produkte für Haut und Haare. Zu finden auf dem Ägyptischen Basar.

DAS SCHMECKT IN ISTANBUL

Unsere Empfehlung heute

Vorspeisen

ARNAVUT CIĞERI
gebratene zarte Lammleberstücke mit
Zwiebeln

ÇERKEZTAVUĞU
„Huhn auf Tscherkessenart" aus
Hühnerbrust, Walnüssen, Milch und
Mehl (kalt serviert)

MIDYE DOLMASI
mit Rosinenreis gefüllte Miesmuscheln

PAÇANGA BÖREĞI
Blätterteigtaschen, gefüllt mit
luftgetrocknetem Schinken

ZEYTINYAĞLI DOLMALAR
gefüllte Paprika und Weinblätter in Öl
(kalt serviert)

Hauptgerichte

BALIK PILAKISI
Fisch, im eigenen Sud im Ofen
zubereitet

IÇ PILAV
Reisgericht mit Rosinen, Nüssen und
Leberstückchen

KADINBUDU KÖFTE
„Frauenschenkel" aus Hackfleisch, Reis
und Eigelb

IMAM BAYILDI
„Der Imam fiel in Ohnmacht", mit
Gemüse gefüllte Auberginen,
vegetarisch

KARIDES GÜVEÇ
Shrimps, Tomaten und Pilze mit Käse
überbacken

Desserts

BAKLAVA
sehr süßes Dessert aus vielen Lagen
Blätterteig, gefüllt mit Walnüssen oder
Pistazien

KAYMAKLI KADAYIF
raffinierter Nachtisch aus Teig mit Sahne

AYVA TATLISI
mit Zucker und Zimt gekochte, halbe
Quitten; mit Sahne-Häubchen serviert

Getränke

RAKI
klarer Anisschnaps (pur), mit Wasser
verdünnt wird er milchig

AYRAN
leicht gesalzener Trinkjoghurt

CAY
schwarzer, relativ starker türkischer Tee

KAPSTADT!

Town Hall

Die Kapstädter nennen ihre Stadt liebevoll Mother City – Mutter aller Städte, denn sie ist die älteste des Landes. Vor rund 350 Jahren hatten europäische Siedler an diesem herrlichen Flecken Erde ihr Lager aufgeschlagen. Heute wohnen zu Füßen des mächtigen Tafelbergs 4 Mio. Menschen. Im Zentrum der brummenden Metropole reihen sich prachtvolle viktorianische Fassaden an die Hochhäuser des Geschäftsbezirks. Und drumherum erstreckt sich raue, unberührte Natur, umweht vom eisigen Südpolwind.

CHECK IN

★ Viel Kultur & gute Weine
★ Super Sonnenuntergänge
★ Stadt, Strand, Berg
★ Regenbogennation
★ Hoffnung als Lebensmotto

MARCO POLO
TOP-HIGHLIGHTS

TAFELBERG ⭐1
Das imposante Bergmassiv überragt die Metropole. Sportliche Besucher besteigen ihn zu Fuß, praktisch ist aber auch die Seilbahn. Oben angekommen: sensationeller Ausblick!

COMPANY'S GARDEN ⭐2
Große Bäume, kleine Eichhörnchen und die wichtigsten Museen der Stadt
📷 *Tipp: Ein Selfie vor dem 350 Jahre alten Birnbaum aus Kolonialzeiten – der älteste Obstbaum Südafrikas*

DISTRICT SIX MUSEUM ⭐3
Niedergerissen und vertrieben. Das Museum erzählt Südafrikas rassistische Vergangenheit anhand des historischen Stadtteils und dessen Bewohnern

ROBBEN ISLAND ⭐5
Ex-Häftlinge führen über die Insel, auf der Nelson Mandela den Großteil seiner Haft verbrachte
📷 *Tipp: Der metallene riesige Bilderrahmen schafft neue Perspektiven auf den Tafelberg*

VICTORIA & ALFRED WATERFRONT ⭐4
Eindrucksvolles, lebendiges Vergnügungs- und Einkaufszentrum am Hafen mit Riesenrad und Seehunden am Pier

GROOT CONSTANTIA ⭐7
Weinfarm, Museum und Restaurant: Südafrikas ältestes Weingut verbindet kolonial und köstlich auf ganz spezielle Weise. Das wusste schon Napoleon

KAP DER GUTEN HOFFNUNG ⭐8
Ein Ausflug in den Nationalpark ist ein Muss für jeden Besucher – dazu gehört auch die Fahrt über den Chapman's Peak Drive
📷 *Tipp: Kamera klar! Am Weg zum Cape Point kommen dir auf der Straße zum Kap häufig Strauße entgegen*

VERGELEGEN ⭐9
Das Weingut gilt als eines der schönsten Südafrikas und ist deshalb *der* Vorzeigebetrieb

KIRSTENBOSCH NATIONAL BOTANICAL GARDENS ⭐2
Mehr als siebentausend verschiedene Bäume, Büsche und Blumen wachsen hier direkt am Fuß des Tafelbergs
📷 *Tipp: Der „Boomslang"-Baumkronenpfad ist ein Selfie-Hotspot mit Bergwaldkulisse – spektakulär grün!*

FRANSCHHOEK ⭐10
Leckere Weine und Galerien – bei den Nachfahren französischer Einwanderer geht es um die feineren Dinge des Lebens. Ach, und dann gibt's auch noch ein malendes Schwein

BEST OF

LOW-BUDGET

STREETART MAL ANDERS

Bo-Kaap ist bekannt für seine fantasievoll bemalten Häuser. Das Viertel am Fuß des Signal Hills ist das farbenfroheste der Stadt, fern von Gentrifizierung. Es hat weniger den Charakter eines Stadtteils als den eines muslimischen Dorfs: mit verwinkelten Gassen, elf Moscheen und bunten Fassaden.

EIN NACHMITTAG MIT AUTOREN

Die Book Lounge in der Innenstadt organisiert jede Woche Lesungen mit führenden Autoren Südafrikas. Der Eintritt ist frei, ein Glas Wein oder Orangensaft gibt's häufig gratis dazu.

KINO & PASTA

Nicht ganz zum Nulltarif, aber fast geschenkt: Im Labia, dem ältesten und schönsten Kino Kapstadts, laufen Filme abseits der Blockbuster. Täglich außer freitags gibt es in einem der umliegenden Cafés Kinokarten und Speisen für zwei Personen um 110 Rand. Das Kino-Burger-Special am Donnerstag kostet 160 Rand.

TRENDIGER MARKT IN ALTER MÜHLE

Gute Nachbarn kommen nie ohne Leckereien vorbei! Jeden Samstag kannst du am Neighbourgoods Market in Woodstock Käse, Pesto, Biltong und mehr von lokalen Händlern verkosten.

KUNST UND EIN GLÄSCHEN WEIN

Echt jetzt? Eine afrikanische Stadt als Tummelplatz der Galerien und Ateliers? Das ist Kapstadt. Und an jedem ersten Donnerstag gibt's kostenlosen Eintritt. Dabei kannst du mit den Künstlern über deren Werke plaudern und bekommst ein Glas Wein aufs Haus. In Cafés und Clubs werden auch Theaterstücke aufgeführt.

BEST OF
TYPISCH

EPIZENTREN DES NACHTLEBENS

Lange Zeit galt die Long Street mit ihren vielen Clubs, Bars und Kneipen als das Partyzentrum der Stadt. Dort ist auch weiterhin eine Menge los, die wirklich angesagten Läden findest du aber inzwischen zwei Parallelstraßen weiter in der Bree Street.

UNTER WASSER IM TROCKENEN

Indisch und atlantisch? Das Two Oceans Aquarium zeigt Buntes und Faszinierendes aus Südafrikas beiden Ozeanen. Hier bleibst du auch unter Wasser trocken – es sei denn, du buchst einen geführten Tauchgang.

DAS ANDERE KAPSTADT

Wellblechhütten und Lebensfreude trotz widrigster Umstände – auch das ist Kapstadt. Komm ins Township und lern die Bewohner bei einer geführten Tour kennen. Bei Mzoli's Place wird zusammen gegrillt und getanzt.

SUNDOWNER AM MEER

Kapstadt hat die schönsten Sonnenuntergänge der Welt. Und dazu gehört ein Sundowner in der Restaurant-Bar Azure des Hotels Twelve Apostles in Camps Bay.

WIE TICKT SÜDAFRIKA?

Südafrika verstehen, ohne seine gewaltvolle Vergangenheit zu kennen? Schwer vorstellbar. In Museen wie dem District Six Museum wird die Geschichte der Regenbogennation neu aufgerollt. Einen Blick in Vergangenheit und Zukunft wirft der Newcomer unter den Museen: das Zeitz-Museum für Zeitgenössische Afrikanische Kunst.

DAS CAFÉ DER HERZEN

Überall im Sidewalk Café sind Herzen – und es wirkt trotzdem nicht kitschig. Sie hängen von der Decke, stehen neben Antiquitäten. Ein absolutes Muss, mit großartiger Küche.

DIE BESTEN INSIDER-TIPPS

Reisen mit
Insider Tipps

STRAUSSE FÜTTERN

Das Auge eines Straußes ist größer als sein Hirn. Dafür hat er hübsche Wimpern. Selbst davon überzeugen kannst du dich beim Füttern auf der Cape Town Ostrich Ranch.

BADEN IM NATURPOOL

In den Tide Pools von Kalk Bay und Simon's Town kannst du ohne Monsterwellen im wohltemperierten Wasser schwimmen, wie im Freibad, nur gratis! Die geschützten Naturpools werden von der Sonne aufgeheizt.

SAFARI

Keine Zeit für die großen Nationalparks? Kein Problem! Entlang der Garden Route findest du etliche sogenannter Game Reserves, die Safaris anbieten. Mit dem nötigen Kleingeld auch per Helikopter und danach eine entspannende Spa-Behandlung.

BIER ODER WEIN?

Südafrikas Weingüter brauen ihr eigenes Bier. In den Wine Lands kann man sich entspannt durchkosten.

INNENSTADT-OASE

Nach einem Marathon-Shopping lockt der schattige, etwas versteckte Garten des Café Paradiso in der Kloof Street. Unter Bäumen wird Pasta und Pizza serviert.

AFRIKANISCH SHOPPEN

Am Greenmarket Square verkaufen Händler vom ganzen Kontinent ihr Handwerk.

HERZSCHLAG HÖREN

Museumsgeschichte lebendig: Im Heart of Cape Town Museum wird an die erste erfolgreiche Herztransplantation durch Professor Barnard 1967 erinnert.

DAS SCHMECKT IN KAPSTADT

Unsere Empfehlung heute

Snacks & Vorspeisen

SAMOOSAS
Frittierte Teigtaschen, gefüllt mit Rinderhack, Hühnerfleisch oder Gemüse

BILTONG
Luftgetrocknetes Rind- oder Wildfleisch

GATSBY
Baguette gefüllt mit Fleisch, Salat und Pommes Frites

SPRINGBOK-CARPACCIO
Südafrikanische Variante der italienischen Fleisch-Blättchen

Hauptgerichte

BOBOTIE
Kapmalaiische Spezialität, ein mit Curry gewürzter Auflauf aus Lammhackfleisch, gesüßt mit Rosinen oder Aprikosen

BOEREWORS & PAP
Gewürzte Mettbratwurst mit traditionellem Maisbrei

CRAYFISH
Hummerart, frisch am Kap gefangen

WATERBLOMMETJIE-BREDIE
Eintopf mit Fleisch, Gemüse und den Blüten einer seerosenähnlichen Wasserpflanze

BUNNY CHOW
Curry nach Durban-Art, im Brotlaib serviert

Desserts

KOEKSISTERS
Geflochtene Teigringe, nach dem Frittieren in Sirup getränkt

MELKTERT
Traditionelle Torte mit Pudding

Getränke

ROOIBOS TEA
Gesunder Tee, der nur am Kap wächst

PINOTAGE
Wein mit südafrikanischem Ursprung

BRANDY
Von lokalen Weingütern

SPRINGBOKKIE
Mix aus Pfefferminzlikör und Amarula, dem traditionellen Likör des Marula-Baums

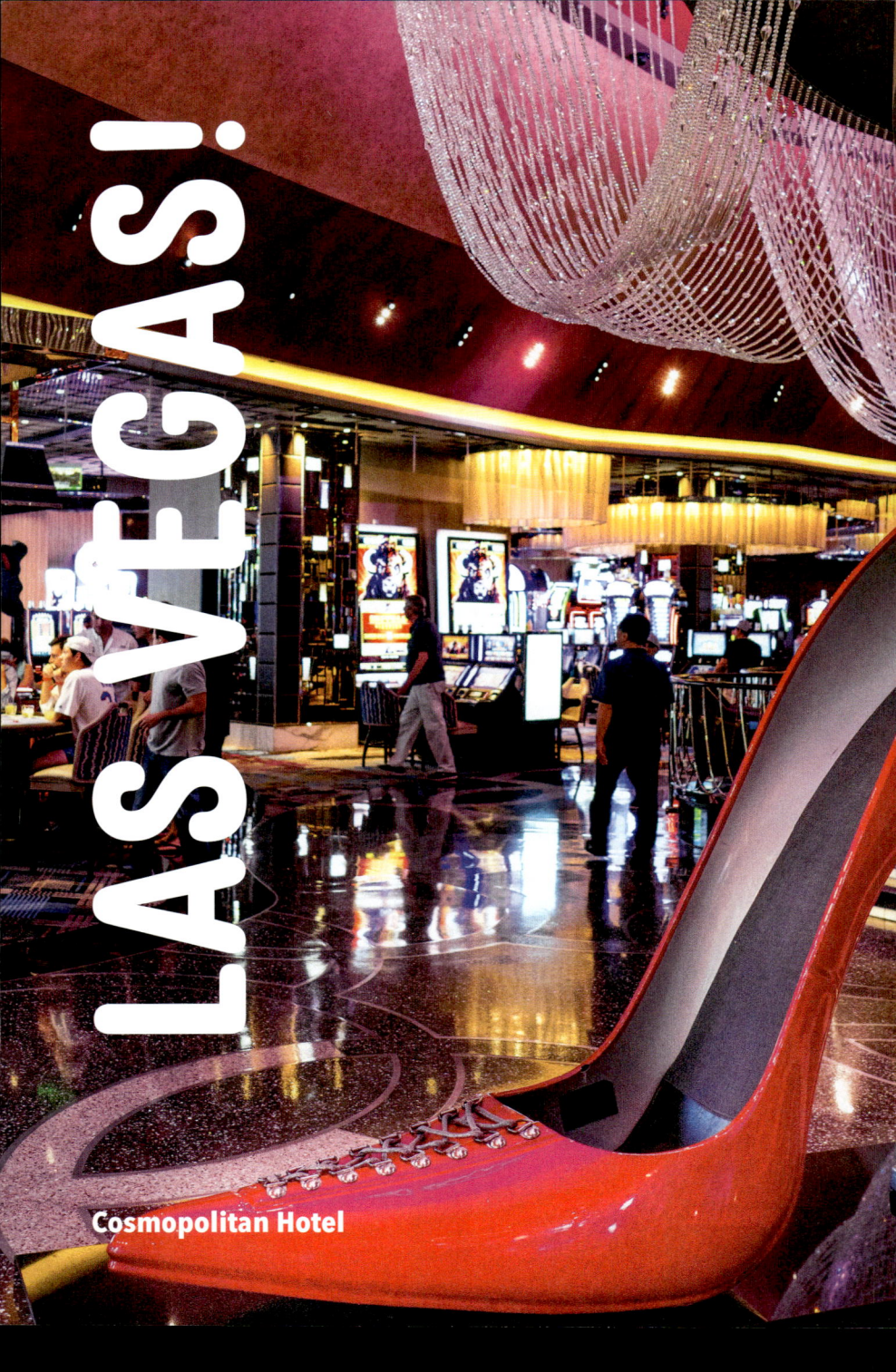

LAS VEGAS!

Cosmopolitan Hotel

Las Vegas ist eigentlich keine Stadt, sondern die Verkörperung des amerikanischen Traums vom schnellen Glück, eine neonbunte Fata Morgana in der Wüste. Nur deshalb konnte in der glutheißen Steinwüste im Süden Nevadas die Weltmetropole des Spiels mit ihren spektakulären Themenresorts aus dem Sand wachsen. Rund um die Uhr, 365 Tage im Jahr inszeniert sich Las Vegas als glitzernde Fantasiewelt, in der für die Besucher der Alltag in unwirkliche Ferne rückt.

CHECK IN

★ „Anything goes"
★ Alles nur ein Traum?
★ Glamouröse Shows
★ Exzellente Gastroszene
★ 250 Trauungen pro Tag

MARCO POLO
TOP-HIGHLIGHTS

BELLAGIO ⭐1

Elegantes, italienisch gestyltes Themen-
hotel mit tanzenden Wasserfontänen
📷 *Tipp: Die Wasserspiele zeigt nur
ein Video richtig gut. Am besten nahe
einem der Lautsprecher, dann gibt's
Musik im Film*

LUXOR ⭐2

Fast wie in Ägypten: eine gläserne Pyramide aus 39 000 Fenstern, bewacht von
einer zehn Stockwerke hohen Sphinx
📷 *Tipp: Ganz klassisch: das Selfie
mit Sphinx und Pyramide. Beste Zeit:
morgens bis früher Nachmittag*

NEW YORK-NEW YORK ⭐3

Die Skyline von Manhattan mitten in
der Wüste von Nevada, inklusive
Freiheitsstatue, Brooklyn Bridge und
rasanter Achterbahn

CAESARS PALACE ⭐4

Immer noch das berühmteste Kasinohotel: mit römischen Skulpturen, eleganter Restaurants und einer Shoppingmall unter künstlichem Himmel

THE VENETIAN 6

Das ultimative Themenkasino – mit Gondelkanälen und Markusplatz, luxuriösen Suiten und Sängern, die italienische Arien schmettern

FREMONT STREET EXPERIENCE 7

Tolle Lightshow in der noch immer etwas verrucht-gammeligen Downtown. 12 Mio. LED-Lichter blinken jeden Abend im rauschenden Farbenspiel
📷 *Tipp: Videomodus einschalten und bei der Light-Show nah vom Drink in der Hand über ein Kasinoschild zum Baldachin schwenken*

LAS VEGAS PREMIUM OUTLETS NORTH 8

Shoppen, bis die Kreditkarte glüht: Discounts und günstige Deals machen Wunschträume erschwinglich

„O" 9

Fantasievolle Traumgestalten, quirlige Clowns und fantastische Akrobaten glänzen in der aufwendigen Wassershow des Cirque du Soleil im Bellagio

HIGH ROLLER 5

Eine Riesenradfahrt hoch über die bunt blinkenden Lichter der Kasinos und Resorts am Las Vegas Strip
📷 *Tipp: Natürlich zur Blauen Stunde kurz nach Sonnenuntergang, wenn die Lichter angehen*

TRIP ZUM GRAND CANYON 10

Die größte Schlucht der Welt lohnt einen Kurztrip per Helikopter oder während eines langen Tages per Bus

BEST OF 🐷
LOW-BUDGET

FÜR DEN KLEINEN GELDBEUTEL

EINMAL UM DIE GANZE WELT

Schneller und günstiger kommt man nicht von Land zu Land: Hier liegt die ägyptische Sphinx (wundersamerweise ganz ohne Altersspuren) in der Nähe der New Yorker Freiheitsstatue und ist der Pariser Eiffelturm nur gut 15 Fußminuten von einer Gondelfahrt auf dem Canal Grande entfernt.

WASSERSPIELE

Jeden Abend tanzen die Wasserfontänen im See vor dem Bellagio zu Musik von Pavarotti und Céline Dion. Alle 15 Minuten treten die 1200 Düsen in Aktion und absolvieren ein beeindruckendes Wasserballett.

SO EIN ZIRKUS

Schlangenmenschen, Clowns und Trapezathleten: Unter dem Zeltdach des Circus-Circus gibt es täglich ab Mittag Kunststücke der besten Artisten aus aller Welt zu sehen.

ROCK AROUND THE CLOCK

In den Lounges der großen Kasinos treten oft sehr gute Nachwuchsbands für Gäste kostenlos auf. So in der Indigo Lounge des Bally's oder im Planet Hollywood.

KUNST FÜR LAU

Großskulpturen, Avantgardekunst – die neuen Kasinoresorts setzen auf moderne Kunst. Alles frei zugänglich. Im CityCenter etwa gibt es einen Riesenradierer des Pop-Art-Künstlers Claes Oldenburg und Lichtkunst von James Turrel.

COUPONS SCHNIPPELN

Es lohnt, Magazine wie „Las Vegas Weekly" oder „LV Entertainment Guide" nach Coupons zu durchforsten und auch Websites wie *vegas4locals.com*. Da gibt's mal zwei Show-Tickets zum Preis von einem, freie Vorspeisen oder Drinks.

DAS ERLEBST DU NUR HIER

THE BEATLES & JACKO WIEDER AUF DER BÜHNE!

Voll im Trend sind Musikshows – die Beatles, Lady Gaga etc. Der allergrößte Star ist Michael Jackson, dem die Cirque-du-Soleil-Show „ONE" im Mandalay Bay ein musikalisches Denkmal setzt. Ein Revival nicht nur für Moonwalker.

JA SAGEN

Im Helikopter, barfuß am Pool oder mit Elvis in einer wunderbar schnulzigen Kapelle – Heiraten hat Tradition in Las Vegas, geht fix und ist günstig. 80 000 Paare pro Jahr können sich nicht irren …

EINSATZ BRINGEN

Blackjack, Roulette, Poker – nur wegen der Glücksspiele gibt es Las Vegas überhaupt. Also los! Vielleicht ist Lady Luck ja gnädig und winkt mit dem Jackpot.

HUNGER STILLEN

Nicht alle Buffets von Las Vegas sind ihr Geld wert. Das Wicked Spoon Buffet im Cosmopolitan schon: Frische Pasta, Sushi, Muscheln, Steakstreifen, Schokotörtchen und bestimmt 100 andere köstliche Häppchen.

VIVA LAS VEGAS

Sterne, Kreise, Dreiecke zucken über den Himmel, dann bestimmt eine Rockband den Rhythmus der Lichter: Zur Lightshow der Fremont Street Experience geht's in die Downtown.

BLICK IN DEN ABGRUND

Es ist, als würde plötzlich der Boden aus der Landschaft fallen, wenn man an den Rand des Grand Canyon tritt. 1600 m geht es steil in die Tiefe – und ebenso steil und schweißtreibend wieder hinauf.

DIE BESTEN INSIDER-TIPPS

Reisen mit Insider Tipps

KARTENTIPPS & -TRICKS

Blackjack, Poker, Craps oder Roulette – wer kennt schon alle Regeln? In vielen Kasinos werden *gaming lessons* gratis angeboten.

PARTY FEIERN

Tagsüber locken Clubs wie das Marquee zur Poolparty, abends zum Dancing mit Top-DJs.

MIT ELVIS SINGEN

In Shows wie Legends in Concert treten die besten Doubles der ehemaligen Stars auf.

BESUCH BEI DER MAFIA

Die Storys der übelsten Banditen und zähesten Polizeiermittler im Mob Museum.

WO BITTE GEHT'S ZUM POOL?

Ohne Pool geht gar nichts. Besonders großen Wasserspaß bietet die fast 5 ha große Badelandschaft des Mandalay Bay mit Wellenbad und echtem Sandstrand.

NEBEN FISCHEN SPEISEN

Beijing Noodle No. 9 ist nicht nur optisch eine Überraschung. Kreative Asienküche in schneeweißem Dekor.

EISIGER KUNSTGENUSS

Abkühlung garantiert: Im Eisschloss der Minus 5 Ice Bar ist man von Eisskulpturen umgeben und schlürft coole Cocktails bei minus 5 Grad – aus einem echten Eisglas.

MINIGOLF MIT ROCKSTARS

Fast wie ein Rockkonzert: Das Kiss Minigolf mit 18 Löchern im Kasinohotel Rio in Dunkelheit bei Neonlicht und untermalt von Rocksound ist ein Erlebnis der ganz anderen Art.

DAS SCHMECKT IN LAS VEGAS

Unsere Empfehlung heute

Appetizers

SHRIMP COCKTAIL
Krabben mit scharf gewürzter Tomaten-
Cocktailsauce

**NACHOS
WITH GUACAMOLE**
Mit Käse überbackene Mais-Chips, dazu
Avocadocreme

PULLED PORK SLIDERS
Mini-Hamburger gefüllt mit
geräuchertem Schweinebauch

Main Courses / Entrées

**PRIME RIB
WITH HORSERADISH SAUCE**
Dicke, sehr zarte Bratenscheibe mit
Meerrettich

**NEW YORK STEAK
WITH GARLIC MASHED
POTATOES**
Steak mit Fettrand, dazu Kartoffelbrei
mit geröstetem Knoblauch

**BUFFALO BURGER
WITH COUNTRY FRIES**
Hamburger aus Bisonfleisch, dazu dick
geschnittene Fritten

**FRIED CHICKEN
DRUMSTICKS
WITH MAC & CHEESE**
Kross gebratene Hühnerkeulen mit
Käse-Maccaroni

Desserts

APPLE PIE A LA MODE
Apfelkuchen mit Eiscreme

BANANAS FOSTER
Mit Butter, braunem Zucker
und Rum karamelisierte
Bananen

Drinks

STRAWBERRY MARGARITA
Mixgetränk aus Tequila,
Erdbeeren, Limonensaft, Triple Sec
und Eis

IPA MICROBREW
Hopfiges Ale-Bier
(India Pale Ale)
aus einer Kleinbrauerei

MAI TAI
Tropischer Schirmchendrink
aus dunklem Rum und
exotischen Säften

LISSABON

Rua Augusta

Lissabon ist angesagt. Der Tourismus boomt. Es regnet Preise auf die portugiesische Hauptstadt: beste Citydestination Europas, bester Kreuzfahrtschiffhafen … Goldgräberstimmung macht sich breit. Poplegende Madonna und Schauspielerin Monica Belucci schlugen ihre Zelte in der Stadt auf. Lissabon ist ein Darling auf Instagram. Nicht von ungefähr bleiben Fotografen und Künstler oft in dieser Stadt hängen: Sie lieben die fotogenen Kontraste von Tradition und Moderne, den gewissen morbiden Charme und das besondere Licht.

CHECK IN

- ★ 7-Hügel-Stadt am Tejo
- ★ Shoppen: Rua Augusta
- ★ Kachelkunst (azulejos)
- ★ Fadokneipen & coole Bars
- ★ 1A-Lebensqualität

MARCO POLO TOP-HIGHLIGHTS

MUSEU NACIONAL DO AZULEJO 1
500 Jahre Fliesen und kein Ende: Portugals einmalige Kachelkunst, dargeboten in einem prachtvollen Konvent

CASTELO DE SÃO JORGE 2
Wie eine steinerne Krone thront die Burg über dem malerischen Gassenlabyrinth der Alfama

MOSTEIRO DOS JERÓNIMOS 3
Ob Katholiken, Muslime oder Garnixglauber, die Steinmetzkunst im üppig verzierten Kreuzgang im Kloster in Belém betört auch nach 500 Jahren noch

TORRE DE BELÉM 4
Der mächtige und trotzdem irgendwie verspielt wirkende Wehrturm im Tejo ist ein Symbol der Stadt und für Lissabons Goldenes Zeitalter unter Manuel I.

MUSEU CALOUSTE GULBENKIAN 5
Für Lissabon hat sich's gelohnt, dem armenischen Ölmillionär im Zweiten Weltkrieg Asyl zu geben: Er vermachte der Stadt eine einzigartige Kunstsammlung

PARQUE DAS NAÇÕES 6
Das ehemalige Expogelände mit einem der größten Aquarien Europas wurde zum glitzernden Fortschrittssymbol Lissabons
📷 Tipp: Tolle Luftbilder schießt du aus der Seilbahn oder vom noblen Restaurant auf dem Vasco-da-Gama-Turm

ELÉCTRICO 28 ⭐

Mit der berühmten uralten Tram Nr. 28 ist eine Sightseeingtour durch die Sieben-Hügel-Stadt ein tolles Erlebnis

CAFÉ LINHA D'ÁGUA ⭐

Portugiesische Kaffeekultur: Das Nordende der Praça Eduardo VII bietet den grünen Rahmen für das stylische, doch untouristische Terrassencafé

MAAT 🟠8

Aktuelle Kunst, Architektur und Design im Hinguckerbau am Tejo
📷 *Tipp: Das dramatische Ensemble von onduliertem Rooftop, Fluss und Brücke schreit geradezu nach Instagram*

A VIDA PORTUGUESA 🟠10

Geschmackvolle Souvenirs made in Portugal, nach dem Motto: „desde sempre" – „schon immer"

BEST OF
LOW-BUDGET

RELAXEN IM MUSEUMSGARTEN

Ein Geheimtipp ist der verschlungene Garten am Museu Calouste Gulbenkian: das grüne Labyrinth wird gern von Pärchen zum *namorar* (Flirten), für Picknicks und ruhige Lese- und Rauch-Sessions genutzt. Das Museum kostet Eintritt, der Garten nicht.

GRATIS-STADTTOUR

Mit Witz führen die erfahrenen Wild Walkers auf verschiedenen Routen und mit unterschiedlichen Schwerpunkten (Pub Crawl, Fadoabend) durch ihre Stadt. Die Touren kosten nichts, ein Trinkgeld ist für das Engagement der jungen Wilden aber nur fair.

RECITALS

Achte auf die Ankündigungen der Kammerkonzerte (meist gratis) oft junger Interpreten im Spiegelsaal des Palácio Foz um 18/19 Uhr an der Praça dos Restauradores.

SURREALE TIERWELT

Nicht verpassen solltest du den Jardim Bordallo Pinheiro mit seinen bunten, surrealen Tierskulpturen von Altmeister Rafael Bordallo Pinheiro: Affen hängen in Bäumen, Schrecken kriechen Wände hoch. Und das Beste: Kostenpunkt null Euro!

FÜHRUNG IN DER JESUITENKIRCHE

Die 1566 auf einem Pestfriedhof erbaute Igreja São Roque überstand das große Erdbeben 1755 fast unbeschadet. Sonntags gibt's eine Gratis-Führung für Ticketinhaber.

MIT DEM RAD DURCH CASCAIS

Das mordäne Cascais 30 km westlich der City konnte den Charme seines alten Ortskerns erhalten. In der lebhaften Altstadt gibt es viele Bars, Restaurants und Boutiquen. Und an der wuchtigen Zitadelle kann man kostenlos Räder mieten.

BEST OF

TYPISCH

DAS ERLEBST DU NUR HIER

FAHRN, FAHRN, FAHRN MIT DER STRASSENBAHN ...

Die nostalgischen gelben Straßenbahnen werden auch von Lissabonnern genutzt. Atemberaubend die berühmte Nr. 28, die durch enge Gassen im Zentimeterabstand zu den Hauswänden bergauf und bergab ächzt.

AUF UND NIEDER

Rettung für Fußlahme sind die für Lissabon charakteristischen *elevadores,* Standseilbahnen und Aufzüge, die seit über 100 Jahren die Unter- mit der Oberstadt verbinden. Wer den Trip im eisernen Turm des Elevador de Santa Justa von oben nach unten angeht, muss nicht so lange anstehen!

KAFFEEKULTUR

Studenten und Büromenschen, ältere Damen und die Wellenreiter haben eins ge-

meinsam: Sie suchen bei jeder Gelegenheit Cafés auf. Das können echt portugiesische sein: hell und laut, trendige Kaffeeröstereien, wo Englisch Arbeitssprache ist, oder Terrassencafés wie das Pão de Canela.

DER PORTUGIESISCHE BLUES

Dem Fado mit seiner melancholisch-sehnsuchtsvollen Grundstimmung begegnest du in Lissabon an allen Ecken der Altstadt. Mit ein bisschen Recherche lauschst du dem *aiiiiiiii* zwischen Portugiesen.

HISTORISCHES PFLASTER

Die berühmte *calçada,* der kunstvoll verlegte Straßenbelag, nimmt teils tolle Formen an. Manche sind einfach zu sehen, wie das Wellenmuster vom Rossio, andere brauchen Adleraugen, wie die Muster zwischen Brasileira-Café und Benetton im Chiado.

Reisen mit Insider Tipps

„WOW"-AUSBLICK ZUM COCKTAIL

Die angesagteste Dachterrassenbar im Santos-Designviertel ist das Garden Terrace Rooftop. Für den Trendfaktor sind die Cocktailpreise fair, die Stimmung ist bestens.

ORIGINAL ODER FÄLSCHUNG?

Der monumentale Cristo Rei am südlichen Ufer des Tejo ist eine Kopie der Christusstatue in Rio.

NUR NICHT TRAURIG WERDEN!

Der melancholische Fado gehört zu Lissabon wie das Shanty zu Hamburg. Lass dich in der Associação Fado Casto von der Musik verzaubern.

EINTAUCHEN INS SOUNDLABYRINTH

Verlier dich in den verwinkelten Räumen des Kulturzentrums Fábrica Braço da Prata: Jazz, Jam-Sessions, Weltmusik, Kizomba-Workshops ...

IN DEN SONNENUNTERGANG SEGELN

Die wunderschön restaurierte „Halcyon I" startet zu Exklusivtörns mit Service von den Docas zu Füßen der Alfama. Es wird täglich gesegelt!

GUT GEFÜHRT, GUT GEFÜTTERT?

Bei den Food-Tours von Taste of Lisboa isst du dich mit Gastro-Insidern durch die spannendsten Viertel.

IMMER DER FLIEGE NACH

Locals klönen gern vor dem witzigen, als gigantische Fruchtfliege gestylten Kiosk in der Grünanlage nahe dem Campo dos Mártires da Pátria.

DAS SCHMECKT IN LISSABON

Unsere Empfehlung heute

Entradas (Vorspeisen)

COUVERT (GEDECK)
Pão, manteiga, azeitonas, patés
(Brot, Butter, Oliven, Thunfisch-/
Sardellenpaste)

SALADA DE POLVO
Tintenfischsalat mit Zwiebel-Koriander-
Vinaigrette

AMÊIJOAS À BULHÃO PATO
Muscheln in Knoblauch-Zitronen-Sauce

Pratos Principais (Hauptgerichte)

PORCO A ALENTEJANA
Schweinegulasch mit Muscheln

ARROZ DE PATO
Entenreis

FAVAS A MODA DE LISBOA
Saubohnen mit Speck und Wurst

BACALHAU À BRAS
Stockfisch-Gratin

PEIXE DO DIA (TAGESFISCH)
Dourada, Robalo, Salmão
(Dorade, Wolfsbarsch Lachs)

AÇORDA DE MARISCO
Brotbrei mit Meeresfrüchten

**OMELETTE COM QUEIJO E
SALADA MIXTA**
Käse-Omelett mit gemischtem Salat

Sobremesas (Desserts)

MOUSSE AU CHOCOLAT
Schokoladen-Mousse

FRUTA DA ÉPOCA
Obst der Saison

Bebidas (Getränke)

VINHA DA CASA BRANCO/TINTO
Hauswein, weiß/rot

IMPERIAL
gezapftes Bier

ÁGUA MINERAL COM/SEM GAS
Mineralwasser mit/ohne Sprudel

CAFÉ/BICA
Espresso

CHÁ PRETO/VERDE
Tee, schwarz/grün

LONDON

Oxford Street

Wer erstmals nach London kommt, hat eigene Bilder im Kopf: rote Doppeldeckerbusse, Big-Ben, die dicke Kuppel von St Paul's Cathedral und die Zuckerbäcker-Tower Bridge. Zweit- und Drittreisende wissen, dass es Weiteres gibt, um die London-Mixtur abzustimmen: politisches Machtgehabe im Parlament, die königliche „Firma" im Buckingham Palace, die verrückten Modetrends, musikalische Subkultur und hypermoderne Architektur. Eins steht fest: Hier kannst du bei jedem Besuch Neues entdecken!

CHECK IN

★ **Tradition & British Empire**
★ **Chillen am Themse-Ufer**
★ **London lebt Multikulti**
★ **It's teatime**
★ **Unterirdisch schnell**

MARCO POLO
TOP-HIGHLIGHTS

TOWER OF LONDON 1
Durch die mächtigen Mauern des Tower wabern 900 Jahre Geschichte und lehren dich zuweilen das Gruseln

BUCKINGHAM PALACE 2
Der Balkon ist weltberühmt. Von hier winken die britischen Monarchen dem Volk bei Geburtstagen und Hochzeiten zu
📷 *Tipp: Bei der täglichen Wachablösung am Vormittag gibt's die besten Motive*

HOUSES OF PARLIAMENT & BIG BEN 3
Lang ist s her: Die Mutter aller Parlamente tagte 1275 erstmals, und seit 160 Jahren schlägt die Big-Ben-Glocke
📷 *Tipp: Von der Westseite der Westminster Bridge hast du unverbauten Blick; im Abendlicht besonders schön*

LONDON EYE ⑦
So sicher wie in Abrahams Schoß wirst du getragen von den gläsernen Kapseln des höchsten Riesenrads Europas

📷 *Tipp: Morgens vom gegenüberliegenden Ufer am Victoria Embankment kriegst du es am besten ins Bild*

ST PAUL'S CATHEDRAL ⑧
Nicht nur eine Kirche – ein Wiederauferstehungssymbol Londons nach der Brandkatastrophe von 1666 und dem Zweiten Weltkrieg!

📷 *Tipp: Von der Millennium Bridge kannst du ungestört fotografieren und wirst nicht vom Verkehr überrollt*

WESTMINSTER ABBEY ④
Die Krönungs- und Grabkirche der Insel. Alles, was Rang und Namen hatte, wird geehrt, ein Who's who vergangener Jahrhunderte

BRITISH MUSEUM ⑤
Das Juwel unter den Londoner Museen. Hier brauchst du Jahre, um alle Schätze der Weltkulturen zu entdecken

HARRODS ⑨
Berühmt-berüchtigt: Kaufhaus und Touristenattraktion zugleich. Hier kannst du schlemmen, shoppen und dabei viel Geld loswerden

TATE MODERN ⑥
Wo einst Kraftwerkspumpen lärmten, entstand direkt an der Themse der Millenniums-Musentempel für moderne Kunst

KEW GARDENS ⑩
Sehnsuchtsort für Botaniker: viktorianische Gewächshäuser, Ziergärten und ein Baumwipfelpfad, hier zeigt sich der englische grüne Daumen

BEST OF

LOW-BUDGET

FÜR DEN KLEINEN GELDBEUTEL

GENERÖSE MUSEUMSPOLITIK

Die staatlichen Museen Londons sind kostenlos zu besichtigen: Weder im British Museum noch im Victoria & Albert Museum oder in der Westminster Cathedral zahlst du Eintritt!

ES GRÜNT SO GRÜN …

Gemütlich eine Stunde im Liegestuhl für £ 1,80 abhängen oder ein leckeres Picknick direkt auf dem Rasen verspeisen, das geht z. B. im St James's Park oder Hyde Park.

GOTTESDIENST IN DER KRÖNUNGSKIRCHE

Ein wahrhaft königlicher Eintrittspreis wird in Westminster Abbey verlangt, wenn du die Krönungskirche von innen sehen willst. Komm besser werktags zum kostenlosen Abendgottesdienst und lass den prachtvollen Bau auf dich wirken.

RADELN UND SPAREN

Radeln ist gesund und schont die Umwelt. Warum also nicht gleich mit einem der Räder vom Londoner Leihrad-Netzwerk ins Museum radeln, denn die erste halbe Stunde ist für lau.

FREIKULTUR

In der Mediathek des British Film Institute kannst du gratis Klassiker, Filmperlen und TV-Kultserien aus dem Nationalarchiv ansehen.

FAST FÜR LAU

Die Websites *freetoursbyfoot.com/london-tours* und *londonforfree.net* listen Stadtführungen, Ausstellungen, Tage der Offenen Tür und kulturelle Veranstaltungen auf, für umsonst oder kleines Geld. Wer mit Kindern unterwegs ist, spart mit einem Familienticket bei vielen Attraktionen Geld.

DAS ERLEBST DU NUR HIER

DIE QUEEN FÜRS REGAL

Den berühmten königlichen Gruß der Queen gibt's auch zum Mitnehmen –passend zum heimischen Ambiente gleich in mehreren Farben.

ABTANZEN

Dancing through the night: Wer viel Kondition hat, arbeitet sich am Wochenende auf einem der zahllosen angesagten Dancefloors ab, stilecht z. B. im Ex-Busdepot Ministry of Sound.

DOPPELDECKERFAHRT

Alte und neue Doppeldeckerbusse fahren auf Londons Straßen, manche nur fürs Sightseeing, die meisten sind aber echte Linienbusse. Ob oben ohne oder geschlossen – die Aussicht auf London ist von der 2. Etage im Fahrzeug auf alle Fälle hervorragend.

FISH & CHIPS

Vor allem fettig ist dieser britische Klassiker im Doppelpack: Pommes mit Malzessig plus Kabeljau, Schellfisch oder Scholle in Panade. Das musst du unbedingt bei Poppies probieren – eine Londoner Institution!

AUF INS GEWÜHL

Londons Märkte sind wuselig: Gourmets ab auf den Borough Market und den Camden Market! Schnäppchen- und Trendjäger werden auf dem Broadway Market und dem Brick Lane Market glücklich.

BESUCH IM PUB

Ein sehr englisches Vergnügen: ein Bier oder Bitter in einem alteingesessenen Pub – inmitten von Jugendstilinterieur, am Fluss oder in einer ehemaligen Poststation. Real Ale gibt's im Black Friar oder The Dove.

DIE BESTEN INSIDER-TIPPS

VOGELPERSPEKTIVE
Wow, was für eine Aussicht auf die Stadt! Die beste hast du z. B. vom gigantischen Riesenrad London Eye an der Themse oder vom „Scherben"-Hochhaus *The Shard* aus.

TEA & SCONES
Gönn dir! Und zwar einen traditionellen Afternoon Tea mitsamt Sandwiches, Kuchen und *scones* – am edelsten im Palm Court des Ritz (Krawattenpflicht!).

CHILLEN AN DER THEMSE
Schönes Wetter? Dann auf zum Ufer der Themse – hier steht übrigens auch das höchste Riesenrad Europas!

KURIOSITÄTENKABINETT
Skurril und herrlich britisch ist das Sammelsurium des Sir John Soane's Museum. Der Architekt der Bank of England lebte hier und trug zusammen, was ihm gefiel.

ÜBER DEN FLUSS LAUFEN
42 m über der Themse über den Glasboden der Tower Bridge flanieren, aber nur für Schwindelfreie!

GARTEN MIT TIEFBLICK
Vom tropisch-grünen Skygarden in der 20 Fenchurch Street linst du runter auf die City.

PADDELN IN DER CITY
Im Shadwell Basin, dem alten Hafenbecken, kannst du mit dem Kajak lospaddeln.

MIT CLOONEY KUSCHELN
Welche Frau würde das nicht gern? Im Madame Tussauds triffst du das lebensechte Double auf dem Sofa.

DAS SCHMECKT IN LONDON

Unsere Empfehlung heute

Vorspeisen

PRAWN COCKTAIL
Krabbencocktail

SOUP OF THE DAY
Tagessuppe, z. B. *Leek and Stilton Soup*
(Lauch-Blauschimmelkäse-Suppe)

GARLIC BREAD
Knoblauchbrot

Hauptgerichte

FISH & CHIPS
Panierter Bratfisch & Pommes frites mit
Malzessig

BANGERS & MASH
Würstchen und Kartoffelbrei

SHEPHERD'S PIE
Auflauf aus Hammel- oder
Rindfleischhack, überzogen mit
Kartoffelbrei

STEAK & ALE PIE
Pastete mit in Bier gekochtem
Fleischragout

SUNDAY ROAST
Sonntagmittag: Lamm-, Rind- oder
Schweinebraten mit Backkartoffeln und
Bratensoße

Desserts

APPLE PIE WITH CUSTARD
Kleine Apfelkuchenpastete mit
Vanillesoße

STICKY TOFFEE PUDDING
Feuchter Biskuitkuchen aus fein
gehackten Datteln in Toffeesoße,
oft auch mit Vanilleeis oder
Vanillesoße

CHEESE BOARD
Britischer Käse z. B. Stilton, Cheddar,
Red Leicester

Getränke

TEA
Selbstverständlich mit Milch
serviert

ALE
Obergäriges britisches Bier,
z. B. London Pride

CIDER ODER PERRY
Naturtrüber Apfel- oder
Birnenwein

SHANDY
Bier mit Zitronenlimonade

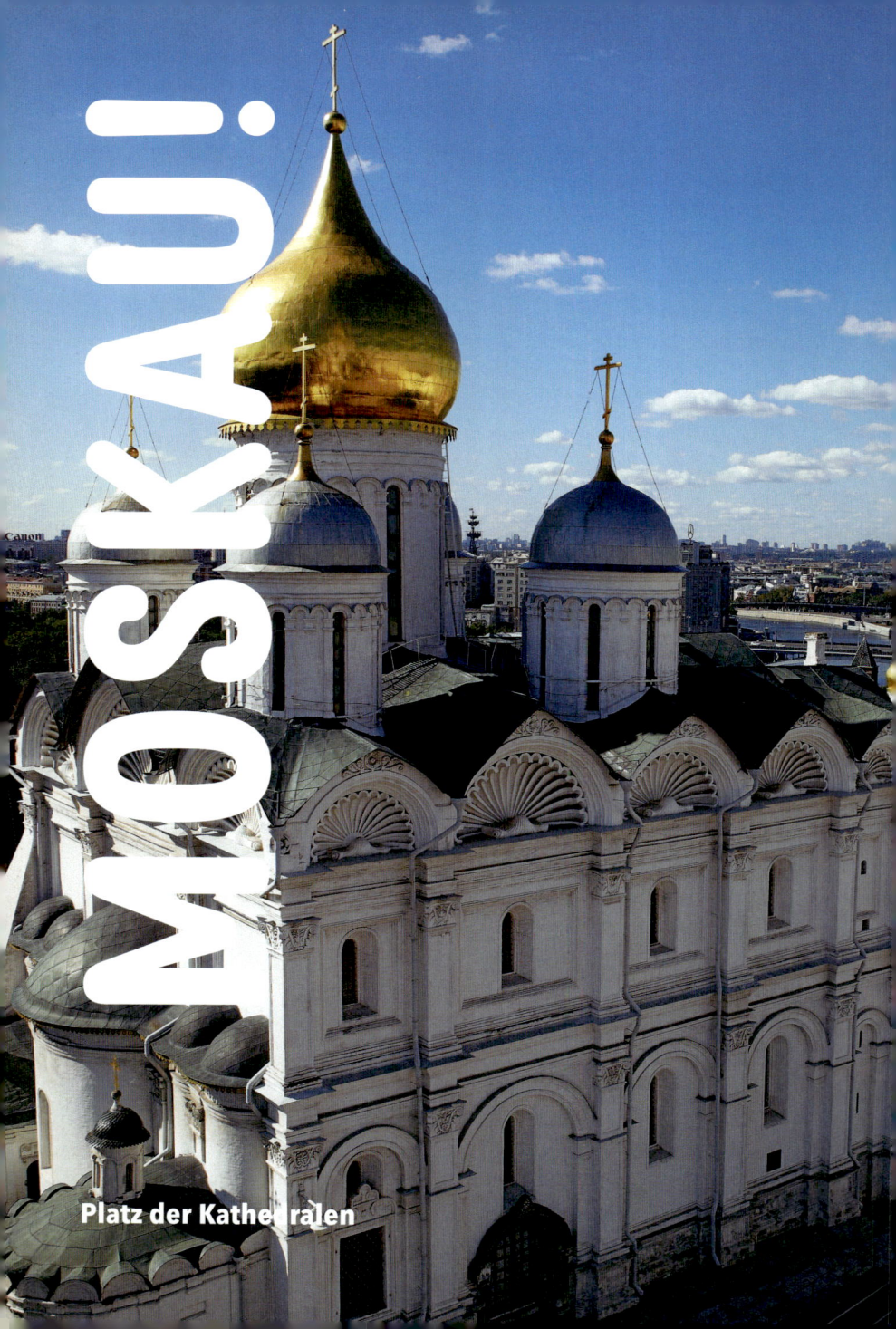

MOSKAU!

Platz der Kathedralen

Während der Geschäftsmann
im SUV durch die City düst und sich
bei der Jungend ein neues, hippes
Lebensgefühl einstellt, steht die
Babuschka selbst im tiefsten Winter
vor der U-Bahn und verkauft Einge-
machtes, um ihre schmale Rente
aufzubessern. Die Hauptstadt Russlands ist ein Sinnbild für knallharte
Gegensätze. Sie ist ein Planet für
sich, ein Universum, das niemals
schläft. Selbst nachts leuchten der
Kreml, die vielen Zwiebeltürme
und Stuckfassaden sowie die neuen
Glasbauten der Moscow City.

CHECK IN

★ Zuckerbäckerarchitekur
★ Die Puppe in der Puppe
★ Spitzentanz im Bolschoi
★ Wodkabar & Craftbiere
★ Russische Gourmettempel

MARCO POLO TOP-HIGHLIGHTS

ROTER PLATZ ⭐1

Russlands gute Stube mit Opa Lenin im Keller. Hier wird bis spät in die Nacht flaniert

📷 *Tipp: Ein in den Boden vor dem Auferstehungstor eingelassener Messingstern markiert Russlands „Kilometer null"*

BASILIUS-KATHEDRALE ⭐2

So schön, dass Iwan der Schreckliche ihren Baumeister blenden ließ

📷 *Tipp: Das klassische Moskau-Selfie mit den Zwiebeltürmen knipst du am besten vom Haupteingang des GUM aus*

KREML ⭐3

Rubinrote Sternenmacht bei Tag und Nacht. Russlands einstiges Jerusalem birgt den Chefsessel des Präsidenten

📷 *Tipp: Kreml-Panorama und Verkehr mit Langzeitbelichtung und Stativ bei Nacht von der Moskworetskij Most – Foto-Flash*

SARJADJE-PARK ⭐4

Moskaus neues Lieblingsplätzchen liegt gleich neben dem Kreml

📷 *Tipp: Die untergehende Sonne taucht im Hintergrund den Zuckerbäckerbau an der Tanganka und den Kreml in zartes Orange*

TRETJAKOW-GALERIE ⭐5

Russische Geschichte als Bildergalerie: So viele A tmeister wie Tretjakow sammelte keiner. Ein Hingucker sind die Großgemälde von der alten Seidenstraße

PUSCHKIN-MUSEUM ⭐ 6

Kunst ohne Grenzen: Troja-Gold und Mumien neben einer ganzen Armada von Impressionisten

CHRIST-ERLÖSER-KATHEDRALE ⭐ 7

Auch ohne Brille scharf: die größten russisch-orthodoxen Kirchenkuppeln. Auf der Insel dahinter wird gefeiert
📷 *Tipp: Bei Nacht vom Ende der Fußgängerbrücke hinter der Kirche mit Laternen und Flucht auf das Gotteshaus*

AUSSTELLUNGSGELÄNDE WDNCH ⭐ 8

Zeitkosmetik: Die alte Sowjet-Expo lädt zum Spaziergang ein. Dazu gibt es armenischen Cognac und Foodcourt

GUM ⭐ 9

Kaufhaus-Dinosaurier: Im Einkaufspalast der Gründerväter locken Nostalgie und edle Designer-Boutiquen. Die günstige Sowjetkantine im obersten Stock ist Kult

BOLSCHOI-THEATER ⭐ 10

Die legendäre Bühne ist Synonym für russisches Spitzenballett – und für Skandale wie Intrigen. Um auf die Tribüne zu gelangen, musst du clever vorgehen

BEST OF

LOW-BUDGET

SPARPREIS IM EDELSCHUPPEN

Das Café Puschkin ist eine weit über Russland hinaus bekannte (und teure) Moskauer Institution – sein günstiger Mittagstisch aber hat sich noch nicht so herumgesprochen.

AN DER MOSKWA TANZEN

Ob Tango oder Cha Cha Cha – die Tanzkurse im Gorki-Park sind wie gemacht zum Kennenlernen. Im Sommer wird die Promenade am frühen Abend zur größten Tanzfläche der Stadt. Jeder darf teilnehmen – kostenlos und ohne Anmeldung.

GUTES ESSEN, GUTER PREIS

Auch wenn du beim ersten Mal vielleicht zögerst, Eintritt für das Restaurant True Cost Bar & Grill im hippen Keller zu zahlen: Nirgends in Moskau wird für dein Geld so ehrlich und so gut gekocht wie hier.

WELTMUSIK FÜR EINE HAND VOLL RUBEL

In der alten Fußgängerzone zum Kreml, dem Alten Arbat, bekommt ihr Viktor Zoi auf Gitarre, Vivaldi auf Geige oder russische Seele auf Balalaika auf die Ohren. Und ihr könnt gleich kostenlos euer Kleingeld entsorgen!

VINTAGE-SOUVENIRS ERBEUTEN

Auf dem Ismajlowski-Flohmarkt gehen dir die Augen über: Von Kunst bis zu nostalgischem Trödel ist alles dabei in den Buden am Holzkreml. Feilschen erwünscht!

GANZ VIEL KAFFEE SCHLÜRFEN

Jeder Gast erhält im Anticafé Ziferblat einen nostalgischen Wecker; die Ankunftszeit wird notiert. Denn der Kaffee kostet nicht pro Tasse, sondern pro Stunde. Und es gibt… Kekse!

BEST OF

TYPISCH

DAS ERLEBST DU NUR HIER

AUSSEN GLÄNZEND, INNEN OFT LEER

Moscow City: Der Name klingt, als habe sich Moskaus Finanzviertel neu verortet. Die spiegelnden Hochhaustürme an der Moskwa prägen heute die Skyline der russischen Hauptstadt. Weil das Viertel nicht genug Banker anlockt, ziehen in einige Wolkenkratzer inzwischen Hotels.

LENIN GUCKEN

Wie lange der einbalsamierte Gründer der Sowjetunion noch im Lenin-Mausoleum am Kreml angestarrt wird, ist nicht absehbar. Die Ehrenwache ist längst abgezogen, aber besichtigen kann man Wladimir Iljitsch Uljanow, genannt Lenin, immer noch.

IM BOLSCHOI GLÄNZEN

Märchenhafte Opern und Ballett im glänzenden Interieur der Zarenzeit. Neben klassischen Inszenierungen gibt es hier auch Bühnenexperimente, die heftig diskutiert werden. Ein Selfie vor der Vorstellung im historischen Ambiente ist Pflicht vor der Kür.

ALLES ÜBER WODKA

Das Zubehör und die Anleitung zum Schnapsbrennen findet ihr im Wodka-Museum auf dem Gelände des Kreml von Ismailowo. Inklusive der Geschichte des Wässerchens.

KIRCHENLUFT EINATMEN

Dir ist es zu voll und zu laut im Moskauer Zentrum? Mach es wie die Einheimischen, besuch zwischendurch einen russisch-orthodoxen Gottesdienst. Gleich am Roten Platz darfst du dich in der Kasaner Kathedrale unter die Gläubigen mischen und dem Chorgesang in aller Ruhe lauschen.

DIE BESTEN INSIDER-TIPPS

Reisen mit Insider Tipps

IM PARK AUF EIS LAUFEN
Die schönsten Schlittschuhstrecken liegen von November bis März im Gorki-Park, auf dem Roten Platz, im Sokolniki- Park und am WDNCh. Passende Schuhe gibt es überall preiswert zu leihen.

JUWELEN UNTER TAGE
Mit Kronleuchtern, Stuck und Mosaiken bringt Moskaus Metro Prunk in den Alltag.

FLORIDA-FEELING
Auf dem Longboard wird das Moskwa-Ufer im Gorki-Park im Sommer zum Ausland im Inland. Du fährst vorbei an Palmen, Cocktailbars und Salsa-Tänzern.

QUEERSTE PARTY
Dass Moskau mit russischen Vorurteilen bricht, beweist der Nachtclub-Opa Propa-ganda jeden Sonntag mit den LGBTI-Nächten. Gute DJs, günstige Drinks und offene Atmosphäre.

EINE NACHT IN DER SOWJETUNION
Wie unter Hammer und Sichel schlummert man im Mega-Hotel Cosmos. Das große „U" ist eine Rarität der Baukunst.

RÜCKEN-KLATSCHER
Hiebe mit Birkenbüscheln auf die nackte Haut im Banja-Palast Sanduny sind russische Tradition. Und es tut nicht so weh, wie man denkt.

DER OSTEN IN KLEINEN HÄPPCHEN
Italien? Die bessere Pizza kommt aus Georgien. Streetfood aus Grosny, Tiflis und Taschkent vereint der Danilow-Markt.

DAS SCHMECKT IN MOSKAU

Unsere Empfehlung heute

Vorspeisen

BORSCHTSCH
Suppe aus Roter Bete, Kartoffeln,
Weißkohl und Rindfleisch. Dazu passt
ein Löffel saure Sahne (Smetana)

BLINY
kleine Pfannkuchen, die am besten zu
Lachs, rotem oder schwarzem Kaviar
schmecken. Mit Smetana

UCHA
klare, köstliche Suppe aus drei oder
mehr Fischsorten mit ein wenig
Kartoffeln

Hauptgerichte

CHATSCHAPURI
die bessere Pizza kommt aus Georgien:
dick mit Käse überbackene Teigfladen

CHINKALI
Gekochte Teigtaschen mit Fleischfüllung
aus Georgien. Und dazu – Smetana

PLOV
zentralasiatisches Nationalgericht auf
Reisbasis mit Rosinen, Ziegenfleisch
und Möhren

Snacks

PIROGI
gebratene oder gebackene Teigtaschen
gefüllt mit Gemüse, Fleisch oder Fisch.
Perfekt zu Suppen

WARENIKI
ukrainische Maultaschen mit meist
süßer Füllung zum Nachtisch: Kirschen,
Quark oder Kürbis. Mit Smetana

WOBLA
russische Chips: luftgetrockneter Fisch
als urslawischer Snack zum Bier

Getränke

KWASS
aus Brot hergestelltes
Erfrischungsgetränk, ohne Alkohol

MORS
Saft aus gepressten und gekochten
Waldbeeren, mit Wasser und Zucker
aufgegossen

KAIPIROSCHKA
russische Caipirinha auf Wodkabasis mit
Minze und Himbeeren

TSCHATSCHA
georgischer Weinbrand

NEW YORK!

Blick vom Rockefeller Center

New York, das ist die Hauptstadt des amerikanischen Traums. Wer diese riesige, energische, nervenkitzelnde Stadt und ihren Einfluss auf den Rest der Welt begreifen will, muss selbst hinfahren und dort aufwachen – mitten im nie endenden Summen der Metropole, zwischen Sirenengeheul und Zuggeratter, als einer von rund achteinhalb Millionen Menschen aus allen Ländern der Welt.

CHECK IN

★ **Gigantische Architektur**
★ **Fußgängerstadt? Na klar!**
★ **Mosaik der Völker**
★ **Spitzenmuseen**
★ **Bars in den Wolken**

MARCO POLO
TOP-HIGHLIGHTS

CENTRAL PARK ⭐1
Von Fahrradtouren bis „Shakespeare in the Park": Nirgendwo sind die Freizeit-aktivitäten facettenreicher als hier

BROOKLYN BRIDGE ⭐3
13 Jahre brauchte es für den Bau, 30 Minuten dauert der Spaziergang über die „Kathedrale aus Stahl" über den East River
📷 Tipp: Für die besten Skyline-Fotos solltest du von Brooklyn nach Manhattan laufen

HIGH LINE ⭐2
Der Park befindet sich auf einer ehema-ligen Hochbahntrasse in Chelsea – und ist der perfekte Ort für City-Pausen: mit Hudson-Blick und Liegestühlen
📷 Tipp: Auf Höhe der 26. Straße bietet eine alte Reklametafel den per-fekten Rahmen für eine Stadtansicht

9/11 MEMORIAL ⭐4
2791 Menschen starben 2001, als die beiden Türme des World Trade Center zusammenstürzten. Ein Ort der Besin-nung und Erinnerung an die Opfer des Terroranschlags – im Schatten des höchsten Gebäudes der westlichen Welt, des One World Trade Center

FIFTH AVENUE ⭐6
Vom Kaufhaus Bergdorf Goodman bis zum Rockefeller Center präsentieren sich auf dem legendären Boulevard Luxusläden
📷 *Tipp: Besonders die Festbeleuchtung zur Weihnachtszeit bietet unzählige Motive*

EMPIRE STATE BUILDING ⭐7
Atemberaubender Überblick über Manhattan und ein gigantischer Rundblick ins Land
📷 *Tipp: Das Sonnenaufgangs-Ticket buchen – und das perfekte Fotolicht ist garantiert*

MUSEUM OF MODERN ART ⭐8
Das Museum beherbergt die weltweit bedeutendste Sammlung moderner Kunst. Wer hier ausstellt, ist ganz oben!

GUGGENHEIM MUSEUM ⭐9
Frank Lloyd Wrights architektonischer Klassiker: ein extravagantes Museum

BROADWAYMUSICALS ⭐10
Von „Hamilton" über „The Book Of Mormon" bis zu „Der König der Löwen" – der Broadway boomt und für jeden Geschmack ist etwas dabei

STATUE OF LIBERTY ⭐5
Seit 1886 Freiheitssymbol der Stadt und des Landes: Lady Liberty im New Yorker Hafen

BEST OF

LOW-BUDGET

FÜR DEN KLEINEN GELDBEUTEL

SO VIEL MEHR ALS EINE FÄHRE

Die Staten Island Ferry ist eine Gratis-Fähre, die Manhattan mit dem südlichen Stadtteil vebindet. Misch dich unter die Pendler und genieß atemberaubende Blicke auf die Skyline von Manhattan und die Freiheitsstatue.

YOGA AUF DEM TIME SQUARE

Herabschauender Hund, kleine Kobra: Jeden Sonntag treffen sich Hunderte auf dem Time Square zum kostenfreien Yogakurs.

MINI-BÜHNE & MAXI-MUSIKGENUSS

Jazz, Weltmusik oder Beats: Der kleine, aber spannende Club Barbés in Brooklyn bietet exzellente Musik ohne Eintritt.

MODERNE KUNST

Normalerweise kostet das MoMA stolze $ 25 Eintritt. Am Freitagnachmittag kommst du ganz umsonst in den Tempel der Kunst des 20. und 21. Jahrhunderts.

GOSPEL MIT GÄNSEHAUT-GARANTIE

Sonntags geht es zum Gospelgottesdienst nach Harlem – nirgendwo ist der Gesang beeindruckender und nirgendwo sind die Sonntagskleider eleganter als hier.

CITYTOUR MIT EINHEIMISCHEN

Big Apple Greeters nennen sich die New Yorker, die dir herzlich und engagiert ihre Heimatstadt zeigen. So lernst du nicht nur die Metropole kennen, sondern machst auch neue Bekanntschaften, völlig kostenlos.

WIE WIRD BIER GEBRAUT?

Bei einer Tour durch die Bronx Brewery darfst du in die Kupferkessel schauen – kostenlos! Das Bier danach zu probieren ist natürlich Ehrensache.

BEST OF

TYPISCH

DAS ERLEBST DU NUR HIER

GEWIMMEL IM LICHTERMEER

Nirgendwo wuseln die Menschen und Autos in New York so durcheinander wie am weltberühmten Times Square. Da ein Teil des Platzes inzwischen Fußgängerzone ist: Mach es dir auf Treppenstufen oder Stühlen bequem und lass das Gewimmel im Lichtermeer ganz entspannt auf dich wirken.

NEUES LEBEN AM ORT DES TERRORS

Das ergreifende 9/11 Memorial für die Terroranschläge vom 11. September 2001 ist der Beweis, dass New York sich nie unterkriegen lässt: Wasserfälle ergießen sich in zwei riesige Auffangbecken, die an der Stelle der ehemaligen Twin Towers liegen.

SUPERLATIV-SHOPPEN

Macy's ist das größte Kaufhaus der Welt und eine Institution in der Stadt, hier gibt es einfach alles. An Thanksgiving Ende November organisiert der Shopping-Tempel auch noch eine riesige Parade – mit Festwagen, Musik und gigantischen Luftballons.

TIEF LUFT HOLEN IN DER GRÜNEN LUNGE DER STADT

Der weitläufige Central Park mit seinen Wiesen, Felsen und Wasserfällen blüht dank aufwendiger Restaurierung so schön wie lange nicht mehr. Ob Picknick mit Blick auf die Skyline, Zoo-Besuch, Gondelfahrt, Roller-Disco oder Open-Air-Konzert – dieser Park bietet für jeden etwas.

SÜSSE KRINGEL KOSTEN

Die runden und eckigen Donuts der Doughnut Plant werdem mit Pistazien, Erdnussbutter oder Blaubeergelee fantasievoll aufgemotzt.

Reisen mit Insider Tipps

DAME, KÖNIG, TURM & BAUER
Schachspieler treffen sich am Washington Square – wer Lust hat, tritt zum königlichen Duell an.

IN 400 METERN HÖHE STAUNEN
Von der Aussichtsplattform des One World Trade Center die Metropole wie im Flug von oben betrachten.

SCHLUMMERN UNTERM WAL
Schon tagsüber ist das American Museum of Natural History spektakulär – aber du kannst dort auch übernachten!

DRINKS AUF DEM DACH
Die riesige Rooftop-Bar 230 FIFTH liegt mitten im Lichtermeer von Midtown. Wenn es kalt wird, gibt es Decken, wenn es noch kälter wird, kleine Iglus zum Warmhalten.

MITTAGESSEN MIT DIPLOMATEN
Das Hauptgebäude der Vereinten Nationen hat eine schicke Kantine – und da kann jeder schlemmen.

SONNE TANKEN AM STADTSTRAND
Ja, New York hat auch schöne Strände, zum Beispiel in Coney Island – also pack die Badehose ein!

IN ARIEN SCHWELGEN
Auf der Bühne der Metropolitan Opera stehen die besten Sänger der Welt. Im Sommer gibt's Gratiskonzerte in Parks.

DIE SKYLINE ENTLANGPADDELN
Im Brooklyn Bridge Park kannst du dir umsonst ein Kajak ausleihen und Manhattan vom Wasser aus bestaunen.

DAS SCHMECKT IN NEW YORK

Unsere Empfehlung heute

Snacks

BAGEL
Die Kringel gibt es in unzähligen Variationen, etwa mit Sesam oder Rosinen, süß oder deftig, mit Oliven mit Paprikafüllung oder Frischkäse

CRAB CAKES
Krebsküchlein, gebacken oder gegrillt und kombiniert mit vielen Zutaten

Vorspeisen

CLAM CHOWDER
Muschelsuppe in den Variationen New England (weiß) und Manhattan (rot)

OYSTERS
Austern – mit Essig und Pfeffer oder manchmal gar mit profanem Ketchup

Hauptgerichte

LUMBERJACK
Riesiges Frühstück, gerne mit Eiern, Speck, Bratkartoffeln und Pfannkuchen

BURGER
Gibt es längst weltweit, die in Amerika sind aber nach wie vor unschlagbar

PASTRAMI SANDWICH
Geräuchertes und gewürztes Rindfleisch zwischen zwei Brotscheiben

REUBEN SANDWICH
Corned Beef, Sauerkraut, russiche Sauce und Schweizer Käse auf gegrillten Roggenbrotscheiben

LOBSTER
Hummer kommt in New York in allen möglichen Variationen auf den Tisch

NEW YORK STRIP STEAK
Typische New Yorker Fleischspezialität mit Speckrand

TURKEY
Der traditionelle Thanksgiving-Truthan, dazu gibt es Cranberries, Bratensauce *(gravy)* und Süßkartoffeln *(sweet potatoes)*

Desserts

CHEESECAKE
Den Käsekuchen, den Symbolkuchen der Stadt, gibt es in unzähligen leckeren Varianten

BLACK AND WHITE COOKIES
Gebäck mit Vanille- und Schoko-Überzug – nennt man in Deutschland ironischerweise Amerikaner

BROWNIES
Die kleinen Schoko-Kuchen kommen in vielen unterschiedlichen Varianten von Cappuccino bis Walnuss daher

PARIS!

Montmartre

Ob du vor allem die großen Sehenswürdigkeiten abhaken willst, Ausschau nach den schönsten Plätzen und den teuersten Läden hältst, in verwinkelten Gassen Alt-Pariser Charme suchst, durch angesagte Szeneviertel flanieren möchtest oder lieber Ecken fernab der ausgetretenen Pfade entdeckst – was du aus deinem Paris-Aufenthalt machst, liegt ganz bei dir. Doch damit deine Stadterkundung nicht zur Stresstour wird, solltest du Pausen einplanen. Perfekt zum Luftholen: Parks, Grünanlagen und die vielen Cafés.

CHECK IN

- ★ Prachtboulevards
- ★ Metró-Jugendstil
- ★ Spitzenköche en masse
- ★ Haute-Couture & Parfum
- ★ Vor den Toren: Versailles

MARCO POLO
TOP-HIGHLIGHTS

EIFFELTURM (TOUR EIFFEL) **1**

Erst wenn du das Wahrzeichen der Stadt gesehen hat, bist du wirklich in Paris angekommen

📷 *Tipp: Die stählerne Dame lichtest du am besten vom Trocadéro auf der anderen Seine-Seite ab*

ARC DE TRIOMPHE **2**

Vom zweiten Wahrzeichen der Stadt aus kannst du die Champs-Élysées und gleich elf weitere Avenuen überblicken

📷 *Tipp: Bevor es wieder runtergeht, fotografiere von der Wendeltreppe den Blick nach unten*

MUSÉE D'ORSAY **4**

Beeindruckende Werke der Impressionisten in einem glanzvollen Belle-Époque-Bahnhof

📷 *Tipp: Lichte Paris ab durch die beiden riesigen Uhren, die den Blick nach draußen freigeben*

MUSÉE DU LOUVRE **3**

Im weitläufigsten Museum der Welt kannst du Wochen mit Schauen und Staunen verbringen

📷 *Tipp: Sehr fotogen ist nicht nur die Glaspyramide draußen, sondern auch die umgedrehte Pyramide im Carrousel du Louvre*

PLACE DES VOSGES **5**

Der bezaubernde alte Königsplatz liegt mitten im lebendigen Marais-Viertel

NOTRE-DAME ⭐8
Die weltberühmte Kathedrale wurde bei einem Brand 2019 schwer beschädigt. Bis 2024 soll sie nach dem Willen von Präsident Emmanuel Macron wieder in altem Glanz erstrahlen

MONTMARTRE ⭐9
Die Metropole wird gekrönt von der blendend weißen Basilika Sacré-Cœur, die auf dem Hügel der Künstler steht 📷 *Tipp: Einen super Blick auf Hügel und Basilika hast du vom Centre Pompidou im Stadtzentrum*

ÎLE DE LA CITÉ ⭐6
Die Seine-Insel mit ihren schicken Läden und Cafés verführt – wie die benachbarte Île Saint-Louis – zum Bummeln

VERSAILLES ⭐10
Ein Besuch beim Sonnenkönig ist ein Muss. Das riesige Schloss – nur eine halbe Stunde von Paris – ist von einem herrlichen Park umgeben, in dem du picknicken, Rad fahren und rudern kannst

JARDIN DU LUXEMBOURG ⭐7
Der viel besungene Park im Herzen der Stadt lädt zum Entspannen während eines Spaziergangs ein

BEST OF 🐷€

LOW-BUDGET

FÜR DEN KLEINEN GELDBEUTEL

SKATERS PARADISE

Hey, warum nicht Paris auf Inlinern entde-cken? Zu viel Verkehr? Kein Problem: Jeden Freitagabend haben Inlineskater in Paris Vorfahrt, und das auf einer Strecke von 30 km. Los geht's um 22 Uhr am Bahnhof Montparnasse.

ORGELKONZERT FOR FREE

In einigen Kirchen werden regelmäßig kos-tenlose Konzerte angeboten. Wenn etwa der Klang der Orgel die Kirche Saint-Eusta-che neben dem Forum des Halles erfüllt, dann ist das ein echtes Erlebnis – optisch wie akustisch.

BÄRENHUNGER, ABER KNAPP BEI KASSE?

Kein Grund zur Verzweiflung! Thomas und Romain verraten auf ihrer Internetseite Pa-riser Restaurants, in denen du so um die 10 Euro für ein Menü bezahlst. Aufgenom-men werden nur Restaurants, in denen man für sein Geld hausgemachte Gerichte mit frischen, regionalen Zutaten bekommt. *lespetitestables.com*

JUNG SEIN LOHNT SICH

Das kulturelle Angebot ist für junge Leute oft kostenlos. Warum Geld in Theaterkarten stecken, wenn du Vorstellungen, wie z. B. in der Comédie Française, an bestimmten Ta-gen gratis besuchen kannst?

KUNST MUSS NICHT TEUER SEIN

Auch Paris will seine Kunst für jederman zu-gänglich machen: In einigen Museen zahlt man keinen Eintritt. Sehr empfehlenswert ist die Dauerausstellung des Museums für Moderne Kunst – Musée d'Art Moderne de La Ville de Paris.

DAS ERLEBST DU NUR HIER

MUSEUM HOCH DREI

Neben dem Louvre, ein Museum der Superlative, weist das Centre Pompidou die größte Sammlung moderner Kunst in Europa auf. Das Museum, das Paris am meisten widerspiegelt, ist aber das Musée d'Orsay mit seinen französischen Impressionisten.

GOURMET-MEKKA

Nirgendwo auf der Welt glänzen so viele Sterne und Hauben über Köchen und Küchen wie in Paris. Und doch sind Brasserien wie das Bofinger das gastronomische Herz der Stadt.

PASSAGEN – NOSTALGIE

Paris definiert sich aus dem Glanz der Vergangenheit. Edle überdachte Einkaufsgalerien wie die Galerie Vivienne sind schon Ende des 18. Jhs. entstanden und bis heute prägender Bestandteil der City.

LUXUS PUR

Paris ist für viele der Inbegriff von Luxus und steht deshalb für Mode, Champagner und Parfum. Ein Konzentrat davon findest du im „Triangle d'Or", im goldenen Dreieck um die Rue du Faubourg Saint-Honoré.

METRÓ-LAMPEN IN BLÜTENFORM

Die schmiedeeisernen Eingänge des Jugendstilkünstlers Hector Guimard sind aus dem Stadtbild nicht wegzudenken. Besonders schön ist der arabesk verschnörkelte *bouche du métro* (Mund der Métro) der Station Porte Dauphine.

AB IN DEN UNTERGRUND

Die „Unterwelt" in Paris ist umfangreich. Nicht nur für Métro und Kanalisation wurden dort Wege gebahnt, sondern auch für die Katakomben, ein über 300 km langes Gängesystem für die Toten.

DIE BESTEN INSIDER-TIPPS

Reisen mit
Insider
Tipps

EINE PAUSE AUF DEM PLACE DES VOSGES
Der Place des Vosges ist einer der schönsten begrünten Plätze von Paris. Das wusste schon Victor Hugo, dessen Wohnhaus hier zu besichtigen ist.

EINMAL IM TOR VON PARIS SAINT GERMAIN STEHEN
Im Virtual-Reality-Bereich des Parc des Princes kannst du ein Spiel des PSG aus Sicht des Torwarts erleben.

AUF DIE PLÄTZE, FERTIG, SHOPPEN!
Auf dem weltgrößten Flohmarkt in Saint-Ouen findest du alles und noch viel mehr.

EIN BAU WIE EINE GLASWOLKE
Schon die Architektur ist ein avantgardistisches Kunstwerk: Fondation Louis Vuitton.

DAS BESTE CROISSANT DER WELT
Das gibt's in der Bäckerei Du Pain et des Idées neben dem Canal Saint-Martin.

CHANSONS SCHMETTERN
In dem Restaurant Le Vieux Belleville bekommst du ein Textblatt in die Hand gedrückt, und los geht's: Padam, padam, padam …!

CAIPIRINHA IM PARADIES TRINKEN
Bei gutem Wetter gibt es keinen besseren Spot als die Terrasse vom hippen Jesusparadis, um in den Abend zu starten.

WAS FÜR EIN ZIRKUS!
Das über 150 Jahre alte Zirkusgebäude des Cirque d'Hiver gilt als einer der schönsten der Welt. Im Winterhalbjahr zeigt Familie Bouglione hier besten Traditionszirkus.

Unsere Empfehlung heute

Entréés

SOUPE À L'OIGNON GRATINÉE
Zwiebelsuppe, mit Käse überbacken

BOUILLABAISSE
Fischtopf aus Mittelmeerfischen

ESCARGOTS À LA BOURGUIGNONNE
In ihren Häusern gekochte Weinberg-
schnecken mit Knoblauchbutter

Viandes

BŒUF BOURGUIGNON
Rinderschmorbraten in Burgundersauce

COQ AU VIN
Huhn in Wein, meist Rotwein, aber auch
Riesling

NOISETTES D'AGNEAU
Kleine Lammkoteletts, in Butter
gebraten

CÔTES DE PORC AUX HERBES
Schweinekoteletts in Kräutersauce

Poissons

PLATEAU DE FRUITS DE MER
Meeresfrüchteplatte, z. B. mit *crevettes*
(Garnelen), *crabe* (Taschenkrebs),
moules (Muscheln), *huîtres* (Austern) –
oft roh serviert

MOULES MARINIÈRES
In Weißwein und Knoblauch
gedünstete Muscheln

**BROCHETTES DE COQUILLES
SAINT JACQUES**
Spieße mit Jakobsmuscheln

AIL DE RAIE AU BEURRE
Rochenflügel, in Butter gebraten

Desserts

TARTE TATIN
Gestürzter, karamellisierter Apfelkuchen

CRÈME BRÛLÉE
Warmes Dessert aus Eigelb, Zucker,
Rahm, Milch und Vanille

PROFITEROLES
Kleine Windbeutel mit Vanilleeis und
Schokosauce

Boissons

GRENADINE
Stilles Wasser mit Grenadinesirup

DIABOLO MENTHE
Limonade mit Pfefferminzsirup

KIR
Weißwein mit Crème de Cassis oder
einem anderen Fruchtlikör

PEKING!

Verbotene Stadt

Kaiserpalast, Himmelsaltar und Große Mauer: Das ist das Minimum. Tatsächlich hält Chinas Hauptstadt genug erstklassige Sehenswürdigkeiten für eine Woche bereit, und auch eine zweite lässt sich problemlos füllen. Doch Peking überrascht auch als Metropole des 21. Jhs. Innerhalb von nur einer Generation hat sich die Stadt praktisch neu erfunden, prägen spiegelnde Hochhäuser und der längste erhöhte Fahrradhighway der Welt das chronisch verstopfte Stadtbild.

CHECK IN

★ **Das Herz Chinas**
★ **Vergoldete Dächer**
★ **Shoppen in Luxusmalls**
★ **Qigong & Yangge**
★ **Teehausvarieté oder Club?**

MARCO POLO
TOP-HIGHLIGHTS

HIMMELSALTAR ⭐1
Wo der Himmelssohn vorm Himmels-
kaiser niederfiel: runde Bauten voller
Symbolik im Süden der Stadt

KAISERPALAST ⭐2
Das größte Ensemble klassischer
chinesischer Baukunst birgt Kunst-
schätze erster Güte
📷 *Tipp: Die symmetrische Schönheit
der Anlage mit ihren goldenen
Dächern siehst du am besten vom
Gipfel des angrenzenden Jing-Shan-
Kohlehügels*

TIAN'ANMEN-PLATZ ⭐3
Mao-Mausoleum, Nationalmuseum,
Volkskongresshalle, Heldengedenk-
stele: Hier stehst du im Herzen des
sozialistischen China
📷 *Tipp: Selfies mit dem berühmten
Mao-Porträt gelingen optimal vom
Rand des frontal angrenzenden Fahr-
radwegs*

WANGFUJING ⭐4
In Pekings berühmtester Einkaufsmeile
präsentiert sich die Metropole modern
und international
📷 *Tipp: Exotisches Street Food, etwa
ein Skorpion am Stiel, lässt sich hier
fotografisch gut einfangen*

798 ART ZONE ⭐6
Kunstgalerien auf einstigem Fabrik-
gelände – dazu Cafés, Bars, Restaurants
📷 *Tipp: Einen Panoramablick über
die endzeitliche Industriekulisse
verschafft das begehbare Metallgerüst
neben dem Showroom von VW*

BEIJING DA DONG ROAST DUCK RESTAURANT ⭐7
Die berühmte Pekingente – am besten
schmeckt sie immer noch in diesem
altbewährten Restaurant

PANJIAYUAN-MARKT ⭐8
Ein echter Flohmarkttraum:
3000 Stände mit Kunst und Krempel,
Antikem und Gefälschtem, All-
täglichem und Originellem

SOMMERPALAST ⭐5
Gartenkunst für die Kaiserinwitwe.
Der längste Wandelgang der Welt ist
zugleich ein Bilderbuch
📷 *Tipp: Von der Siebzehn-Bogen-
Brücke hast du freie Sicht auf den
Sonnenuntergang*

HOUHAI-GEGEND ⭐9
Pekings Zentrum des Nachtlebens:
die Bar- und Restaurantszene an den
Hinteren Seen
📷 *Tipp: Mit dem Tretboot zur See-
mitte – das Getümmel am Ufer wirkt
von hier draußen glatt idyllisch*

BEST OF

LOW-BUDGET

FÜR DEN KLEINEN GELDBEUTEL

FILME AM HIMMEL

Das spektakulärste Umsonst-Erlebnis: Der an eine Shoppingmall angeschlossene, 200 m lange und 30 m breite, in 25 m Höhe schwebende LED-Bildschirm. Er ist der größte Freiluftbildschirm Asiens. Mal läuft Werbung, mal gibt es Kurzfilme.

NATIONALMUSEUM

Um das größte Museum Chinas und angeblich sogar der Welt besichtigen zu dürfen, musst du nur den Reisepass am Eingang vorzeigen. Dann geht's ab zur Zeitreise in die chinesische Vergangenheit.

MAO-MAUSOLEUM

Beim Allerheiligsten des sozialistischen China gilt ebenfalls: Eintritt frei. Einmal sollte man die einbalsamierte sterbliche Hülle des „großen Steuermanns" doch gesehen haben.

VOLKSTÄNZE AM STADTTOR

Hier tanzen vor allem ältere Pekinger zum eigenen Vergnügen. Mit dem mächtigen Stadttor *Desheng Men* im Hintergrund wirken die schönen alten *Yangge-Tänze* wie eine Aufführung im Freilufttheater.

DRACHEN UND ARIEN

Bunte Leuchtdrachen durch die Dunkelheit schweben zu lassen – ein abendliches Vergnügen, z. B. am Stadttor *Yongding Men*. Dort treffen sich auch Opernfans zum Singen.

798 ART ZONE

Was du hier an spannender zeitgenössischer Kunst entdecken kannst, reicht mindestens für einen ganzen Tag. Viele größere Objekte stehen sowieso draußen, aber auch die meisten Galerien öffnen ihre Tore gratis.

BEST OF

TYPISCH

DAS ERLEBST DU NUR HIER

AUF DER MAUER

Selten erwischt man die Große Mauer ohne Touristen. Das Gedrängel ist meist groß. Schnell an- und abreisen kann man am Abschnitt von Mutianyu: Hier gibt es zwei Seilbahnen und sogar eine Sommerrodelbahn.

PANJIAYUAN-MARKT

Kunsthandwerk, Bücher, Trödel und Krempel ... Was in Peking aus zweiter Hand gekauft und verkauft wird, findet sich hier – ein Paradies für Flohmarktfans.

KNEIPENTOUR IN DER HOUHAI-GEGEND

Die Ufer um Pekings Stadtseen verwandeln sich abends zur bunt flirrenden Kneipengegend. Hier verbindet sich Altstadtflair mit modernem Nachtleben.

FLAGGENHISSEN AUF DEM TIAN'ANMEN-PLATZ

Der Tian'anmen-Platz ist das Herz des sozialistischen China. Am stolzesten schlägt es, wenn Soldaten jeden Tag exakt bei Sonnenaufgang die Nationalfahne hissen.

DIGITALISIERTER ALLTAG

Mobile-Payment-Apps wie Alipay haben das Bargeld in China schon so weit aus dem Alltag verdrängt, dass selbst Bettler ihre Spenden mit dem Smartphone einsammeln. Manche Geschäfte haben kein echtes Wechselgeld mehr in der Kasse.

TEIGTASCHEN

Typischer noch als die Pekingente ist die nördliche Volksküche. Probier die leckeren *Jiaozi*-Teigtaschen, z. B. in der Green Bites Dumpling Bar.

DIE BESTEN INSIDER-TIPPS

Reisen mit Insider Tipps

KNALLBUNTE PERFORMANCE
Die Pekingoper ist ein Mix aus Theater, Tanz, Kampfkunst und Gesang. Im Chabg'an Theater werden noch komplette chinesische Opern gegeben. Ziemlich schrill! Komm am besten in sprachkundiger Begleitung.

KÄSETEE TRINKEN
Stell dich mit der Hauptstadtjugend in die Schlange von Hey Tea für einen Tee mit Käseschaum – schmeckt überraschend gut!

SCHALLISOLIERT ABGEHEN
Telefonzellengroße Karaokekabinen findest du in jeder großen Shopping-Mall.

IN DEINEM REICH SPAZIEREN
Ein Nachtspaziergang um die Verbotene Stadt macht die erhabene Einsamkeit des Kaiser-Daseins greifbar.

PARKVIEW GREEN FANGCAODI
Die avantgardistische Glasarchitektur ist Luxusmall und Galerie zugleich – in den Raum hineinragende Skulpturen zeitgenössischer chinesischer Künstler bieten tolle Fotomotive.

DURCH WALDKLÖSTER STREIFEN
Betritt eine andere Welt bei einem Ausflug in die Westberge zu den Tempelklöstern Tanzhe Si und Jietai Si.

PEKING POGO TANZEN
Hier spielten schon die Toten Hosen Geheimkonzerte: Die School Bar ist der aufregendste Rockclub der Stadt.

WILDE ZINNEN ERKLIMMEN
Spür die Vergänglichkeit großer Reiche auf den verfallenen Abschnitten der Großen Mauer bei Jiankou.

DAS SCHMECKT IN PEKING

Unsere Empfehlung heute

Vorspeisen

BASI PINGGUO
Karamellisierte Apfelstücke

SHAOBING
In Fett ausgebratene, mit Lauch
gefüllte Brotfladen

HUNDERTJÄHRIGE EIER
Im Lehmmantel gelagerte Enteneier,
dazu frischer Ingwer

Hauptgerichte

JIAOZI
Pekinger Teigtaschen, gefüllt mit
Schweinehack und Chinakohl

PEKINGENTE
In Honig marinierte gegrillte Ente,
deren Haut man mit weißem Lauch
und einer speziellen Tunke in dünne
Weizenfladen wickelt

MONGOLISCHER FEUERTOPF
Lammfleisch in hauchdünnen
Scheiben, am Tisch in Fleischbrühe
zusammen mit Gemüse, Tofu oder
Nudeln gegart

MAPO DOUFU
Gewürfelter Tofu nach Sichuan-Art mit
Chili-Bohnen-Paste

Desserts

BABAO FAN
süßer, gehaltvoller „Acht-Schätze-Reis"
auf Klebreisbasis

TANGHULU
Kandierte Weißdornfrüchte am Spieß

JIDANZAI
Eierwaffel in Wabenoptik mit
süßer Füllung

Getränke

JUHUA CHA
Natürlich-süßer Aufguss aus
Chrysanthemenblüten

TIEGUANYIN
Halbfermentierter Oolong-Tee mit
süßlich-herber Note

DOUJIANG
Frisch gepresste Sojamilch

BAIJIU
„Chinas Wodka", destilliert aus
Sorghumhirse

ROM!

CLEMENS XII · PONT · MAX · AQVAM · VIRGINEM COPIA · ET · SALVBRITATE · COMMENDATAM CVLTV · MAGNIFICO · ORNAVIT ANNO · DOMINI · MDCCXXXV · PONTIF · VI ·

BENEDICTVS XIV

Fontana di Trevi

Ob Trevibrunnen, Kapitol oder Kolosseum, die Ewige Stadt lässt ihre Grazie und Grandezza vor klassischer Kulisse, auf den Märkten und Plätzen, zuweilen sogar im Stadion spielen. In den Sommernächten werden die antiken Tempel, barocken Paläste und Kirchen der fast 3000 Jahre alten Metropole magisch erleuchtet. Die Römer schlendern dann für einen *aperitivo* zum Campo de' Fiori, nach Trastevere oder in die Gassen des angesagten Nachtviertels Monti.

CHECK IN

- ★ Antike trifft Hipster
- ★ Michelangelos Sixtina
- ★ Trattorien & Edellokale
- ★ Designer-Shopping
- ★ Feiern am Testaccio

MARCO POLO
TOP-HIGHLIGHTS

FORO ROMANO ⭐1
Tempel, Triumphbögen und Toga-
träger – das Forum Romanum war die
politische Tribüne der Antike

COLOSSEO ⭐2
Die größte Arena der antiken Welt, in
der Gladiatoren mit den Bestien
kämpften

PANTHEON ⭐3
Die geniale Kuppel der Antike mit
gebeamten Sonnenstrahlen durchs
Oberlicht

FONTANA DI TREVI ⭐5
In den Brunnen des *dolce vita* darf man
nicht mal den großen Zeh tauchen,
aber Münzen werfen alle

SAN PIETRO ⭐4
Hier passen 60 000 Gläubige rein.
In St. Peter, dem meistbesuchten Got-
teshaus der Welt, schlägt das Herz der
Christenheit
📷 *Tipp: Auf dem Aventin die Dom-
kuppel durchs Schlüsselloch des Mal-
teserordens heranzoomen*

CAPPELLA SISTINA ⭐6
Über Kopf und in nur vier Jahren malte
Michelangelo die Schöpfungsgeschich-
te mit 340 Figuren an die Decke der
Sixtinischen Kapelle
📷 *Tipp: An der Stirnwand das Selbst-
bildnis von Michelangelo in der abge-
zogenen Haut des hl. Bartholomäus*

SCALINATA DI TRINITÀ DEI MONTI ⭐ 9

Auf der Spanischen Treppe triffst du zu jeder Uhrzeit Leute aus aller Welt
📷 *Tipp: Früh aufstehen – von unten an der Fontana delle Barcaccia knipsen*

PIAZZA NAVONA ⭐ 7

Früher Kampfarena, heute barocker Showroom: mehr Abendunterhaltung geht nicht

MAXXI ⭐ 10

Ein Schocker der Moderne im klassischen Rom: Zaha Hadids gewagtes Museum des 21. Jhs.
📷 *Tipp: Treppenlabyrinth vom Obergeschoss aus ins Visier nehmen*

RAD FAHREN AUF DER VIA APPIA ANTICA ⭐ 8

Auf holprigem Römerpflaster geht's ins Grüne – vorbei an Katakomben und Ruinen

BEST OF €

LOW-BUDGET

FÜR DEN KLEINEN GELDBEUTEL

SIXTINISCHE KAPELLE GRATIS

Wenn man die größte Kunstsammlung der Welt, Raffaels Stanzen und die Sixtinische Kapelle mit Michelangelos Fresken umsonst erleben will: Am letzten Sonntag des Monats ist der Eintritt in die Musei Vaticani frei. Jedoch wissen das auch andere.

BLICK AUFS FORUM

Zu Caesars Zeiten konnten Römer wie Reisende umsonst übers Foro Romano schlendern. Heute muss man Eintritt zahlen. Wenn du nur einen Blick riskieren willst: Links vom Campidoglio gibt es eine Treppe mit Aussicht.

MIT DER S-BAHN ANS MEER

Roms Strandbesucher und Diskogänger wissen, wie es läuft. Der Ausflug mit der S-Bahn vom Bahnhof Ostiense ins knapp 30 km entfernte Strandbad Lido di Ostia kostet nur 1,50 Euro. Archäologiefans steigen eine Station früher in der Ruinenstadt Ostia Antica aus.

DESIGN, KITSCH UND RAMSCH

Es gibt nicht, was es auf dem Flohmakt Porta Portese nicht gibt. Selbst deine geklaute Brieftasche taucht irgendwann einmal auf, leer natürlich. Darüber hinaus findest du Hüte, Schuhe, Ferngläser, Uhren, originelle Designerklamotten, aber auch billigen Kitsch.

SPAREN MIT DEM ROMA PASS

Der Roma Pass 48 hours für 28 Euro gilt 48 Stunden lang für Metro, Bus und Tram sowie für ein Museum, darunter auch Foro Romano und Colosseo. Zudem gibt's Rabatte für weitere Museen und z. B. E-Bikes. Erhältlich an allen Info-Kiosken, in ATAC-Büros, der Stazione Termini und am Flughafen.

ENTSPANNEN ZWISCHEN SKULPTUREN

Auf dem südlichen Hügel des Gianicolo hast du nicht nur einen schönen Blick auf die Kuppeln, Kirchen und Päläste von Rom, sondern kannst dich im Park der Villa Lante von der Hektik der Stadt erholen.

DER MUND DER WAHRHEIT

Alle frisch Verliebten pilgern zum antiken Lügendetektor, zur Bocca della Verità. Bisher hat die mannshohe Marmorfratze noch nie wirklich zugebissen, wenn ihr eine schöne Lügnerin oder ein abgekochter Macho die Hand ins Maul legte – doch man weiß ja nie.

AUS DEM BRUNNEN TRINKEN

Schon das alte Rom besaß ein gutes Wassernetz mit elf Aquädukten. Noch immer sprudelt das Trinkwasser frei aus den vielen *fontanelle,* den Brünnlein des *centro storico.* Mach es wie die Römer: mit einer Hand die Quelle zuhalten und mit dem Mund das Wasser aus dem oberen Loch auffangen.

WO DIE POLITIKER IHR EIS HOLEN

Rom hat ein Dutzend gute Eisdielen, aber die Gelateria Giolitti ist Kult. Der Preis ist heftig, die Bedienung oft maulig. Dennoch stellen sich nicht nur Politiker nach heißen Debatten im benachbarten Parlament gern an den Tresen mit über 40 kühlen Sorten.

MARKT DER BLUMEN UND DER EITELKEIT

Die alten römischen Marktfrauen trifft man am Vormittag zwar immer weniger auf dem Campo de' Fiori, Roms beliebtestem Gemüsemarkt. Doch rund um die Uhr ist und bleibt der Platz ein Szenespot. Sehen und gesehen werden ist die Devise.

DIE BESTEN INSIDER-TIPPS

Reisen mit Insider Tipps

ANTIKE GÖTTER IM E-WERK

Die reizvolle Unterbringung der antiken Skulpturen in dem ehemaligen Elektrizitätswerk Centrale Montemartini solltest du dir nicht entgehen lassen.

TANZEN AM AMPHORENHÜGEL

Feier mit den Römern bis zum Morgengrauen in den Clubs am Testaccio – besonders schrill im Radio Londra.

ENDSTATION GOURMETBISTRO

Im Mercato Centrale unter dem Dach des Bahnhofs Termini findest du römische Feinkost zum Dahinschmelzen.

IN ANTIKEM LUXUS SCHWELGEN

Märchenhafte Fresken, Mosaike und Skulpturen aus den Gemächern Kaiserin Livias im Palazzo Massimo alle Terme.

RASANT AUFSTEIGEN

Ein gläserner Lift bringt dich in höchste Sphären, auf die Dachterrasse der „Hochzeitstorte' – des Monumento Nazionale a Vittorio Emanuele II, wo dir ganz Rom zu Füßen liegt.

KUNSTVOLL ABHÄNGEN

Im Chiostro del Bramante gibt's nicht nur Kunst, Cappuccino und leckere Häppchen. Man kann auch wunderbar den Touri-Rummel an sich vorbeiziehen lassen.

PICKNICK IM PARK

Gina, ein Edelimbiss an der Piazza di Spagna, stellt dir ein lukullisches Picknick zusammen – du musst dir dann nur noch ein schönes Plätzchen im 5 Minuten entfernten Park Villa Borghese suchen.

DAS SCHMECKT IN ROM

Unsere Empfehlung heute

Antipasti

CARCIOFI ALLA GIUDIA
In Olivenöl gebackene krosse
Artischocken

PANZANELLA
Weißbrotscheiben mit Tomaten,
Olivenöl und gehacktem Basilikum als
Sommersalat

**CAPRESE DI BUFALA
E POMODORO**
Büffelmozzarella mit Tomaten und
Basilikum

Pasta

ORECHIETTE AL BROCCOLO
Ohrenförmige Nudeln mit Brokkoli
und Scampi

BUCATINI ALL'AMATRICIANA
Nudeln mit Tomatensauce, Speck
und Pecorino-Kase

PASTA E FAGIOLI
Kurze Röhrennudeln mit Bohnen
als Suppe

TONNARELLI, CACIO E PEPE
Viereckige Spaghetti mit cremiger
Schafskäsesauce und Pfeffer

Secondi

CONIGLIO ALLA CACCIATORA
Kaninchen mit Rosmarin im Ofen
gebacken

SALTIMBOCCA ALLA ROMANA
Kalbs- oder neuerdings Putenschnitzel
mit Salbei und Parmaschinken

**TAGLIATA DI MANZO, RUCOLA,
GRANA E POMODORI**
Entrecôte in Scheibchen mit Rucola,
Tomaten und Grana

**POLLO ALLA ROMANA CON
PEPERONI E PATATE**
Gebackenes Huhn mit Paprika und
Röstkartoffeln

ABBACCHIO ALLA SCOTTADITO
Gebackenes Lamm mit
Rosmarinkartoffeln

Dolci

CANNOLO
Süß gefüllte sizilianische Teigrolle,
bekannt aus „Der Pate III."

PANNA COTTA CON FRAGOLE
Vanillerahmpudding
mit Erdbeersauce

Più gusto al tuo caffè

SINGAPUR!

Gardens By The Bay

Singapur ist eine Stadt, die es Europäern leicht macht, sie zu erkunden, sich wohlzufühlen. Jeder spricht Englisch, das nahe Meer glitzert, Palmen und futuristische Stahlbäume ragen in den Himmel. Es gibt atemberaubende Museen, Spitzenrestaurants und geheime Imbissperlen. Zwei Kasinos warten darauf, dir einen aufregenden Abend im Spielerparadies zu bescheren. Gib dich einem Luxus hin, wie du ihn in Europa kaum finden wirst – von den schönsten Spas bis zu supermodernen Boutiquen.

CHECK IN

★ **Tropische Vielvölkerstadt**
★ **Tempel & Wolkenkratzer**
★ **Shopping 24/7**
★ **Asia light**
★ **Dem Äquator nah**

MARCO POLO TOP-HIGHLIGHTS

MARINA BAY SANDS ⭐1

Die berühmteste Dachterrasse Asiens, der schönste Blick auf Singapur, Läden, Restaurants und ein Kasino

📷 *Tipp: Darfst du nur ein Foto aus Singapur mitbringen, dann dieses: der wasserspeiende Merlion im Vordergrund, das weltberühmte Marina Bay Sands als Kulisse*

ASIAN CIVILISATIONS MUSEUM ⭐2

Kunst und Kulturen Asiens sind spannend ausgestellt in diesem Museum mitten im Kolonialviertel

📷 *Tipp: Etwas für Nacht-Fotografen – der Blick über den hell erleuchteten Boat Quay auf die ebenso hell erleuchteten Bankentürme*

BOTANISCHE GÄRTEN ⭐3

Singapur hat zwei: einen neuen, die Gardens by the Bay, und einen alten. Und keiner ist schöner als der andere.

📷 *Tipp: Am Symphonie Lake im alten Garten morgens nach sieben machen Dutzende Singapurer Frühsport*

NATIONAL GALLERY SINGAPORE ⭐4

In den geschichtsträchtigen Gebäuden zeigen die Kuratoren den über Jahre gesammelten Kosmos südostasiatischer Kunst.

📷 *Tipp: Stell dich auf den Rasenplatz des Padang und nimm das Goldene Vlies über dem Eingang ins Visier*

ORCHARD ROAD ⭐5

Shoppen bis zum Umfallen: Die größte Einkaufsmeile Südostasiens ist eine Herausforderung für Füße und Portemonnaie

RAFFLES HOTEL ⭐6

Ein Schmuckstück aus Singapurs kolonialer Vergangenheit, frisch renoviert

📷 *Tipp: Der Portier mit seinem indischen Turban ist immer zu einem Foto bereit – auch wenn sein Blick ernst bleibt*

CHINATOWN ⭐
Das Viertel ist eine Topattraktion Singapurs und sein Charme trotz Sanierung noch immer unwiderstehlich

RESORT WORLD SENTOSA ⭐ 9
So viel freie Zeit hast du gar nicht, um all die Attraktionen der Freizeitinsel mitzunehmen

LITTLE INDIA ⭐ 8
Ein kurzer Ausflug zu all den farbigen Seiten des Subkontinents – und das mitten im behüteten Singapur
📷 *Tipp: Farben satt – versuch dein Fotografenglück rund um den Tekka-Markt, etwa an einem Stand mit kunstvollen Ketten aus Jasminblüten*

TIERPARKS IN MANDAI ⭐ 10
Fünf Wildtierreservate auf einem Gelände – preisgekrönt und mit viel Auslauf für Tiere – und Menschen. Nachts und tagsüber, zu Land, zu Wasser und in den Lüften – einfach fantastisch!

BEST OF 🐷€

LOW-BUDGET

FÜR DEN KLEINEN GELDBEUTEL

FITNESS UMSONST

Singapurs Sportarten kann man testen – von Drachenbootfahren bis Wohlstandslauf, der Reichtum bescheren soll. Das Singapore Sports Hub bietet, meist samstagmorgens, zweistündige, kostenlose Schnupperkurse.

DURSTLÖSCHER

Hast du Durst, frag im Restaurant ruhig nach *ice water*. Das saubere, eisgekühlte Trinkwasser wird im tropischen Stadtstaat fast immer gratis zum Essen gereicht.

ROCKEN FÜR LAU

Du brauchst keine Eintrittskarte für 100 Dollar. Auf der Rückseite der Konzerthalle Esplanade, direkt am Wasser, geben sich Singapurs Rockmusiker auf der Open-Air-Bühne an Wochenendabenden ein kostenloses Stelldichein.

BILLIG LAUFEN & SCHAUEN

Sportschuhe, aber auch Brillen gibt es im Queensway Shopping Centre mit deutlichem Nachlass. Hier darf man nicht nur, hier muss man handeln. Tolle Atmosphäre!

BUBBLES & HEELS

Mittwoch ist in Singapur Ladies Night. Die meisten Bars und Clubs bieten Frauen dann kostenlose Drinks bei freiem Eintritt. Stichwort „Bubbles and Heels" eben – Champagner und hohe Absätze.

ES WERDE LICHT

Bei der kostenlosen Spectra Light and Watershow zeigt sich das moderne Singapur mit Lasershow zu Symphoniemusik auf seiner schönsten Freifläche, der künstlichen Marina Bay.

BEST OF
TYPISCH

DAS ERLEBST DU NUR HIER

TRAUTE EINTRACHT

Das gilt nicht nur für die Architektur – wo der hinduistische Sri Mariamman Temple, vor Businesstürmen der City stets ein gutes Fotomotiv abgibt. Tolerant leben in Singapur Buddhisten, Moslems, Hindus und Christen nebeneinander.

ESSEN WIE DIE EINHEIMISCHEN

Lass die Sterne-Restaurants links liegen und iss in einem der vielen Imbisszentren, den *hawkern.* Weil sie kaum Steuern und Miete zahlen, bieten sie beste Qualität für ein paar Dollar. Makansutra Gluttons Bay neben der Esplanade ist eins der besten.

ZOCKEN WIE DIE CHINESEN

Chinesen lieben das Glücksspiel. Du auch? Dann hinein in den Marina-Bay-Sands-Komplex, der Las-Vegas-Charme mit chinesischer Spielsucht verbindet.

MAMMUTBÄUME AUS STAHL

In den Gardens by the Bay stehen die *supertrees,* gigantische stählerne Mammutbäume, an denen exotische Pflanzen emporwachsen. Sie dienen übrigens als Abluftrohre für die mit Grünabfällen gefütterten Klimaanlagen.

SHOPPEN BIS IN DIE NACHT

Singapurer lieben das Einkaufen – oder das „Window-Shopping", zum Beispiel auf der Orchard Road. Besuch aber auch die Händler in Chinatown oder Little India.

DIE KÜSTE ENTLANGSAUSEN

Ab auf's Rad: Erradle dir die geteerte Promenade der East Coast. Oder zirkle fast einmal um den ganzen Stadtstaat auf dem Park Connector. Entlang der Küstenpromenade gibt es Fahrrad- und Rollschuhverleihstationen.

DIE BESTEN INSIDER-TIPPS

Reisen mit **Insider Tipps**

NAH AM HIMMEL SCHWIMMEN

Die Stadt ganz unten, du ganz oben – planschen im höchsten Dachpool der Welt auf dem Marina Bay Sands Hotel.

KROKO-ALARM

Wer durch die Sungei Buloh Wetland Reserves wandert, blickt auch Krokodilen in die Augen.

NASE ZU UND RUNTER DAMIT!

Singapurs Stinkfrucht schmeckt auch besser, als sie aussieht. In Geylang findest du überall Straßenstände zum Probieren – du riechst sie eher, als dass du sie siehst.

SICH BEPINSELN LASSEN

In der trubeligen Little India Arcade malen dir Künstlerinnen Henna-Tattos auf Hände, Arme und Füße – zauberhaft vergänglich!

SINGAPORE SLING AUS DEM TURBOMIXER

Wer in der Long Bar des altehrwürdigen Raffles Hotel den traditionellen Singapore Sling ordert, steht nun vor einer spektakulären Shakermaschine.

GESCHÜTZT & GEKÜHLT

Gut behütet lassen sich unterm mobilen Dach des Singapore Sports Hub Sportereignisse verfolgen und Konzerte von Weltstars erleben. Das Schönste: Zu heiß wird es nie, die Sitze sind gekühlt!

BLÜTENPRACHT

Singapurs Nationalblume ist die Orchidee. Prominenten widmet Singapur eine eigene Züchtung. Im Orchideengarten des alten Botanischen Gartens wächst auch die Dendrobium Angela Merkel.

Unsere Empfehlung heute

Frühstück

KAYA TOAST MIT HALBGEKOCHTEN EIERN
das klassische Singapurer Frühstück mit Kaya, einer Marmelade aus Eiern, Kokosnussmilch und Zucker

Mittags & Abends

Vorspeisen

OTAK OTAK
im Bananenblatt gebackene Fischpastete

CHAI TOW KWAY/ FRIED CARROT CAKE
Reiskuchen mit Rettich, Knoblauch, Frühlingszwiebeln und süßer dunkler Sojasauce

Hauptgerichte

CHICKEN RICE
Singapurs Nationalgericht: zart gekochtes Huhn mit verschiedenen Saucen

FISH HEAD CURRY
Mischung aus südindischem Curry und einem Fischkopf, einer chinesischen Delikatesse

LAKSA
berühmte scharfe Suppe mit dicken gelben Nudeln, Huhn- oder Fischstückchen, Tamarinde, Tofuwürfeln und Kokosmilch

DIM SUM
im Spankörbchen gedämpfte Teigtaschen mit Fleisch-, Krabben- oder Gemüsefüllung

HOKKIEN MEE
gebratene gelbe Nudeln mit Schweinefleisch oder Tintenfisch und viel Gemüse

CHAR KWAY TEOW
gebratene, flache Nudeln mit süßer, dunkler Sojasauce, dazu chinesische Würstchen, Sojasprossen, Eier und Knoblauch

Desserts

ROJAK
tropischer Salat aus Gurke, Ananas, Mango, gegrilltem Tofu, Tamarindensaft, frittierten Teigstücken mit Garnelenpaste und gehackten Erdnüssen

PANDAN CAKE
Biskuitkuchen mit dem Saft von Pandanblättern

STOCKHOLM!

Riddarholmen

Goldgelbe Bürgerhäuser, die im klaren nordischen Licht warm leuchten, prachtvolle Renaissance-gebäude, die von jahrhunderteal-tem Wohlstand zeugen, schreiende Möwen, die über weißen Schären-dampfern kreisen: Stockholm wird dich faszinieren – besonders durch das viele glasklare Wasser, das in der Sonne herrlich glitzert und im Winter zu Eis erstarrt. Mitten in der Stadt kannst du unbesorgt baden oder dicke Lachse angeln. Wo geht das schon?

CHECK IN

★ Umwelthauptstadt
★ Hektik? Unbekannt!
★ Junge Start-up-Szene
★ Königlich regiert
★ Gravad Lax & Köttbullar

MARCO POLO
TOP-HIGHLIGHTS

SKANSEN ★1
Alte Bauernhäuser, prächtige Herren-
höfe und Elche im Freilichtmuseum mit
Cityblick

SCHÄREN ★2
Inselreich im wahrsten Sinn des Worts:
30 000 kleine Eilande drängen sich vor
den Toren Stockholms

VASA ★5
Das königliche Kriegsschiff liegt heute
trocken – im eigenen Museum fest
verankert

GAMLA STAN ★3
Stockholms Herz: enge Gassen, alte
Kirchen, terrakottafarbene Giebelhäuser

FOTOGRAFISKA ★6
Inspiration für eine bewusstere Welt:
Das hippe Museum für moderne Foto-
grafie hat eine ganz klare Vision

KUNGLIGA SLOTTET ★4
Viel Platz für Königs & Co: eins der
größten Schlösser der Welt mit mehr
als 600 Zimmern
📷 *Tipp: Von der Skeppsholmsbron
mit der goldenen Krone im Vordergrund fotografieren*

STADSHUSET ★7
Stockholms Wahrzeichen trägt drei
goldene Kronen
📷 *Tipp: Ein tolles Stockholm-von-
oben-Motiv gibt's vom Turm aus!*

ÖSTERMALMS SALUHALL ⭐ 9
Exklusive Köstlichkeiten aus Schwedens Wäldern, Wiesen und Gewässern unter einem Marktdach

DROTTNINGHOLM ⭐ 8
Schwedisches Versailles: Seit 1981 lebt die Königsfamilie in dem traumhaften Schloss vor den Toren Stockholms
📷 *Tipp: Das Schloss von der Wasserseite aus morgens, von der Parkseite aus nachmittags fotografieren*

ICEBAR ⭐ 10
Köstliche Cocktails aus Eisgläsern im kältedichten Poncho bei frostigfrischen minus 5 Grad

BEST OF

LOW-BUDGET

FÜR DEN KLEINEN GELDBEUTEL

ZU EHREN DES KÖNIGS

Im Stechschritt und in schneidiger Uniform, hoch zu Ross und mit Musikkapelle: Die Wachablösung im Königlichen Schloss mit großer Parade ist ein Publikumsmagnet. Die Soldaten im Dienste Seiner Majestät halten Ehrenwache und beschützen den König.

HOCH HINAUS ZUM NIEDRIGEN PREIS

Für nur 60 SEK erklimmst du die 365 Stufen im Turm des Stadshuset, dem Wahrzeichen Stockholms, und wirst mit einer grandiosen Aussicht auf die Stadt belohnt.

REINER HÖRGENUSS

Du siehst zwar nichts, aber dafür hörst du um so mehr: Für 100 Kronen gibt es in der Königlichen Oper ein Ticket für einen *lyssnarplats*, einen Platz mit verdeckter Sicht. Augen zu und durch!

KOSTPROBEN VOM NACHWUCHS

In Stockholms Internationella Restaurangskola auf Kungsholmen tischen dir die Starköche von morgen dreigängige Lunch- und Dinnermenüs auf. Kulinarische Köstlichkeiten für wenig Geld.

WATERFRONT-SAFARI

Vom Wasser aus lassen sich Stockholms 14 Inseln prima erforschen! Und zwar mit einem Ticket der Stockholmer Verkehrsbetriebe SL. Damit kannst du vier verschiedene Pendelboote benutzen und von Insel zu Insel springen.

MUSIK ZUM NULLTARIF

Junge Virtuosen der Königlichen Musikhochschule zeigen in Konzerten, was sie musikalisch so alles draufhaben. Von Klassik bis Folk. Ganz umsonst oder zumindest ziemlich günstig.

BEST OF
TYPISCH

DAS ERLEBST DU NUR HIER

SCHIFF AUF DEM TROCKENEN

Gigantisch erhebt sich das imposante Kriegsschiff Vasa in der riesigen Halle aus der Dunkelheit. Sie sank bereits auf ihrer Jungfernfahrt 1628 im Stockholmer Hafenbecken. Nicht verpassen: den Film über ihre Bergung 333 Jahre später.

BEACH IN THE CITY

Baden? Gerne! In Stockholm gibt es schöne Badeplätze, so das Smedsuddsbadet, Långholmens Strandbad und bei Älta das Flatenbadet sowie weiter draußen in Stockholms Schären auf der Jetsetinsel Sandön.

KLEINE, RUNDE KLASSIKER

Kein Stockholmbesuch ohne die typisch Köttbullar! Besonders leckere hat das Restaurant Tradition. Zusammen mit Sahnesauce, Kartoffelpüree und Preiselbeeren ein unvergesslicher Genuss.

ROYALS ZUM ANFASSEN

Wer die königliche Familie einmal hautnah erleben möchte, braucht sich nur am 6. Juni, dem schwedischen Nationalfeiertag, in Stockholm an den Straßenrand zu stellen. Dann nämlich fahren die Royals mit der Kutsche quer durch die Stadt.

NOBLE STÄTTE

Du erkennst Stockholms Rathaus schon von Weitem am Turm mit den drei goldenen Kronen: das Stadshuset ist das Wahrzeichen der schwedischen Hauptstadt. In den prachtvollen Sälen wird geheiratet, verwaltet und gefeiert. Dazwischen gibt's Führungen.

ROLLENDES CAFÉ

Vom Norrmalmstorg bis nach Skansen fährt die alte Straßenbahn Djurgårdslinjen 618, die zum Café umgebaut wurde. Ideal für Fußmüde und die Pause zwischendurch.

DIE BESTEN INSIDER-TIPPS

DRINKS IM WARMEN PELZ

Unbedingt reservieren *(icebarstockholm.se):* In der Icebar ist alles aus dickem nordschwedischem Eis. Und gegen die Kälte gibt es Handschuhe und dicke Umhänge.

UNTERIRDISCH BADEN

Im historischen Kellergewölbe des Storkyrkobadet kannst du im kleinen Pool herrlich entspannen.

IN SCHWINDELNDEN HÖHEN

Diese spannende Dachwanderung in Gamla Stan mit Traumblick ist nichts für Leute mit Höhenangst!

ABENDLICHES PADDELN

In den hellen Sommernächten Stockholm vom Wasser aus entdecken – mit dem Kajak! Verleih bei Långholmen Kajak.

DANCING QUEEN SCHMETTERN!

Du wolltest schon immer deinen Lieblingssong des Kultquartetts selbst aufnehmen? Dann auf ins ABBA-Museum!

ÜBER DEN DÄCHERN DER STADT

Mach's wie die Stockholmer! Genieß deinen Drink im Sonnenuntergang auf einer Dachterrasse, z.B. auf der von Tak.

ABGEHOBEN

Der Traum vom Fliegen wird bei Bodyflight wahr. Im Windtunnel pustet dich ein Luftstrahl in die Höhe, und du fliegst wie mit 200 km/h im freien Fall.

DIE STADT HINTER SICH LASSEN

Das geht auch mit den weißen Ausflugsdampfern von Waxholmsbolaget, die dich hinaus in die felsige Schärenwelt bringen.

DAS SCHMECKT IN STOCKHOLM

Unsere Empfehlung heute

Vorspeisen

GRAVAD LAX
gebeizter Lachs, serviert mit herzhafter
Honig-Senf-Sauce

RÄKOR
Krabben – frisch oder geräuchert

SILL
Hering – eingelegt in süß-saurer
Senfsauce oder gebraten

Hauptgerichte

GUL ÄRTSOPPA MED FLÄSK
dicke gelbe Erbsensuppe mit Speck.
Traditionelles Donnerstagsessen

KÖTTBULLAR
kleine gebratene Fleischbällchen aus
Rind- und Schweinehack. Dazu gibt es
Salzkartoffeln oder Kartoffelpüree,
braune Sauce und Preiselbeeren

PYTT I PANNA
klassisches Restegericht aus
gewürfelten Kartoffeln, Wurst- und
Fleischstückchen mit einem Spiegelei
oben drauf, dazu Rote Bete

WALLENBERGARE
Frikadellen aus Kalbshack, Zwiebeln
und Sahne. Beilage: grüne Erbsen,
Kartoffelpüree und Preiselbeeren

KRÄFTOR
gekochte Flusskrebse mit viel Dill,
serviert mit Toast und Butter. Saison im
August

JANSSONS FRESTELSE
Kartoffelauflauf mit Anchovis,
Zwiebeln und Sahne – ein
schwedischer Klassiker

BIFF À LA RYDBERG
klein geschnittenes Rindfleisch, kurz
angebraten und mit Bratkartoffeln,
Zwiebeln sowie rohem Eigelb serviert

Desserts

PANNKAKOR MED SYLT
Pfannkuchen mit Marmelade. Der
obligatorische Nachtisch nach der
Erbsensuppe

Fika

KANELBULLAR
beliebte Hefeschnecke mit Zimt

PRINCESSTÅRTA
mit Marmelade und Vanillecreme
gefüllte Sahnetorte mit giftgrüner
Marzipanhaube

WIEN!

Am Donaukanal

Ja, Wien durchweht noch immer ein Hauch der Habsburger-Dynastie wie die Prunkbauten von Universität ‚Burgtheater und Oper demonstrieren. Dennoch hat sich die Stadt in den vergangenen Jahrzehnten aus ihrer k. u.k.-Glasglocke getraut und zu einer pulsierenden, jungen, internationalen Metropole entwickelt. Wie lebendig die Stadt ist, das wird unübersehbar, wenn es endlich warm wird und die Wiener zu den Szenelokals und Strandbars entlang des Donaukanals ziehen oder jeden freien Fleck auf Wiesen und Parks bevölkern.

CHECK IN

★ **Stadt der Kaffeehäuser**
★ **Mehr Studenten als Berlin**
★ **Wiener Lebensqualität**
★ **Monarchie & Burgtheater**
★ **Treffpunkt Naschmarkt**

MARCO POLO TOP-HIGHLIGHTS

KUNSTHISTORISCHES MUSEUM 1
Prächtig, prächtig: Im KHM fühlst du dich wie in einem Schloss und kannst eine der wertvollsten Kunstsammlungen weltweit bewundern

STEPHANSDOM 2
Der „Steffl" ist das Wahrzeichen Wiens. Wenn du durch die historische Innenstadt streifst, siehst du ihn im Zentrum emporragen

HOFBURG 3
Früher Habsburger-Residenz, heute Arbeitsplatz des Präsidenten und Sitz zahlreicher Museen sowie der Nationalbibliothek
📷 *Tipp: Nimm den Prunksaal der Nationalbibliothek vor die Linse – einen schöneren Bibliothekssaal wirst du weltweit kaum finden*

BURGTHEATER 4
Klassische und provokante Inszenierungen auf einer der bedeutendsten Bühnen Europas. Die „Burg" gilt als Österreichs Nationaltheater

MUSEUMSQUARTIER 5
Moderne Kunst, Egon Schiele – oder einfach nur entspannen? Alles möglich im riesigen Kulturareal MQ
📷 *Tipp: Nutze den Fotoautomaten rechts neben dem Haupteingang für besondere Erinnerungen*

BELVEDERE 6
Sich wie ein Prinz fühlen? Kein Problem in der barocken, auf einem Hügel errichteten Schlossanlage, die auch Kunstgalerien beherbergt

GLACIS BEISL 8

Eines der besten Schnitzel serviert dieses zentral, aber doch versteckt gelegene Wirtshaus. Der Gastgarten ist perfekt, um der Sommerhitze zu entfliehen

SCHLOSS SCHÖNBRUNN 9

Barocke Pracht: Die prunkvollen Räume der ehemaligen Sommerresidenz von Maria Theresia und der weitläufige Schlosspark sind Weltkulturerbe

📷 *Tipp: Für den Blick auf Schönbrunn vor der Wienkulisse lohnt der kleine Anstieg zur Gloriette*

PRATER 7

Hier dreht nicht nur das Riesenrad seine Runden. Der Prater ist auch eine riesige Grünfläche, die Hauptallee mehr als 4 km lang!

📷 *Tipp: Architekturfan? Dann mach einen Schlenker zum Campus der Wirtschaftsuni! Die futuristische Bibliothek von Zaha Hadid ist ein tolles Fotomotiv*

NASCHMARKT 10

Schlendere über Wiens schönsten Lebensmittelmarkt und nasch ein paar Delikatessen, die dir Händler lautstark anbieten

BEST OF
LOW-BUDGET

FÜR DEN KLEINEN GELDBEUTEL

AB AUF DIE INSEL

Ende Juni lockt das Donauinselfest. Drei Tage lang feiern bei Musik, Sport und Kabarett. Wach bleiben lohnt sich: Europas größtes Open-Air-Musikfestival ist frei. Die Donauinsel ist zudem eines der beliebtesten Naherholungsgebiete der Wiener – nicht zuletzt, weil hier gratis gegrillt, gesportelt und (nackt) geschwommen wird.

DIE SCHÖNSTE TOILETTE WIENS

Sonst ist es ja eher ein Muss als ein Genuss. Im Marmor-Gold-Ambiente der denkmalgeschützten Jugendstiltoilette Öffentliche Bedürfnisanstalt am Graben hat man aber das Gefühl, im Museum zu sein – ganz ohne Eintritt zu löhnen.

LUST AUF SAKRALMUSIK?

Die wunderschöne Augustinerkirche ist bekannt für ihren feierlichen, von Musik begleiteten Gottesdienst. An Sonn- und kirchlichen Feiertagen hörst du bei kostenlosem Eintritt auf höchstem musikalischem Niveau Festmessen von Haydn oder Schubert.

SCHÖNE SICHT VOM SCHÖNBRUNNER SCHLOSSPARK

Natürlich ist das Schloss mit seinen Prunkräumen die Hauptattraktion. Doch auch ein Spaziergang durch die Grünanlage ist eine Freude und im Gegensatz dazu kostenfrei. Nicht versäumen: den Blick vom Gloriettehügel auf das westliche Wien.

GROSSE OPER ZUM NULLTARIF

Schwanensee oder doch lieber Die fantastischen Vier? Im Sommer werden beim Filmfestival am Rathausplatz jeden Abend kostenlos Ballett- und Opernaufführungen sowie Konzertmitschnitte gezeigt.

BEST OF ⚑

TYPISCH

DAS ERLEBST DU NUR HIER

SCHÖNER SCHIMMEL!

Die Spanische Hofreitschule mit ihren Lipizzanern in der Hofburg ist eine Institution: Bei einem Spezialrundgang kann man neben der Sattelkammer auch die Schimmel im Stall besuchen.

SCHOKOLADIGES VERGNÜGEN

Es gibt nur einen richtigen Ort, um die original Sachertorte mit ihren zwei Marmeladeschichten das erste Mal zu probieren: das Café Sacher Wien. Gut möglich, dass du dich für die Leckerei anstellen musst.

WELT DER TÖNE

Wenn du hier ein traditionelles Museum erwartest, irrst du gewaltig! Auf eine höchst unterhaltsame, weil multimediale und interaktive Reise durch die Welt der Töne nimmt dich das Haus der Musik mit – auf sieben Etagen in einem prächtigen Palais.

WEINTRINKEN AM WEINBERG

In Wien gibt es viele Viertel, in denen regelmäßig tief ins Weinglas geschaut wird. Neustift am Walde ist eine der schönsten Heurigengegenden. Dort liegen etliche kleine Familienbetriebe malerisch in den Weinbergen.

DSCHUNGEL IM GLASHAUS

Es fühlt sich an, als wärst du in den Tropen. Im Palmenhaus, Wiens ältestem Jugendstilglashaus, flattern bunte Schmetterlinge zwischen Palmen. Danach unbedingt noch auf einen Apfelstrudel im dazugehörigen Café vorbeischauen!

DREH NE RUNDE!

Zu den „Pflichten" jedes Stadtbesuchers zählt im Prater die gut zehnminütige Fahrt mit dem Riesenrad, einer 1896/97 errichteten, 67 m hohen Eisenkonstruktion.

DIE BESTEN INSIDER-TIPPS

Reisen mit
Insider Tipps

BLICK AUFS BUNTE DACH
Traumhafte Ausblicke auf die Dachmosaike des Stephansdoms genießt du, wenn du per Lift den Nordturm hochfährst oder über 343 enge Stufen die Türmerstube im Südturm erklimmst.

DIE DONAUINSEL EROBERN
Fahrrad mieten und Picknickkorb packen! Du wirst den 21 km langen Grünstreifen lieben.

WIENER MELANGE GENIESSEN
Mit dem ersten Schluck Milchkaffee im Café Jelinek kommst du so richtig in der Hauptstadt an.

DAS LEBEN FEIERN
Am Gürtel reihen sich die Bars und Clubs aneinander – hier beginnen Partynächte.

PERSPEKTIVE WECHSELN
Lerne Wien ganz neu kennen bei alternativen Stadttouren von Obdachlosen und Flüchtlingen.

HABSBURGERN DIE EHRE ERWEISEN
Morbide? Auf jeden Fall pompös. In der Kapuzinergruft bestaunst du die prächtigen Särge der Kaiserfamilie.

ZEITREISE IN 5-D
Alles, worauf Wien in seiner 2000-jährigen Geschichte mehr oder weniger stolz ist, wird im Time Travel Vienna per 5-D-Kino und Puppenspiel im Schnelldurchlauf serviert.

LILIPUTBAHN FAHREN
Kinder lieben die Mini-Lokomotive mit den offenen Waggons, die durch den grünen Prater dampft.

DAS SCHMECKT IN WIEN

Unsere Empfehlung heute

Vorspeisen

FRITTATENSUPPE
klare Rindersuppe mit in Fett
gebackenen und in Streifchen
geschnittenen Eierpfannkuchen

GRIESSNOCKERLSUPPE
klare Rindersuppe mit Klößen
aus Grieß, Milch, Eiern und
Butter als Einlage

LEBERKNÖDELSUPPE
klare Rindersuppe mit Knödeln aus
Rinderleber und Semmeln

Hauptgerichte

BEUSCHEL
klein geschnittene Innereien (meist
Herz und Lunge) in pikanter Sauce

STELZE
gegrillte Unterschenkel vom Schwein
oder Kalb; dazu Sauerkraut und
Semmelknödel

TAFELSPITZ
Gustostück vom gekochten Rind, mit
Schnittlauchsauce, Röstkartoffeln und
Apfelkren (= geriebenem Meerrettich)

WIENER SCHNITZEL
paniertes, goldbraun ausgebackenes
Filetstück vom Kalb; Beilage:
Kartoffelsalat

KRAUTFLECKERLN
Nudeln mit pikantem, gedünstetem
Weißkraut

Desserts

APFELSTRUDEL
Hauchdünner Strudelteig, gefüllt mit
geriebenen Äpfeln, Nüssen, Rosinen,
gewürzt mit Zimt und Zucker

KAISERSCHMARRN
Süßspeise aus zerrupftem Omelettteig,
serviert mit Zwetschgenröster, also
eingedicktem Pflaumenkompott

PALATSCHINKEN
süßer, mit Marillen- (= Aprikosen-)
marmelade gefüllter Pfannkuchen

POWIDLTASCHERLN
böhmische Kartoffelteigtaschen, mit
Pflaumenmus gefüllt

SACHERTORTE
Torte aus Eigelb, Zucker, wenig Mehl
und Eiweißschnee, mit
Marillenkonfitüre gefüllt und mit
Schokolade übergossen

ISLAND

NORWEGEN

KANADA

SCHOTTLAND

KALIFORNIEN

CÔTE D'AZUR
TOSKANA

KROATISC
KÜSTE

FLORIDA

ANDALUSIEN

MEXIKO

MAROKKO

ÄGYPTEN

COSTA RICA

PERU

BRASILIEN

NAMIBIA

SÜDAFRIKA

ARGENTINIEN

LÄNDER & REGIONEN

RAN

CHINA

JAPAN

NEPAL

OMAN

THAILAND

VIETNAM

AUSTRALIEN

ÄGYPTEN!

Kutscher in Luxor

Ägypten gilt als die Wiege der Zivilisation, besitzt mit den Pyramiden von Gizeh das letzte noch erhaltene Weltwunder der Antike und erfand mit der Stufenpyramide von Saqqara die Steinbauarchitektur. Ägypten ist das Land der Superlative. Im Süden lockt die magische Kultur der Pharaonen, im Osten bietet das Rote Meer Traumstrände und eine artenreiche, beeindruckende Unterwasserwelt. Und für Kairo allein bräuchte man Wochen, um alle Sehenswürdigkeiten zu sehen ... Fazit: Eine Reise für dieses faszinierende Land genügt nicht!

CHECK IN

★ **Schätze der Pharaonen**
★ **Basare & Beduinen**
★ **Die Wüste lebt!**
★ **Spektakuläre Korallenriffe**
★ **Kairo: Moloch mit Herz**

MARCO POLO TOP-HIGHLIGHTS

PYRAMIDEN VON GIZEH ⭐ 1
Die drei bekanntesten Monumente Ägyptens darf sich kein Besucher des Landes entgehen lassen – und abends startet die Lightshow!

TAL DER KÖNIGE ⭐ 2
Ägyptens berühmteste Grabstätte: der Pharaonenfriedhof von Luxor

LUXOR-TEMPEL ⭐ 3
Mitten im Stadtzentrum von Luxor: Riesenstatuen, die berühmte Sphingen-allee und ein Obelisk

MEMPHIS & SAQQARA ⭐ 4
Die Stufenpyramide von Saqqara gilt als erstes monumentales Steinbauwerk der Menschheit

KAIROS ISLAMISCHE ALTSTADT ⭐7

Eine Altstadt wie aus Tausendundeiner Nacht, mit Basaren, Toren, Moscheen und Marktschreiern. Orient pur – einfach toll!

📷 *Tipp: Besonders schöne Motive gibt's in den Werkstätten der Kupfer- und Silberschmiede*

MOSCHEE IBN TULUN IN ⭐8

Dieses Meisterwerk islamischer Baukunst in Kairo begeistert durch seine harmonisch geometrische Architektur

📷 *Tipp: Hoch die Treppe! Die schönsten Bilder der Moschee, mit viel Kairo im Hintergrund, schießt du vom Minarett*

KARNAK-TEMPEL ⭐5

Ein überwältigendes Heiligtum in Luxor. Kolossal ist der steinerne „Wald" aus 134 riesigen Säulen

📷 *Tipp: Die allabendliche Sound and Light Show lässt den Tempel in großartigen Lichteffekten erstrahlen*

KATHARINENKLOSTER ⭐9

Das Kloster auf der südlichen Sinai-Halbinsel steht nach der Überlieferung genau dort, wo Gott aus dem brennenden Dornbusch zu Moses sprach

📷 *Tipp: Von den Stufen, die auf den Mosesberg hinaufführen, überblickt man die Anlage am besten*

ABU SIMBEL ⭐6

Grandios und eindrucksvoll ist er, der Monumentaltempel von Ramses II.

📷 *Tipp: Der Hausmeister posiert gegen ein kleines Trinkgeld gerne mit dem armlangen Tempelschlüssel*

EL-GOUNA AM ROTEN MEER ⭐10

Schwimmen, Surfen, Kiten: romantisches Klein-Venedig mit eleganten Hotels direkt am Meer

BEST OF 🐷€

LOW-BUDGET

FÜR DEN KLEINEN GELDBEUTEL

ALLAH-HAND, DIESES VIERTEL

Kairos Altstadtachse Sharia Al-Mu'izz Li-Din Allah zwischen dem Stadttor Bab Al-Futuh und der Al-Azhar-Straße ist praktisch ein Freilichtmuseum für islamische Baukunst. Fast alle Moscheen kann man bis ca. 20 Uhr kostenlos besichtigen.

AN DER HAND EINES MÖNCHS

Das Antonius- und das Pauluskloster gelten als Geburtsstätten des christlichen Mönchswesens. Der Besuch der weitläufigen Anlage ist kostenfrei. Wer möchte, kann sich von einem Mönch herumführen lassen.

GESCHICHTE(N) IN CARTOONS

Viele Museen verlangen Eintritt. Nicht so das kostenlose Karikaturenmuseum in der Oase Fayoum südlich von Kairo: 150 Jahre ägyptische Cartoonhistorie, über 400 Originale – ein großer Spaß!

LUFTWANDELN BEI KÖNIGS

Einst für die königlichen Sommerfrischler angelegt, sind die Montazah-Parks von Alexandria heute für alle zugänglich. Der Eintritt: nur ca. 1 Euro.

GROSSER STRAND, KLEINER PREIS

Du wohnst am Roten Meer nicht im Strandhotel? Kein Problem in Hurghada. Der Mahmya Beach ist einer von mehreren sauberen öffentlichen Stränden mit WC, Verpflegung etc. Er kostet zwar was, aber die Hälfte des Eintritts wird auf den Verzehr angerechnet.

ABKÜRZUNG NACH THEBEN

Von Luxor nach Theben-West kommt man mit der Fähre schnell und günstig. Nördlich des Luxor-Tempels geht ihr einfach durch das grüne Portal „National Ferryboat" zum Nilanleger und setzt für umgerechnet ein paar Cent über. Dort gibt's dann Leihräder.

PARADIESISCH ABTAUCHEN

Auch das ist Ägypten: ein Traumziel zum Tauchen, Kiten, Surfen, beispielsweise vor Dahabs Küste im Roten Meer. Tauchfans können hier bei Putz- und Monitoring- Aktionen an den Riffen mithelfen und bekommen dafür Tauchtouren zum Sonderpreis.

ABENDS IM BASAR

Assuans kleiner Souq ist der wohl romantischste im Land, was auch an den eher zurückhaltenden Händlern liegt. Besonders interessant sind die Gewürzshops, wo es Tees und Kräuter gibt, von denen du noch nie gehört hast.

NIL MIT STIL

Im 19. Jh. unternahm die europäische Bohème ihre klassische Nilreise mit einer für Ägypten typischen Dahabiyya. Die Zweimastsegelboote haben acht bis zehn Kabinen und ein kleines Sonnendeck. Von Assuan und Luxor aus starten heute noch die „Dongola" und die „Giraffa"; beide Schiffe sind je rund 170 Jahre alt.

SÄRGE IN XXXXL

Mehr als zehn Jahre haben die Renovierungsarbeiten im Serapeum, der riesigen unterirdischen Grabanlage für die heiligen Apis-Stiere, angedauert. In Saqqara kann man neben den zahlreichen Pyramiden die gigantische Stier-Nekropole besuchen.

NACH MAADI INS WADI

Ab und an nervt selbst die Kairoer der Lärm und die Hektik in ihrer Stadt. Mag es auch kein arabisches Wort für Naherholungszentrum geben, es gibt eines in Kairo-Maadi: das Wadi Degla ist ideal zum Entspannen und Picknicken. Viele kommen mit dem (Mountain-)Bike.

DIE BESTEN INSIDER-TIPPS

Reisen mit **Insider Tipps**

ABSEITS ALLER TOURISTENPFADE

Erlebe die Wüste und die westlichen Oasen als grandioses Naturschauspiel – mit bizarren Felsen und majestätischen Wanderdünen. Am besten mit einem Guide.

IM MEGA-BASAR SCHNÄPPCHEN JAGEN

Vorsicht, Kaufrausch! Kairos Khan El-Khalili ist Afrikas größter und buntester Basar.

ZUM PHARAO RADELN

Taxi kann jeder. Ein echtes Erlebnis und eine Herausforderung ist die Radtour ins Tal der Könige.

BAUCHTANZ FÜR ALLE

Time Warp auf Orientalisch: Hüftschwung, Bauchkreisen – ab in den Tanz-Workshop beim Egyptian Dance Festival!

BIBLISCH NACHTWANDERN

Im Dunkeln geht's hoch zum Gipfel des Mosesbergs. Die Belohnung: ein unfassbar schöner Sinai-Sonnenaufgang.

WO SICH TÜMMLER TUMMELN

Auf einem Bootsausflug geht es hinaus ins freie Rote Meer. Wenn es gut läuft, siehst du Delfine, und wenn es noch besser läuft, dann schwimmst du in ihrer Nähe.

TEMPEL GUCKEN VON OBEN

In Luxor geht's mit Sky Cruise im Heißluftballon in die Lüfte – über die Bauwerke von Hatschepsut & Co.

SEGEL SETZEN AUF DEM NIL

Mit einer Felukke in den Sonnenuntergang segeln ... Das ist nirgends am Nil schöner als in Assuan.

DAS SCHMECKT IN ÄGYPTEN

Unsere Empfehlung heute

Vorspeisen

BABA GHANNUG
Püree aus gegarten Auberginen
und Tahina

BITINGAN MA'LI BI-TOUM
Gebratene Auberginen
mit Knoblauch

WARA AINAB
Mit würzigem Reis gefüllte Weinblätter

MOLOKHIYYA
Grüne Suppe aus der
langkapseligen Jute

SHORBET ADS
Linsensuppe

Hauptgerichte

SHAWARMA
Arabischer Döner Kebab

FATTA
Gefülltes Fladenbrot mit Fleisch und
Reis, mit Brühe durchtränkt

FATIER
Süß, würzig oder pikant belegte bzw.
gefüllte Blätterteigpizza

LAHMA BI-KHUDAAR
Fleischeintopf mit Saisongemüse

KEBAB
Gegrilltes Kalb- oder
Hammelfleisch am Spieß

KUFTA
Gegrillte Fleischröllchen
vom Rind oder Hammel

SHISH TAWUK
Gegrilltes, entbeintes Hähnchen

Desserts

KUNAFA
Kuchen aus gebackenen
Fadennudeln mit Nüssen und Sirup

MAHALLABIYYA
Feiner Milchreispudding
mit Pistazien

Getränke

HELBA
Heigetränk aus gekochtem
Bockshornklee

KARKADEH
Heißer oder kalter
Malvenblütentee

SACHLEB
Süßes Milchgetränk mit Nüssen,
Maisstärke und Kokosraspeln

ANDALUSIEN!

Mezquita de Córdoba

In Andalusien, jenem Teil Europas, der Afrika am nächsten liegt, findet jeder, was er sucht: Strände im Überfluss genauso wie die Bergspitzen der Sierra Nevada, Einsamkeit wie Trubel, prachtvolle Bauten und stille Dörfer, Flamenco und stolze Menschen. Seit die Mauren 711 über die Meerenge von Gibraltar kamen, hat die arabische Kultur fast 800 Jahre lang das Land geprägt. Spuren dieser Zeit sind über die Jahrhunderte erhalten geblieben: allen voran die Mezquita in Córdoba und die Alhambra in Granada.

CHECK IN

- ★ Sonne & Strand? Satt!
- ★ Bilderbuch der Natur
- ★ Hippe Bars & Restaurants
- ★ Tapas gehen immer
- ★ Die pure Lebensfreude

MARCO POLO TOP-HIGHLIGHTS

PARQUE NATURAL CABO DE GATA ★ 1

Wow, das gibts noch: Mittelmeerküste ganz ohne Beton, mit tollen Stränden inmitten skurriler Vulkanlandschaft
📷 *Tipp: Geniale Motive bieten die versteinerten Dünen an der Playa del Arco bei La Isleta del Moro*

CÁDIZ ★ 2

Wasser und Sonne: Der Geruch des Atlantiks und das gleißende Licht des Südens kennzeichnen die Hafenstadt auf der Halbinsel
📷 *Tipp: Am besten fängst du die Kathedrale samt goldener Kuppel von der Uferstraße Avenida Campo del Sur ein*

CENTRE POMPIDOU MÁLAGA ★ 3

Der Ableger des berühmten Pariser Museums für zeitgenössische Kunst an der schicken Hafenpromenade steht sinnbildlich für Málagas neuen Schwung
📷 *Tipp: Nachts ist der bunte Glaswürfel von innen beleuchtet und besonders fotogen*

BARRIO SANTA CRUZ IN SEVILLA ★ 4

Verwinkelte Gassen, gemütliche Bars und kleine Läden in Sevillas schönem, altem Judenviertel

RONDA
Romantisches Städtchen, zerrissen durch einen tiefen Abgrund, verbunden durch eine spektakuläre, fast 100 m hohe Brücke

MEZQUITA IN CÓRDOBA 7
In der über 1000 Jahre alten Megamoschee in Córdoba wächst ein Wald aus Steinsäulen
📷 *Tipp: Leg deine Kamera auf ein Podest – Stativ ist nämlich verboten*

ALHAMBRA IN GRANADA 8
Du denkst, dich hat ein Märchenbuch verschluckt: Pracht ohnegleichen im maurischen Königspalast
📷 *Tipp: Vom Mirador San Nicolás kriegst du die Alhambra als Ganzes drauf – samt schneebedeckter Berg-kulisse*

PARQUE NACIONAL COTO DE DOÑANA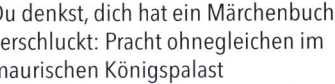
Flamingos, Adler, Pardelluchse sind die Wächter dieses ökologischen Schatzes zwischen Dünenständen, Lagunen und Buschland

ALPUJARRAS 5
Entschuldigung, geht's hier zum Paradies? Fruchtbare Täler mit weißen Dörfern am Südhang der rauen Sierra-Nevada-Berge

GARGANTA DEL CHORRO 10
Atemraubend und adrenalinfördernd führt der Caminito del Rey am Felsrand durch die bis zu 400 m hohe irre Schlucht

BEST OF
LOW-BUDGET

HÖLZERNE PILZE

„Die Pilze", haben die Sevillaner das Werk des Architekten Jürgen Mayer H. auf der Plaza de la Encarnación getauft. Die riesige Holzkonstruktion ist Schattenspender, Aussichtsterrasse und Markthalle in einem.

BESTER BAROCK

Die Malerei des Siglo de Oro, des Goldenen Zeitalters, ist einer der Höhepunkte der spanischen Kunst. Ihre Meister – darunter Diego Velázquez und Francisco de Zurbarán – kannst du in Sevillas Museo de Bellas Artes bewundern.

GARTENVILLEN IN GRANADA

Was versteckt sich wohl hinter den weißen Mauern in Granadas maurischem Viertel, dem Albaicín? *Carmenes,* bezaubernde Villen samt großer Gärten. In einige kannst du einfach hineinspazieren.

3000 JAHRE KUNST & GESCHICHTE

Im Museo de Cádiz wandelst du ohne zu zahlen zwischen Ethnologie, Archäologie und schöner Kunst. Herausragend sind zwei große phönizischen Marmorsarkophage mit Liegefiguren von Frau und Mann sowie Gemälde von Murillo, Zurbarán und Miró.

RÖMISCHE METROPOLE

Ein Ruhesitz in Andalusien – das fanden schon die Römer gut und bauten Itálica. Mit Ausweis spazierst du als EU-Bürger umsonst durch die Ruinenstadt und bestaunst das riesige Amphitheater.

TAPAS WIE FRÜHER

Wo viele Studenten leben, wie in Granada, ist die Urform der Tapaskultur noch lebendig: Zu jedem Getränk gibt's eine Kleinigkeit dazu – umsonst.

BEST OF ⚐

TYPISCH

DAS ERLEBST DU NUR HIER

WEISS HINGEWÜRFELT

Das typisch andalusische Dorf ist weiß. Besonders malerisch wirken die gekalkten Schönheiten an Berghängen. Besonders schöne *pueblos blancos* sind Casares, Vejer und Arcos de la Frontera, Grazalema, Gaucín, Comares,und Frigiliana.

STRAND SATT

Die Strände im Naturpark Cabo de Gata, etwa die Playa del Mónsul, sind ein Traum: klares Wasser, feiner Sand, Vulkanlandschaft als Kulisse.

KÜHLER GENUSS

Gazpacho, die eiskalte Suppe für heiße Tage, hat es weit gebracht. Einst ein Armeleuteessen, bereiten viele Meisterköche heute daraus luxuriöse Süppchen zu, etwa im El Churrasco in Córdoba oder in Málaga bei José Carlos García.

SCHWEBENDE BÜHNEN

Wenn während der Semana Santa tonnenschwere Tragebühnen geschultert werden, packt es auch denjenigen, der mit der Kirche nicht viel am Hut hat. Sevilla ist die Hauptstadt der Büßerprozessionen.

MEER AUS OLIVEN

Mehr als 60 Mio. Olivenbäume stehen in Spaniens Süden – die meisten in der Provinz Jaén. Den seltsamen Zauber dieser monotonen Landschaft erlebt man am besten von oben. Zum Beispiel in Úbeda von der Plaza Santa Lucía aus.

MARBELLAS SCHÖNSTER PLATZ

Nanu – so eine malerisch-hübsche Altstadt hätte man in der Touri-Hochburg nun wirklich nicht erwartet! Auf der Plaza de los Maranjos ballen sich die Touristen – aber zu Recht: Charmanter kann ein Platz kaum sein.

DIE BESTEN INSIDER-TIPPS

FLAMENCO SELBST GETANZT

Die Bühne bebt, wenn die Flamencoschuhe Stakkato klappern. Nur Mut, mach mit! Im Taller Flamenco oder bei der Fundación Cristina Heeren in Sevilla lernst du spielend die ersten Schritte.

WENN DER WAL AUFTAUCHT

Beim respektvollen Whale Watching in Tarifa erfährst du eine Menge über die bedrohten Riesen.

DAS GEHEIMNIS DES SHERRYS

Nach dem Bodegabesuch in Jerez kannst du *oloroso* und *fino* schon am Duft unterscheiden.

MIT PICASSO AUF AUGENHÖHE

Nimm dir Zeit, die knallbunten Bilder von Picasso auf dich wirken zu lassen: Das Picasso-Museum in Málaga, der Heimatstadt des Künstlers, besitzt zudem Keramiken und Skulpturen des Universalgenies.

KACHELN KAUFEN

Wetten, dein neuer Traumjob ist Fliesenleger, wenn du in der Keramikhandlung Cerámica Triara in Sevilla stehst?

EINTAUCHEN INS WARME THERMALWASSER

Die Stimmung ist immer gut in den heißen Becken am Fluss in Alhama de Granada

RADFAHREN AUF DER BAHNTRASSE

Viele ehemalige Bahnstrecken wurden zu Rad- und Wanderwegen, den *vías verdes,* ausgebaut. Es geht über alte Brücken und durch Tunnel.

DAS SCHMECKT IN ANDALUSIEN

Unsere Empfehlung heute

Sopas

GAZPACHO
Kalte Gemüsesuppe aus pürierten
Tomaten, Gurken, Paprika, Öl und Essig

SALMOREJO
Kalte, sämige Gemüsesuppe mit
gehacktem Ei und Schinkenstückchen

AJOBLANCO
Kalte Knoblauchsuppe mit Rosinen
und Mandeln

Tapas y Raciones

ENSALADILLA
Kartoffel-Mayonnaise-Salat mit
Erbsen, Karotten und Spargel

TORTILLA DE ESPÁRRAGOS VERDES
Omelett mit frischem grünem Spargel

BERENJENAS CON MIEL DE CAÑA
Panierte, frittierte Auberginenscheiben
mit Zuckerrohrsirup

BOQUERONES EN VINAGRE
Sauer eingelegte Sardellen

CALAMARES A LA ROMANA
Panierter, frittierte Tintenfische

CHIPIRONES A LA PLANCHA
kleine Tintenfische, gegrillt

PESCAÍTO FRITO
Kleine Fische – *boquerones* (Sardellen),
calamares (Tintenfische), *salmonetes*
(Meerbarbe), *merluza* (Seehecht) –, in
Mehl gewälzt und frittiert

GAMBAS AL AJILLO
Garnelen mit Knoblauch in Öl gebraten

MEJILLONES
Miesmuscheln

ALBÓNDIGAS
Hackfleischbällchen

RABO DE TORO
Geschmorter Stierschwanz

CHULETILLAS DE CORDERO
Lammkoteletts

CHORIZO AL JEREZ
In Sherry gebratene Paprikawurst

Postres

POLEÁ
Milchpudding mit Zitrone, Zimt und
Zucker und geröstetem Brot

CREMA DE ALMENDRAS
Mandelcreme mit Orangen und Vanille

TARTA CON CABELLO DE ÁNGEL
Blätterteigtorte mit süßer Kürbisfüllung

ARGENTINIEN!

Tangotänzer in Buenos Aires

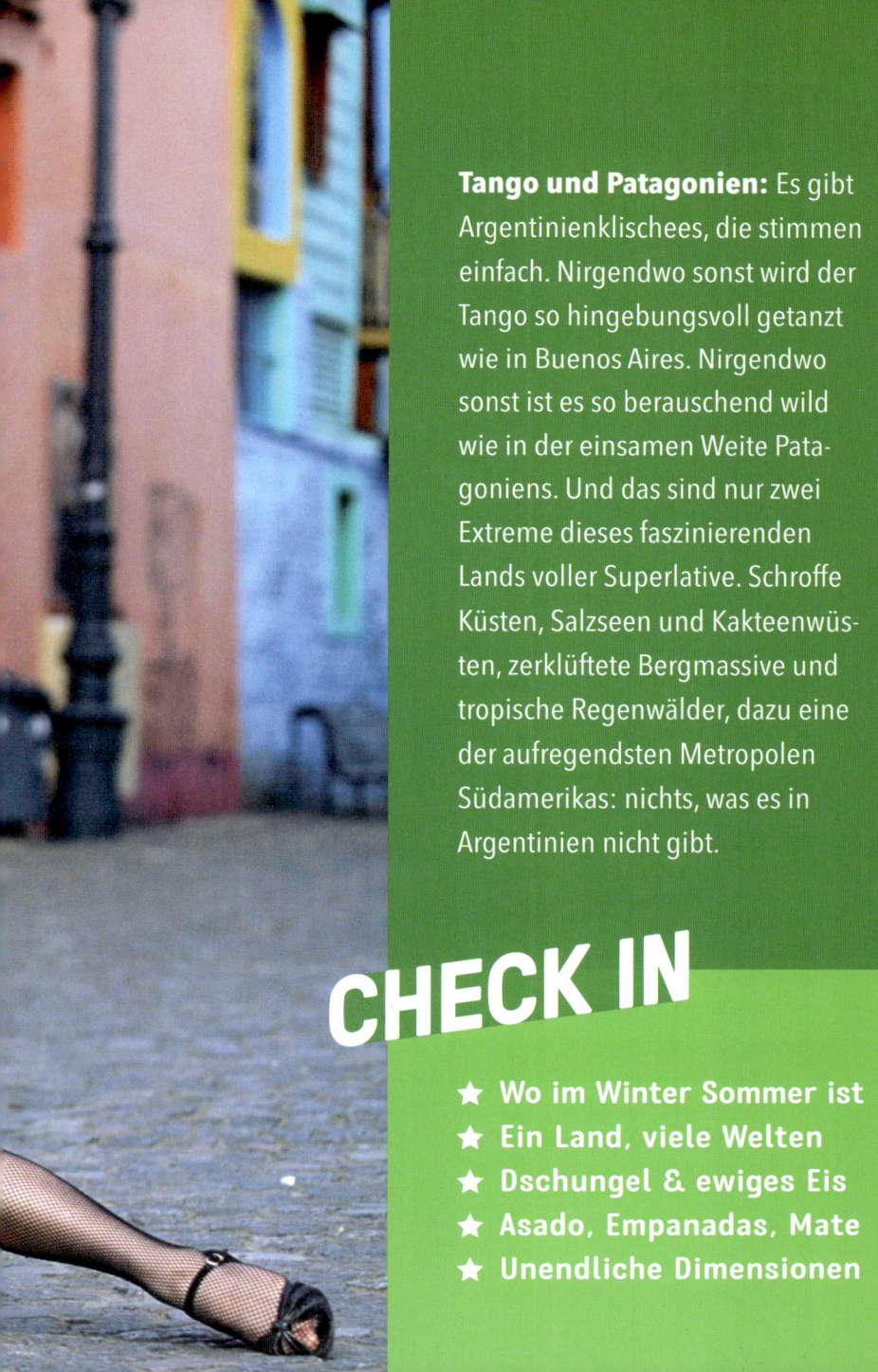

Tango und Patagonien: Es gibt Argentinienklischees, die stimmen einfach. Nirgendwo sonst wird der Tango so hingebungsvoll getanzt wie in Buenos Aires. Nirgendwo sonst ist es so berauschend wild wie in der einsamen Weite Patagoniens. Und das sind nur zwei Extreme dieses faszinierenden Lands voller Superlative. Schroffe Küsten, Salzseen und Kakteenwüsten, zerklüftete Bergmassive und tropische Regenwälder, dazu eine der aufregendsten Metropolen Südamerikas: nichts, was es in Argentinien nicht gibt.

CHECK IN

- ★ Wo im Winter Sommer ist
- ★ Ein Land, viele Welten
- ★ Dschungel & ewiges Eis
- ★ Asado, Empanadas, Mate
- ★ Unendliche Dimensionen

MARCO POLO TOP-HIGHLIGHTS

CATARATAS DEL IGUAZÚ 1

Das Getöse der grandiosen Wasserfälle inmitten vom tropischen Urwald an der brasilianischen Grenze darfst du dir nicht entgehen lassen

📷 *Tipp: Das beste Panorama hast du auf der brasilianischen Seite*

GLACIAR PERITO MORENO 2

Donner, Knallen, Krachen: Der riesige Gletscher in Patagonien schrumpft zwar langsam, aber stetig

📷 *Tipp: Unbedingt eine Gletscherbegehung machen! Hier triffst du auf alle Nuancen der Farbe Blau*

ESTEROS DEL IBERÁ 3

Bitte nicht füttern! Expedition ins sumpfige Reich der Kaimane, Brüllaffen und Wasserschweine

📷 *Tipp: Zoomobjektiv und viel Geduld einpacken!*

SAN TELMO IN BUENOS AIRES 4

Tango und Street-Art, Kolonialbauten, quirlige Märkte und hippe Bars: In Buenos Aires' historisches Bohemeviertel muss man sich einfach verlieben!

📷 *Tipp: Bei der sonntäglichen Milonga auf der Plaza Dorrego kriegst du authentische Tangomotive vor die Linse*

TREN A LAS NUBES 5

Der „Zug zu den Wolken" durchquert die Anden auf schwindelnder Höhe

RESERVA PROVINCIAL ISCHIGUALASTO 6

Im Valle de la Luna eine bizarre Wüstenlandschaft von fast außerirdischer Schönheit erleben

📷 *Tipp: In der Abendsonne entfalten sich die Farben, Formen und Dimensionen am besten*

CAMINO DE LOS SIETE LAGOS 7
Welches ist der schönste der sieben Seen? Eine fantastische Rundfahrt durch die patagonische Natur

QUEBRADA DE HUMAHUACA 8
Kakteenwälder, Lamas, Salzseen und Kunsthandwerk: Wo früher die Inkas herrschten, lebt die Kultur der Ureinwohner im Alltag fort

ASADO 10
Außer Feuer und Salz darf nichts ans Fleisch! Ihr *asado* ist den Argentiniern heilig – nirgendwo anders auf der Welt werden auf dem Grill so gute Steaks gebraten

PENÍNSULA VALDÉS 9
Keine Berührungsängste: Seelöwen, Pinguine, Wale und See-Elefanten kannst du auf der Halbinsel aus nächster Nähe beobachten

BEST OF

LOW-BUDGET

FÜR DEN KLEINEN GELDBEUTEL

AM FUSS DER EISIGEN FELSTÜRME

Patagonien ist atemraubend – aber leider auch nicht ganz billig. Sympathische Ausnahme: das Hippie-Dörfchen El Chaltén zu Füßen des imposanten Fitz-Roy-Massivs mit gut ausgeschilderten Wanderwegen.

FOLKLOREFESTE

Geschmückte Pferde, Gauchos im Wettstreit, hausgemachte Leckereien und regionale Musik: Überall im Land werden im Sommer Tradition und Brauchtum gefeiert, umsonst und draußen. Infos unter *cultura.gob.ar* oder *fiestasnacionales.org.*

TANGO IM PARK

Pack die Tanzschuhe in den Rucksack und dann ab in den Park: In der Glorieta de Belgrano in Buenos Aires wird jeden Sonntagabend um 19 Uhr Tango getanzt – ganz ohne Eintritt.

AB GEHT DIE POST

Pakete lagern hier keine mehr, dafür gibt es Kultur satt: In der ehemaligen Hauptpost von Buenos Aires zeigt das Centro Cultural Kirchner (CCK), das größte Kulturzentrum Lateinamerikas, Kunst, Theater und Musik zum Nulltarif.

HOL DIR DEN ÜBERBLICK!

Lost in Buenos Aires? Von den Kuppeln der Stadt hast du einen grandiosen Ausblick über Dächer, Erker und versteckte Dachterrassen. Preiswert zum Beispiel vom Mirador der Galería Güemes aus.

MUSIK, MODE UND GYM

An den Stränden des Ferienorts Pinamar bei Mar del Plata beginnen im Januar/Februar bei Sonnenuntergang die Gymsessions, Modeschauen und Rock- und Popkonzerte, und zwar umsonst für jedermann.

BEST OF 🚩

TYPISCH

DAS ERLEBST DU NUR HIER

ON THE ROCKS
Man kann den Perito Moreno auch von der Aussichtsplattform aus erleben. Spannender ist es, den eisigen Riesen mit Steigeisen zu entdecken. Erfahrene Guides klären auf – auch über den alarmierenden Zustand des Eisfelds im Nationalpark, zu dem noch 46 weitere Gletscher gehören.

EIN LAND DER PFERDE
1,5 Mio. Pferde soll es in Argentinien geben. Auf den *estancias* der Provinz Buenos Aires sind Ausritte ein Muss. Und in den Anden sind Pferde trittsichere Begleiter auf den Bergpfaden.

AB IN DEN HEXENKESSEL
Buenos Aires ist die unangefochtene Welthauptstadt des Fußballs, legendär sind die Derbys in der blau-gelben Bombonera, dem Stadion von Boca Juniors.

INDIANERMÄRKTE
Farben, Muster, Aromen: Auf den Indianermärkten des Nordwestens, z.B. in *Purmamarca,* findest du nicht nur einzigartige Erinnerungsstücke, sondern unterstützt mit dem Kauf auch die lokalen Kooperativen.

WALE UND PINGUINE
Ein Wal oder Tausende Pinguine: Beide Bilder sind typisch für die patagonische Küste. Aber auch See-Elefanten und Schwertwale kannst du rings um die Halbinsel Valdés bestaunen.

AUF EINEN CORTADO ODER ZWEI
Hier wurde Weltliteratur geschrieben, hier wurden Revolutionen geplant: In den historischen Kaffeehäusern von Buenos Aires, den *bars notables,* lässt es sich auch heute noch bei *cortado* und *medialunas* stundenlang ausharren.

DIE BESTEN INSIDER-TIPPS

Reisen mit Insider Tipps

AUF NACH MENDOZA
Wäre Bacchus Argentinier, würde er in Mendoza leben. Rund um die Stadt wachsen Wein, Pfirsiche und Birnen. Übrigens ist Mendoza auch ein guter Ausgangspunkt für Abenteuertouren in die Anden.

MACH DICH NASS!
Für Waghalsige: mit dem Schlauchboot ganz nah ran an die spektakulären Iguazú-Wasserfälle.

STONEHUNTING & WASSERSCHWEINE
Im Nationalpark El Palmar schwemmt der Río Uruguay Halbedelsteine an und bietet Lebensraum für die riesigen Nager.

DATE MIT DINOS
In Patagonien lebte der Argentincsaurus, das größte Tier, das jemals die Erde bewohnt hat. Im Valle de los Dinosaurios kannst du auf Zeitreise gehen.

MEERESMUSEUM AM OZEAN
Vom modernen Ecocentro Mar Patagonia auf den Klippen Puerto Madryns hast du einen tollen Blick auf den Atlantik und kannst gleichzeitig dem Gesang der Wale lauschen.

MATE, MATE, MATE
Probiere das bittere Lieblingsgetränk der Argentinier aus den getrockneten Blättern des Matestrauchs. Heiß aufgegossen und mit Metallröhrchen getrunken weckt es die Lebensgeister!

EINTAUCHEN INS LICHT
Die Bodega mit Kunstmuseum des Lichtkünstlers James Turrell liegt 230 km südwestlich von Salta hoch oben in den Anden.

DAS SCHMECKT IN ARGENTINIEN

Unsere Empfehlung heute

Vorspeisen

EMPANADAS
Ausgebackene, mit Fleisch gefüllte
Teigtaschen

BERENJENAS EN ESCABECHE
Eingelegte Auberginen

HUMITA
In Maisblättern gedünsteter Maisbrei

MOLLEJAS AL VERDEO
Kalbsbries mit Frühlingszwiebeln

LENGUA EN ESCABECHE
Eingelegte Rinderzunge

CHORIPÁN
Eine *chorizo* (eine kurze
Schweinefleischwurst) im Brot *(pan)*

Hauptgerichte

BIFE DE CHORIZO
Rumpsteak

CARBONADA
Eintopf aus Kürbis, jungen Maiskolben,
Pfirsichen und Fleisch

SORRENTINOS
Große, mit Schinken und Käse
gefüllte Nudeltaschen

LOCRO
Eintopf mit Mais, Kürbis und
Fleisch

ÑOQUIS CON ESTOFADO
Gnocchi mit Rindergulasch

PASTEL DE CARNE
Hackbraten im Kartoffelmantel

MATAMBRE ARROLLADO
Rollbraten aus Rinderzwerchfell
mit Gemüse und Ei

PUCHERO
Eintopf in klarer Brühe mit Gemüse
und Rindfleisch

Desserts

FLAN CON DULCE Y CREMA
Eierpudding mit Karamellcreme und
Sahne

ARROZ CON LECHE
Milchreis

BUDÍN DE PAN
Brotpudding mit Milch, Eiern und
Rosinen

QUESO Y DULCE
Weichkäse mit festem
Quittengelee

AUSTRALIEN!

Uluru

Jeder kennt den Uluru, Sidneys Opernhaus, Bumerangs und Kängurus. Jeder hat schon gehört, dass die Spinnen auf diesem Kontinent giftig, Koalas schläfrig und Australier irgendwie aufgeschlossen sind. Aber mal ehrlich – wirklich viel wissen wir nicht über dieses endlose Land am anderen Ende der Welt. Die Aborigines lebten schon mindestens 60 000 Jahre auf dem großen Roten Kontinent, als Captain Cook 1770 hier vor Anker ging. Die Welt der Ureinwohner und die der westlichen Zivilisation sind bis heute nicht immer vereinbar.

CHECK IN

★ **Kosmopolitisches Sydney**
★ **Tauchen am Great Barrier**
★ **Endlos: das Outback**
★ **50 km lange Strände**
★ **Die perfekte Welle**

MARCO POLO
TOP-HIGHLIGHTS

BLUE MOUNTAINS NATIONAL PARK ★ 2

Die Wildnis vor den Toren Sydneys – endlose Wälder, steile Schluchten und heilige Stätten der Aborigines

GREAT BARRIER REEF ★ 1

Das türkisgrüne Riff vor der Küste von Queensland ist ein Muss für Taucher, Segler und Naturbegeisterte
📷 *Tipp: Auf Lady Elliot Island brauchst du keine teure Unterwasserkamera. Das Riff beginnt direkt vorm Strand*

OPERA HOUSE IN SYDNEY ★ 3

Das muschelförmige Bauwerk am Hafen von Sydney ist ein Design-wunder – und eines der Wahrzeichen von Downunder
📷 *Tipp: Toll ist der Blick auf die Oper von der nördlichen Spitze des Domain (nahe Mrs Macquaire's Chair)*

NKANGAROO ISLAND 7

Pinguine und bizarre Seedrachen, seltene Kängurus, Koalas und riesige Seehundkolonien in wilder Natur

📷 *Tipp: Folg dem Bretterweg am Admirals Arch bis zum Ende. Hier spielen fast immer Seehunde auf den Klippen*

GREAT OCEAN ROAD 8

Eine der schönsten Küstenstraßen der Welt – mit bizarren Felsformationen, eindrucksvollen Steilküsten, wunderbaren Ausblicken und geheimnisvollen Wäldern

ULURU-KATA TJUTA NATIONAL PARK 4

Hinaufklettern darfst du heute zwar nicht mehr, dennoch ist und bleibt der imposante Uluru (früher Ayers Rock) ein Muss

FRASER ISLAND (K'GARI) 9

Die größte Sandinsel der Welt bietet endlose Strände mit Dingos und drum herum Wale, Delfine und tiefblaues Wasser

📷 *Tipp: Auf einer Bootstour zwischen August und Oktober bekommst du fast sicher einen Buckelwal vor die Linse*

KAKADU NATIONAL PARK 5

Felsmalereien, Krokodile und geheimnisvolle Natur findest du im tropischen Norden des Kontinents

ST. CLAIR NATIONAL PARK 10

Eintauchen in die kaum berührte Wildnis Tasmaniens: spitze Bergmassive, stille, abgrundtiefe Seen, Sümpfe und moosbewachsene Urwälder

BAROSSA VALLEY 6

Wein, Schwarzbrot, Räucherschinken – und historische Dörfer in lieblicher Umgebung im Süden Australiens

BEST OF 🐷€

LOW-BUDGET

FÜR DEN KLEINEN GELDBEUTEL

KRANKENBESUCH ERLAUBT

Im ehrenamtlich geführten Koala Hospital in Port Macquarie werden Koalas gesund gepflegt, um später wieder in die freie Natur entlassen zu werden. Plan deinen Besuch – gegen eine kleine Spende – für 15 Uhr, wenn die putzigen Beuteltiere gefüttert werden.

KUNSTGENUSS

Australiens größte Kunstgalerie, die National Gallery of Australia, in Canberras Regierungsviertel kostet dich keinen Cent. Nur dein Zeitbudget solltest du nicht zu eng kalkulieren, denn du darfst dich auf mehr als 160 000 Werke australischer und internationaler Künstler freuen.

FREIE FAHRT

Für die *City Circle Tram*, die auf Schienen auf einem Rundkurs durch die Innenstadt von Melbourne verkehrt, braucht man keinen Fahrschein. Viele Sehenswürdigkeiten befinden sich in Gehweite der Haltestellen.

ZENTRALER BADESPASS

Weil es der Tropenstadt Cairns an einem ordentlichen Sandstrand fehlt, hat sie kurzerhand zwischen Fußgängerzone und Küstenpromenade eine Freizeitoase mit Salzwasserbecken, Liegewiesen und Barbecue-Plätzen angelegt. Die Esplanade Swimming Lagoon ist ein beliebter Treffpunkt – auch weil der Eintritt gratis ist.

MIT DEN LOCALS DURCH DIE STADT

Greeters heißen die Ehrenamtlichen, die Besucher freundlich willkommen heißen und ihnen ihre Stadt zeigen. Der Service ist kostenlos und wird derzeit in Sydney, Melbourne, Brisbane, Cairns und Adelaide angeboten

BEST OF ⚑

TYPISCH

DAS ERLEBST DU NUR HIER

DIDGERIDOO – TÖNE AUS EINER ANDERN WELT

Das traditionelle Blasinstrument der nord-australischen Aborigines ist der 1–2,50 m lange Didgeridoo, zu finden häufig auch als Massenware in den Souvenirgeschäften. Kleine Werkstätten im Outback bieten in der Regel die authentischsten Stücke.

SONNE, SAND, SURFEN

Byron Bay mit seinen autobahnbreiten Traumstränden ist der absolute Höhepunkt für Surfer, die die hohen Wellen mit Delfinen um die Wette abreiten.

AUF TUCHFÜHLUNG MIT KÄNGURUS

Kängurus, Koalas und Emus kann man in Australien natürlich in freier Natur bewundern – aber Geduld und Glück gehören dazu. Im Cleland Wildlife Park in Adelaide leben die Tiere in natürlicher Buschumgebung.

EINFACH SCHMECKEN LASSEN

Schlemmen (fast) wie die Ureinwohner. Was im populären Ochre Restaurant in Cairns auf den Tisch kommt, entstammt mehr oder weniger der Aborigineküche: Emu-, Känguru- oder Krokodilfleisch, heimische Beerenfrüchte und Buschtomaten.

GLAMPEN MITTEN IM BUSCH

Der Wind peitscht gegen das Zelt und irgendwo schabt ein Wombat – urgemütlich, aber mitten im Busch kannst du z. B. im Wilderness Retreat in Victorias Wilsons Promontory National Park übernachten.

EIN PARADIES FÜR FOTOGRAFEN

Spektakulär ist die Ansammlung von bis zu 5m hohen Felsnadeln im Pinnacles National Park, die von Sonne und Sand konserviert wurden. Ein Rundweg führt durch den Säulenwald.

DIE BESTEN INSIDER-TIPPS

SIGHTSEEING VOM WASSER AUS
Mit der Fähre – oder sportlicher per Kanu – erblickst du Sydneys schönste Seite. Denn vom Wasser aus ist die Skyline mit Opernhaus und den glitzernden Türmen einfach sensationell.

IM 4WD DURCH DIE KIMBERLEYS
Tausend Kilometer pures Abenteuer: von Broome nach Kununurra im Geländewagen.

DAS BLUT DER AUSTRALISCHEN ERDE
Weingüter bieten Kostproben ihrer Tropfen an, meist sind diese sogar kostenlos. Am besten schließt du dich bei deinem Besuch einer Tour an.

DEN CANYON UMRUNDEN
Ein bisschen Kondition brauchst du, um den drei- bis vierstündigen Canyon Walk rund um die Schlucht des Kings Canyon zu bezwingen. Geh am besten frühmorgens los und nimm ausreichend Wasser mit!

APOSTEL, DIE FELSNADELN SIND
Für den interessantesten Blickwinkel auf die Sandsteinfelsen der Twelve Apostles an der Great Ocean Road steig bei Ebbe die Gibson Steps hinunter.

AM RIFF LANDEN
Bei einem Trip im Wasserflugzeug erlebst du das Great Barrier Reef von oben und kannst vom Flieger aus direkt abtauchen.

MIT EINEM ABORIGINE-GUIDE WANDERN
Erfahr die tiefe Bedeutung, die der dichte Regenwald an der Mossman Gorge für die Ureinwohner hat.

DAS SCHMECKT IN AUSTRALIEN

Unsere Empfehlung heute

Vorspeisen

BARBECUED PRAWNS
Marinierte gegrillte Riesenkrabben

CRAB SALAD
Gekochte Krabben auf frischem Salat

GARLIC BREAD
Frisches Sauerteigbrot in
Knoblauchrahm

Hauptgerichte

BARRAMUNDI FILLETS WITH MACADAMIANUTS
Mit gehackten Macadamianüssen
panierter Barramundi, dazu Salat

KANGAROOBURGER WITH BEETROOT
Kängurufleisch im Hamburgerbrötchen
mit Roter Bete

LEG OF LAMB WITH ROASTED VEGIES
Mit Knoblauch, Rosmarin und Honig
gewürzte Lammkeule aus dem Ofen
und Gemüse

CROCODILE PIZZA
wahlweise auch mit Känguru- oder
Emufleisch

Desserts

PAVLOVA
Eiweißmeringue mit frischer Sahne und
Beeren, Pfirsichen, Kiwis und
Passionsfrüchten

LAMINGTON
Weicher Biskuitkuchen in Schokolade
gewendet und mit Kokosflocken
besprenkelt

ANZAC BISCUIT
Haferkeks mit Zuckerrübensirup

TIM TAM
Australiens beliebtester
Schokokeks

Getränke

SHIRAZ
Aus dem Barossa Valley

SAUVIGNON BLANC
Aus dem Hunter Valley

CRAFT BEER
Ein frisch Gebrautes aus einer
microbrewery

FLAT WHITE
Espresso mit heißer, ungeschäumter
Milch

BRASILIEN!

Sambódromo, Rio de Janeiro

Brasilien, das sind Superlative und Kontraste, atemberaubende Natur, die Mischung der Kulturen und die Ekstase des Karnevals. So viel Fläche, dass fast ganz Europa hineinpasst. Den Südosten dominieren die Millionenstädte Rio de Janeiro und São Paulo. Der Nordosten Brasiliens beginnt mit Bahia und endet in São Luís kurz vor der Amazonasmündung. Dazwischen liegen 3300 km Strände, palmengesäumt, mit Dünen, Steilküsten oder Buchten: Urlaubsparadiese für Touristen aus aller Welt.

CHECK IN

- ★ Samba & Bossa Nova
- ★ Tropischer Schmelztiegel
- ★ Farbenprächtig: Karneval
- ★ Party an der Copacabana
- ★ Faszination Amazonien

MARCO POLO
TOP-HIGHLIGHTS

AMAZONAS ⭐1
Mit dem Boot von der Urwaldlodge
zum Opernhaus in Manaus: tief
eintauchen in die Kultur und Natur
Amazoniens

SALVADOR ⭐3
Die „schwärzeste" Stadt Brasiliens steckt
voller Musik, Magie und Geheimnisse

CORCOVADO ⭐2
Zu Füßen der Christusstatue in Rio de
Janeiro stockt der Atem angesichts der
Ausblicke
📷 *Tipp: Für gute Fotos von der
Terrasse zu Füßen der Christusstatue
wähle einen klaren Tag*

FERNANDO DE NORONHA ⭐4
Mehr als eine Insel im Atlantik: die
Spitze des Paradieses – vor allem für
Taucher und Schnorchler
📷 *Tipp: Unterwasserkamera organi-
sieren oder zumindest eine wasser-
dichte Schutzkappe fürs Handy*

PANTANAL 7
Die Region mit ihren kristallklaren Flüssen, unterirdischen Lagunen und Wildlife pur – Jaguare, Ameisenbären, Aras, Tukane, Kaimane und Vogelschwärme – ist das größte Feuchtgebiet der Erde

CATARATAS DO IGUAÇU 8
Die Wasserfälle von Iguaçu sind aus jeder Perspektive ein gewaltiges Naturschauspiel, aber der Panoramablick von der brasilianischen Seite ist nicht zu toppen
📷 *Tipp: Vor Ort übernachten, dann hat man die Fälle am frühen Morgen oder bei Mondschein für sich*

LENÇÓIS MARANHENSES 5
In der gewaltigen Dünenlandschaft des Nationalparks im Nordosten fühlst du dich wie auf einem anderen Planeten

BAROCK IN MINAS GERAIS 9
Religiöse Pracht und barocker Überfluss künden in Minas Gerais vom einstigen Goldrausch – eine romantische Reise in die koloniale Vergangenheit

BRASÍLIA 6
Oscar Niemeyers kühne Moderne: Die Hauptstadt vom Reißbrett ist ebenso ungewöhnlich wie faszinierend
📷 *Tipp: Im Flieger einen Fensterplatz reservieren und im Anflug die Kamera bereithalten*

KARNEVAL 10
Ob in Rio, Salvador oder Olinda: Der rauschhafte Karneval ist ein unvergessliches Erlebnis – selbst in São Paulo wird jetzt ganz groß gefeiert!

BEST OF
LOW-BUDGET

FÜR DEN KLEINEN GELDBEUTEL

FREIER BLICK – IN JEDE RICHTUNG

Die Besuche von Zuckerhut und Corcovado haben ihren Preis. Der Blick von der Aussichtsplattform Dona Marta in Rios Stadtteil Santa Teresa ist hingegen kostenlos. Vor dir liegen Zuckerhut und Guanabara-Bucht, im Rücken breitet die Christusfigur ihre Arme aus.

SONNTAGS IM PARK

Der Ibirapuera-Park in São Paulo ist für die Paulistas das, was der Central Park für die New Yorker. Joggen, schlendern, Basketball spielen, skaten, eine Kunstausstellung besuchen ... Sonntags gibt's Konzerte auf der Freiluftbühne – umsonst und draußen.

STRASSENKARNEVAL

Der Karneval in Salvadors Altstadt ist bunt, vielfältig und kostenlos – anders als die großen Blocos de Trio oder der Besuch in ei-

nem Camarote. Bunte Afrogruppen, ausgelassene Fanfarentrupps und verrückte Minitrios sind in den Kopfsteingassen unterwegs.

ZU FUSS AUF DEN MORRO DA URCA

Noch eine Alternative für den Zuckerhut, wenn die Schlange lang und das Budget knapp ist: Den vorgelagerten Morro da Urca kannst du zu Fuß erklimmen, kostenlos. Auch von dort ist der Blick auf die Strände schon beeindruckend.

KULTUR IM GANZEN LAND

In São Paulo gibt's tolle Kulturangebote, die kostenlos sind, vom japanischen Kulturzentrum Casa do Japão bis zum Museu de Arte Contemporânea. Fast alle Museen in Brasilien haben einen Tag mit freiem Eintritt.

BEST OF 🚩

TYPISCH

DAS ERLEBST DU NUR HIER

FLEISCH VOM GRILL

Die Kellner säbeln das Grillfleisch von langen Spießen auf die Teller, machen immer wieder ihre Runde von Tisch zu Tisch. Rodízios heißen diese Churrascaria-Restaurants, die es in ganz Brasilien gibt. Die besten gehören zur Kette Fogo de Chão, ein besonders schönes Lokal ist jenes in Rio.

RHYTHMUS, DER INS BLUT GEHT

Samba und Brasilien, das gehört einfach zusammen. Einige der besten Samba-Rodas gibt's nach Büroschluss in Rio: Tische und Stühle werden auf die Straße gestellt, für Essen und Trinken sorgen flinke Kellner, und tolle Musiker heizen die Stimmung an.

PARTY IM DORF

Wer im Juni/Juli in Brasiliens Nordosten unterwegs ist, trifft auf wimpelgeschmückte Dorfplätze. Holzfeuer, gerösteter Mais, Liköre, Erdnüsse, Orangen und Süßspeisen gehören zu den Festas Juninas ebenso dazu, wie die Forró-Musik mit Ziehharmonika, Triangel und Trommel.

FLIEGENDE FÜSSE

Capoeira, der brasilianische Kampftanz, wird in Schulen und Sportstudios trainiert. Oft gibt es einen Tag in der Woche, an dem *Roda* ist und Gäste willkommen sind. Manchmal treffen sich Capoeiristas auch spontan zu einer Roda auf der Straße.

„TALL AND TAN AND YOUNG AND LOVELY"

„Der" Bossa Nova-Song ist in die Jahre gekommen, aber Am Posto 9 am legendären Strand von Ipanema treffen sich noch immer die Jungen und Schönen aus Rio, die LGBTQ-Gemeinde und die Künstler.

DIE BESTEN INSIDER-TIPPS

Reisen mit Insider Tipps

AUG IN AUG MIT EINEM JAGUAR
Im Pantanal hast du die seltene Chance, einen Jaguar zu Gesicht zu bekommen. Die Raubkatzen kann man von Booten aus entlang der Flussläufe beobachten, manchmal sogar beim Jagen.

PARADIESISCHE ZUSTÄNDE
Traumhaft schöne Pousadas liegen in Kokoshainen an der Rota Ecológica zwischen Maceió und Recife im Nordosten.

KRIBBELN IM MUND
Probieren: die Amazonas-Spezialität Tacacá am Opernhaus von Manaus. Das Bizeln im Mund kommt von den Jambu-Blättern.

GRANDIOS, FUTURISTISCH, SCHÖN
Zeitgenössische Kunst in einem riesigen Landschaftspark. Damit lockt die Privatsammlung Inhotim bei Belo Horizonte. Hier ist alles perfekt, auch die luftigen Restaurants mit leichter Küche.

WIE EIN FISCH IM WASSER
Das Schnorcheln im Rio Sucuri bei Bonito ist ein einzigartiges Erlebnis: Im kristallklaren Wasser ziehen Fische vorbei – und manchmal eine Sucuri, eine Würgeschlange.

ÜBERNACHTEN IM URWALD
Am besten auf einem Boot auf einem Schwarzwasser-Fluss, denn die Pfade im Amazonasgebiet verschwinden je nach Wasserstand, und es gibt weniger Moskitos.

TRÄNEN UND FREUDENSCHREIE
Ein Fußballspiel in Brasilien ist immer emotionsgeladen, egal in welchem Stadion; das Mekka aber ist das Maracanã in Rio.

DAS SCHMECKT IN BRASILIEN

Unsere Empfehlung heute

Zum Frühstück

CUZCUZ
Grieß aus Mais- oder Maniokmehl, süß oder salzig

MINGAU
heißer, flüssiger Brei aus Mais oder Maniok

Petiscos (Kleinigkeiten)

BOLINHO DE BACALHAU
frittierte Stockfischbällchen

CAMARÃO ALHO E OLEO
mit Knoblauch frittierte Gambas

PÃO DE QUEIJO
aus Maniokstärke gebackene Käsebrötchen

QUIBE
frittierte Fleischbällchen arabischen Ursprungs

Hauptgerichte

CARNE DO SOL COM AIPIM
getrocknetes Rindfleisch mit Maniokwurzeln, gekocht oder frittiert

GALETO COM FAROFA
gegrilltes Hühnchen mit in Butter geröstetem Maniokmehl

LEITÃO PURURUCA
gegrilltes Spanferkel

MANIÇOBA
deftiger Eintopf mit Maniokblättern und Fleisch

MOQUECA
Fisch- oder Meeresfrüchteeintopf mit Koriander in Kokosmilch und Palmöl

PATO NO TUCUPI
gebratene Ente im Saft frischer Maniokwurzeln

PICANHA
Stück Rindfleisch mit Fettrand (Tafelspitz), meist auf dem Grill zubereitet

Streetfood

ACARAJÉ
Teigbällchen aus zerstoßenen Bohnen, Nüssen und Krabben, die in Dendê-Öl frittiert werden; in Bananenblättern gekocht heißt das ganze *abará*

BEIJU (TAPIOCA)
aus Maniokflocken gemachte Fladen, die süß oder salzig gefüllt werden

CHINA

Leshan Dafo

Wer von China spricht, redet von einem Kontinent. Der nördlichste Punkt gehört klimatisch zu Sibirien. Ganz im Süden, auf der Höhe der Südsahara, wiegen sich auf der Tropeninsel Hainan die Palmen bei ganzjährig über 20 Grad. Dazwischen liegt ein Land, dessen Kultur und Landschaft dem Wunschzettel eines verwöhnten Touristen zu entstammen scheinen. Mit Kulturdenkmälern und Landschaften von Weltrang sowie den ambitioniertesten Bauprojekten der letzten Jahrzehnte.

CHECK IN

- ★ **Buddhas aus Fels & Gold**
- ★ **Land des Gelben Flusses**
- ★ **Mythos Terrakotta-Armee**
- ★ **Kung-Fu & Qigong**
- ★ **Die Seidenstraße**

MARCO POLO
TOP-HIGHLIGHTS

DIE GROSSE MAUER & MING-GRÄBER ★1
Chinas berühmter Grenzwall und die Grabtempel der Ming-Kaiser sind ein Muss beim Chinabesuch

KAISERLICHE BAUTEN ★2
Das Beste klassisch-Pekinger Baukunst: Kaiserpalast, Sommerpalast und Himmelstempel

TAI SHAN ★3
Der Ostberg, populärster der heiligen Berge, vereint Kulturtradition und Naturschönheit
📷 *Tipp: Such dir zum Sonnenaufgang eine erhöhte Stelle, sonst hast du nur Hinterköpfe auf dem Bild*

MOGAO-GROTTEN ★4
Kunst an der Seidenstraße: Fromme Bilderwelten in dunklen Grotten
📷 *Tipp: In den nachgebauten Grotten im Museum ist das Fotografieren erlaubt*

SUZHOU 8
In der Stadt der Literatengärten, von Kanälen durchzogen und durch Seide reich geworden, ist die klassisch-chinesische Lebensart lebendig
📷 *Tipp: Nahaufnahmen von Opern-aufführungen gelingen am besten bei der Abendvorstellung im „Garten des Meisters der Netze"*

TONARMEE DES ERSTEN KAISERS 5
Magisch: 8000 überlebensgroße Krieger aus Terrakotta bewachen die kaiserliche unterirdische Ruhestätte

LESHAN DAFO 9
Über 1000 Jahre alt und mehr als 70 m hoch: Der höchste Buddha des Altertums wurde in Sichuan aus dem Fels gehauen
📷 *Tipp: Den Buddha in seiner atemberaubenden Größe fotografierst du am besten vom Boot aus*

SUN-YAT-SEN-MAUSOLEUM 6
Zahllose Treppenstufen führen in Nanjing zum Gründer der Republik – ein moderner Wallfahrtsort

BUND VON SHANGHAI 7
Chinas berühmteste Uferpromenade: Kolonialpaläste auf der einen Seite des Flusses, die Hochhauslandschaft auf der anderen

LI-JIANG-FLUSSFAHRT 10
Jadegrün und weltberühmt: die wunderlichen Bergkegel zwischen Guilin und Yangshuo

BEST OF 🐷€

LOW-BUDGET

FÜR DEN KLEINEN GELDBEUTEL

FITNESS MIT SKYLINE-PANORAMA

Einmal musst du in Shanghai mit dabei sein, bei der kostenlosen Frühgymnastik mit Schattenboxen, Schwertkämpfen und Qigong-Übungen – wenn du dazu kommst, denn die Aussicht vom Bund aus auf die Skyline ist atemberaubend!

IN CHINAS FRÜHGESCHICHTE ABTAUCHEN

Das älteste erhaltene Papier der Welt oder Ziegel vom Palast des Ersten Kaisers bewundern? Das kannst du zum Nulltarif im bedeutendsten archäologischen Museum des Landes, dem Geschichtsmuseum der Provinz Shaanxi in Xi'an.

BLICK AUF KLEINDEUTSCHLAND

Die Altstadt von Qingdao, bis heute durch den Stil ihrer deutschen Erbauer von vor 100 Jahren geprägt, lässt sich von einem Aussichtsturm auf dem Gouvernementshügel überblicken. Anders als bei anderen Aussichtspunkten ist der Zugang hier gratis, eine frische Meeresbrise gibt's obendrein.

UNTERM LED-HIMMEL

The Place ist am Abend wohl der spektakulärste Ort in Peking, wenn Fantasy-Bilder und Spielfilmszenen über den größten LED-Schirm Asiens laufen. Beim Videospaß gilt: Eintritt frei.

KULTURSCHÄTZE BESTAUNEN

Teils muss man Eintritt bezahlen, um klassische chinesische Kunst zu genießen. Aber das Shanghai Museum mit seinen großartig präsentierten Schätzen aus über 3000 Jahren chinesischer Kultur kannst du gratis besuchen. Auch das China Art Museum, das zeitgenössische Kunst in einem spektakulären Rahmen zeigt, verlangt keinen Eintritt.

BEST OF 🚩
TYPISCH

DAS ERLEBST DU NUR HIER

KUNG-FU ERLEBEN

In den waffenlosen Kampfkünsten haben es die Chinesen weit gebracht, und die berühmtesten Schulen siedeln am *Kloster Shaolin Si*. Die Vorführungen zeigen ein verblüffendes Maß an Körperkontrolle.

CHINA MODERN

In den spektakulären Neubauten der Zhujiang New Town setzt Kanton seine traditionelle Weltoffenheit selbstbewusst in Szene – größer und schicker als in Shanghai und typisch für Chinas Anspruch, weltweit an der Spitze der Avantgarde zu stehen.

RESPEKT VOR DER SCHRIFT

Der Konfuzianismus verewigte seine heiligen Texte schon früh in Stein. Der Beilin (Stelenwald) in der Stadt Xi'an dokumentiert, welche Exklusivität die Schrift der chinesischen Tradition verlieh.

728 METER LANGE BILDERSCHAU

Der Pekinger Sommerpalast Yihe Yuan der Kaiserinwitwe Cixi rühmt sich des längsten bemalten Wandelgangs der Welt.

TEE UND REIS UND WESTSEEFISCH

Essen und Trinken halten auch in China Leib und Seele zusammen. Prägend war über Jahrhunderte die untere Jangtseregion, deren kulinarische Traditionen im Hangzhouer Restaurant Louwailou besonders gepflegt werden.

FLAGGENAPPELL

Für chinesische Pekingtouristen ist es fast eine patriotische Pflicht: beim Flaggenhissen auf dem Tian'anmen-Platz dabei zu sein, pünktlich zum Sonnenaufgang. Auch Ausländer dürfen zuschauen und sich über die Verbindung von Nationalstolz und Sozialismus Gedanken machen.

DIE BESTEN INSIDER-TIPPS

Reisen mit **Insider Tipps**

GANZ GROSS: EISIGE SKULPTUREN
Das sibirische Klima beschert der nordchinesischen Stadt Harbin alljährlich ein fantastisches Eisfest. Dann sind in den Parks teils riesige, bei Dunkelheit bunt beleuchtete Eisskulpturen zu bewundern.

GLEITEN DURCH EIN BILDERBUCH
Die überwältigende Schönheit der Karstlandschaft bei Yangshuo kannst du auf einem Bambusfloß erleben.

AM ABGRUND BALANCIEREN
Nur für Schwindelfreie! Am Berg Hua Shan warten spektakuläre Landschaften und halsbrecherische Klettersteige.

SCHLEMMEN WIE EIN MÖNCH
Die buddhistische Klosterküche zaubert klassische Fleischgerichte aus Gemüse.

Eine gute Adresse ist das Luohan Si in Chongqing.

FASZINATION SEIDENSTRASSE
Die buddhistischen Mogao-Grotten bei Dunhuang zeigen Schönheit und Vielfalt von mehr als 1000 Jahren religiöser Kunst.

INS CHINESISCHE WOHNZIMMER BLICKEN
In den Hutong-Gassen der Pekinger Altstadt findet das Leben weiterhin auf der Straße statt.

GROSSE BUDDHAFAHRT
Setz dich in Leshan in eins der Ausflugsboote, die zwischen dem Stadtgebiet und dem Kloster Wuyou Si verkehren. Unterwegs hast du den besten Blick auf den riesigen Felsen-Buddha Leshan Dafo.

DAS SCHMECKT IN CHINA

Unsere Empfehlung heute

Vorspeisen

BAN HUANGGUA
Mit Knoblauch kalt angemachte Gurke

PI DAN
„Hundertjährige Eier", angemacht
mit Knoblauch und Ingwert

PAO CAI
Eingelegter Weißkohl

Snacks

ZHA HUASHENGMI
Geröstete Erdnüsse mit Salz

XIAOLONG BAO
Kleine Hefeklöße mit
Krabbenfleischfüllung

BAOZI
Große gedämpfte Hefeklöße, wahlweise
gefüllt mit Hackfleisch, Gemüse oder
dousha (süßer Bohnenpaste)

JIAOZI
Teigtaschen mit Schweinefleischfüllung,
wahlweise gedämpft (zhengjiao)
oder knusprig gebraten (guotie)

MIANTIAO
Dünne Nudeln, in der Brühe
und mit Huhn serviert

Hauptgerichte

BEIJING KAOYA
Pekingente

JIAOHUAZI JI
Zartes „Bettlerhuhn", in Folie gebacken

GONGBAO JIDING
Hühnchenwürfel „auf Palastart"
mit Erdnüssen und Chili

GULAOROU
Frittiertes Schweinefleisch, süßsauer

HUIGUOROU
Zweimal gebratenes Schweinefleisch

SHIZITOU
Hackfleischklöße mit Kohl
in dunkler Sauce

LUOHAN ZHAI
Buddhistische Fastenspeise aus
verschiedenen Gemüsen

MAPO DOUFU
scharfer Tofu „nach Art der
pockennarbigen Alten", mit Hackfleisch,
Bohnenpaste und Chili

GANBIAN SIJIDOU
Leicht frittierte Schlangenbohnen
mit Sichuanpfeffer, scharf

COSTA RICA!

Corcovado

Im Morgennebel dampfende Tropenwälder, Vulkane, die die Nacht mit einem Feuerwerk aus rot glühendem Magma erhellen, handtellergroße Schmetterlinge und winzige Kolibris, Ziplining im Regenwald und Bootstouren durch karibische Lagunen, ein Sundowner auf einer Aussichtsterrasse hoch über dem Pazifik, ein Tässchen Biokaffee auf der Plantage schlürfen: Es gibt Erlebnisse, die hat man nur in Costa Rica – und sie stellen jeden All-inclusive-Luxusurlaub in den Schatten.

CHECK IN

★ **Meer, Strand & Dschungel**
★ **Trend: Ökotourismus**
★ **Lebenslust im Paradies**
★ **Affen & Bluejeansfrösche**
★ **Grün, grüner, Costa Rica**

MARCO POLO TOP-HIGHLIGHTS

PARQUE NACIONAL MANUEL ANTONIO ★1

In dem Nationalpark bei Quepos bilden traumhafte, weiße Strände und subtropische, grüne Natur eine wundervolle Einheit und einzigartige Kulisse

📷 *Tipp: Halte am höchsten Punkt der Zufahrtsstraße an und nimm den Park aus der Vogelperspektive auf*

VULKAN IRAZÚ ★2

Vom Kraterrand siehst du gleichzeitig den Atlantik und den Pazifik

📷 *Tipp: Komm früh am Morgen. Dann ist der Ausblick vom Vulkan perfekt, jedenfalls in der Trockenzeit*

AERIAL TRAM ★3

Die Gondelbahn bringt dich in 90 Min. mit vielen Stopps 1300 m in den Regenwald hinein und wieder zurück

PARQUE NACIONAL RINCÓN DE LA VIEJA ★4

Zwei Vulkane und über 250 Vogelarten, heiße Quellen und unterschiedlichste Vegetationszonen locken in diesen Nationalpark

TEATRO NACIONAL ★5

In der Hauptstadt San José steht das schönste Gebäude des Landes mit fesselndem Deckengemälde. Vorbild war hierfür die Pariser Oper

MUSEO DEL ORO PRECOLOMBINO ★6

Costa Ricas größter Schatz wird in San José gehütet: Hier ist tatsächlich alles Gold, was glänzt

PARQUE NACIONAL TORTUGUERO ⭐ 7

Affen, Krokodile, Schildkröten – eine Bootstour durch Kanäle und Lagunen in dem faszinierenden Nationalpark an der Karibikküste. Zwischen Juli und Oktober findet hier die nächtliche Eiablage der Schildkröten statt – ein faszinierendes Spektakel!

VALLE OROSÍ ⭐

Top: Landschaft, Natur, Bauwerke, Kultur! Fantastische Ausblicke von Serpentinen auf malerische Flussläufe

RESERVA BOSQUE NUBOSO SANTA ELENA ⭐ 8

Schlammig, rutschig und voller Abenteuer: Zahlreiche Pfade führen dich durch den Nebelwald
📷 *Tipp: Warte, bis Sonnenstrahlen sich mit dem Nebel mischen: So setzt du die Urwaldpflanzen mystisch in Szene!*

KARNEVAL IN PUERTO LIMÓN ⭐ 10

Wer im Oktober in Costa Rica ist, sollte dieses Fest mit lautstarken Sambabands auf keinen Fall versäumen
📷 *Tipp: Ordentlich ranzoomen, dann erst kommen die fantastischen Kopfbedeckungen der Tänzerinnen richtig zur Geltung*

BEST OF

LOW-BUDGET

REICHE TIERWELT & PALMENSTRÄNDE

Der Parque Nacional Cahuita an der Karibikküste ist einer der schönsten Nationalparks
Costa Ricas mit Sumpf- und Mangroven-
wald, Affen, Tukanen und Faultieren. Er besitzt zwei Eingänge: Gratis (eine Spende
wird aber gern akzeptiert) ist der Zugang
über Kelly Creek in unmittelbarer Nähe zu
herrlichen Sandstränden.

KINONÄCHTE IN DER MARINA

Casablanca, Forrest Gump, Out of Africa: Die
kostenlosen Outdoor Movie Nights in Quepos zeigen von Januar bis März freitags
Filmklassiker und Blockbuster. Mach es dir
bequem, hol dir ein Bier und genieß den
Abend unter Sternen!

PINOCCHIO IM OROSÍTAL

Das Äußere der aus alten Hölzern gebauten
Casa del Soñador ist verziert mit lebensech-
ten geschnitzten Figuren, drinnen sind die
Regale mit ungezählten Arbeiten eines
Holzschnitzers und -bildhauers angefüllt:
ein Universum unglaublicher Charaktere
und im Land verehrter Heiliger.

MONTAGS INS MADC

Lieblingsort in San José für Studenten und
Kunstinteressierte: Montags ist der Eintritt
frei im Museum de Arte y Diseño Contem-
poráneo, einer ehemaligen Likörfabrik mit
dem morbiden Charme eines alten Fabrik-
gebäudes.

BESUCH BEIM NATIONALHELDEN

In einem historischen Bauwerk gegenüber
dem Zentralpark hat man in Alajuela dem
Nationalhelden das Museo Histórico Cultural Juan Santamaría gewidmet. Die *ticos*
lieben es, auch weil hier oft Kulturveranstal-
tungen stattfinden, die gratis sind.

BEST OF ⚑

TYPISCH

DAS ERLEBST DU NUR HIER

WANDERUNG UM EINEN VULKANKRATER

Der Vulkan Poás lässt sich nicht nur besteigen, man kann auch an seinem Kraterrand entlanglaufen. Anschließend führt ein Pfad durch dichte Vegetation zu einem zweiten Krater mit einem See.

GARTEN DER SCHMETTERLINGE

Am Arenalsee im Butterfly Conservatory: ein Tier, das so schön ist wie eine Blüte und fliegen kann wie ein Vogel – hier begreift man das Wunder.

AM SEIL ÜBER WASSERFÄLLE SAUSEN

Im Adventure Park des Adventure Park & Hotel Vista Golfo gibt es zwei Dutzend verschiedene Ziplines, die u. a. über elf Wasserfälle führen – mit unvergesslichesn Eindrücken.

BLUEJEANSFROSCH: VIEL GLÜCK!

Leuchtend blaue Schenkel, roter Oberkörper – der Bluejeans Dartfrog ist der auffälligste unter Costa Ricas Froscharten. Der kleine Kerl kommt in den meisten Nationalparks vor, ansonsten wirst du fündig im Inbioparque. Sein Anblick soll Glück bringen!

ZWISCHEN SEEKÜHEN

Sümpfe, Lagunen und Mangroven des riesigen Naturschutzgebiets Barra del Colorado sind Heimat für unzählige Tiere. Was kann schöner sein, als mit einem Boot auf den Flüssen zu schippern und nach exotischen Vögeln und Kaimanen Ausschau zu halten!

ALLES KAFFEE IN HEREDIA!

Die Stadt ist von Plantagen umgeben – die Finca Café Britt ist eine der bekanntesten des Landes. Spannend ist auch deren anderthalbstündige Tour.

DIE BESTEN INSIDER-TIPPS

Reisen mit
**Insider
Tipps**

ES GEHT AUCH EDEL
Wunderbar sitzt du im Nationalpark Manuel Antonio auf der Restaurantterrasse des Hotels La Mariposa: Meer und tropische Natur liegen dir zu Füßen – traumhaft!

SPAZIERGANG IN DEN BAUMKRONEN
Nur für Schwindelfreie: Spektakulär die die Hängebrücken der Puentes Colgantes im Mistico Park beim Arenalsee.

TACOS FUTTERN
Nirgendwo schmecken sie besser als in der kleinen Taquería Taco Taco in Santa Elena in Monteverde.

AUF EINEN SCHWATZ MIT INDÍGENAS
Nach einer Fluss- und Trekkingtour im Dschungel kannst du im Ecocentro Danaus eine Siedlung der indigenen Malekus besuchen.

BADEN IN HEISSEN QUELLEN
In den Thermalpools um La Fortuna relaxt du inmitten von Regenwaldvegetation.

ÜBERBLICK VERSCHAFFEN
Einzigartig: Auf dem panamerikanischen Highway gelangst du zum Cerro de la Muerte, einem Pass in fast 3500 m Höhe.

SURFEN UNTER DEM VULKAN
Vor der Traumkulisse des Bilderbuchbergs: Die Laguna de Arenal ist eines der weltbesten Surfreviere.

ABHÄNGEN AM ENDE DER WELT
Ein kühles Bier mit den *ticos* in der legendären La-Bomba-Bar in Golfito zischen.

DAS SCHMECKT IN COSTA RICA

Unsere Empfehlung heute

Vorspeisen & Snacks

CHICHARRONES
Knusprig ausgebackene Stücke von der Schweineschwarte

ENCHILADA
Teigtasche mit Käse, Kartoffeln, Fleisch

FRIJOLES MOLIDOS
Püree aus Bohnen mit Zwiebeln und Paprika

GUACAMOLE
Pürierte Avocados mit Zitronensaft und Tomaten

PATACONES
Dünne, frittierte Kochbananenscheiben

QUESADILLA
Weizenmehltortilla mit Käse

SOPA NEGRA
Schwarze-Bohnen-Suppe mit Gemüse und Ei

Hauptgerichte

EMPANADA
Gerollter Maispfannkuchen mit Bohnen, Käse, Fleisch, Kartoffeln

ARROZ CON CARNE
Reis mit Fleisch

ARROZ CON PESCADO
Reis mit Fisch

CARNE ASADA
Sünne, gebratene Rindfleischscheiben

GALLO
Tortilla mit Bohnen, Käse, Fleisch, Tomaten, Bratkartoffeln

OLLA DE CARNE
Eintopf mit Fleisch, Huhn, Kartoffeln, Gemüse, Mais, Yucca, Kochbanane

POLLO ASADO
Scharf gewürztes Brathähnchen

TAMAL
In Bananenblättern gedämpfter Maisfladen, gefüllt mit Fleisch und Paprika

Desserts

CAJETA
Dessert aus Kokos, Vanille und Milch

CHORREADO
Maispfannkuchen mit Sauerrahm

PAN BON
Dunkles Früchtegewürzbrot

CÔTE D'AZUR!

Monaco

Sonne und Strand genießen und wenige Stunden später mit Wanderstiefeln auf einen Zweitausender steigen. Oder im luxuriösen Restaurant an der Promenade einen Champagner süffeln und kurz darauf in einem abgeschiedenen Bergdorf unter Platanen dösen. Die Côte d'Azur bietet schier unbegrenzte Urlaubsmöglichkeiten zwischen Meer und Berggipfeln. Bester Reisetermin: Anfang Oktober. Das türkisblaue Wasser ist gerade noch sommerwarm, die schönen Buchten sind aber nicht mehr überlaufen.

CHECK IN

★ 271 Tage Sonne im Jahr
★ Cannes & die Prominenz
★ Welt der Parfumdesigner
★ Bio? Naturellement!
★ Wo schon Matisse lebte

MARCO POLO
TOP-HIGHLIGHTS

CASINO DE MONTE CARLO ⭐ 1
Vom Pariser Opernarchitekten: der
Prunkbau für Glücksritter in Monte-Carlo

MUSÉE OCÉANOGRAPHIQUE ⭐ 2
Traumhaft schönes Aquarium mit wis-
senschaftlichem Anspruch in Monaco
📷 *Tipp: Von der Dachterrasse auf die
Yachten vor Anker zoomen. Näher
kommst du nicht ran*

CAP FERRAT ⭐ 5
Nicht verpassen: das Musée Ephrussi
de Rothschild und die Klippenwande-
rung um die Insel

PROMENADE DES ANGLAIS ⭐ 3
Prachtstraße am Meer in Nizza mit
Hotelpalästen und Gitarrenspielern
zum Abendessen
📷 *Tipp: Bei Sonnenuntergang vorm
Negresco sitzen und auf die beleuchte-
ten Hügel im Osten halten*

**BOULEVARD DE LA CROISETTE
IN CANNES** ⭐ 6
DIE Meeresstraße in Cannes, direkt
neben dem Filmpalast gelegen

MÄRKTE IN NIZZA ⭐ 4
Orangenbäumchen, kandierte Früchte,
getrocknete Tomaten – auf den Märkten
der Altstadt füllen sich die Reisekoffer

GRASSE ⭐ 7
Die geheimnisvolle Welt der Düfte in
der Hauptstadt des Parfums

GORGES DU VERDON ⭐ 9

Über Jahrmillionen hat der Verdon eine schwindelerregende, bis zu 700 m tiefe Schlucht in die Felsen gegraben.
📷 *Tipp: Zum Fotografieren eine Unterwasserkamera mitbringen. Bei gutem Wetter ist das Wasser glasklar*

SAINT-TROPEZ ⭐ 8

Auch wenn die Jahre des Glamours vorüber sind: In der Nebensaison ist das ehemalige Fischerdorf noch immer wunderschön
📷 *Tipp: Die schönsten Bilder schießt du von einem Boot aus – am besten frühmorgens, wenn sanftes Licht das Dorf erhellt*

TRAIN DES PIGNES ⭐ 10

Pinienzapfen pflücken verboten, gucken erlaubt: Mit der Dampflok und in Holzwaggons geht es über steile Hügel von Nizza nach Digne

BEST OF
LOW-BUDGET
FÜR DEN KLEINEN GELDBEUTEL

BETÖRENDE DÜFTE

Möchtest du wissen, wie die großen Nasen arbeiten? Die drei berühmten Parfumfabriken Galimard, Fragonard und Molinard in Grasse öffnen ihre heiligen Hallen gratis für Besucher.

KULTURELLE SOMMERNÄCHTE

Unbedingt das Programm der Nuits d'été besorgen und kostenlos Konzerte, Kabarett, Künste erleben – alles auf heimeligen Marktplätzen von Dörfern im Hinterland. Aber pssstt ... eigentlich sind die Abende für Einheimische gedacht.

WELTSTARS KOSTENLOS

Den Sommer über kommen große Stars zum Monte-Carlo Sporting Summer Festival ins kleine Fürstentum. Die Karten sind teuer, aber am Strand direkt neben dem Konzertsaal feiern und hören alle genauso gut mit.

MIT DEM BUS INS HINTERLAND

Fast umsonst: In Nizza kostet die einfache Busfahrt im Zehnerticket nur 1 Euro. Für 2 Euro kannst du also alle hübschen Hinterlanddörfer erkunden.

KUNST AUF DER MAUER

Im kleinen, exklusiven Saint-Paul-de-Vence haben sich die Galerien zusammengeschlossen und zeigen Skulpturen in Gassen und auf Plätzen. Spaziere auf der mittelalterlichen Stadtmauer und genieße dabei Ausblicke auf zeitgenössische Kunst – gratis.

FLUSSWÄRTS

Wenn es im Hochsommer am Meer nur Staus und keinen Platz fürs Auto gibt, schlägt die Stunde der Süßwasserbäder. Eins der schönsten Naturbäder, die keinen Eintritt kosten, ist das Vallon Sourn am Argens-Fluss beim Biodorf Correns.

BEST OF 🚩

TYPISCH

DAS ERLEBST DU NUR HIER

GARTENPRACHT
Reiche Zuwanderer entdeckten die Côte d'Azur als Garten. Durch eine der schönsten Parkanlagen kannst du auf der Halbinsel von Cap Ferrat spazieren: Im Park der Villa von Baronin Ephrussi wirst du mit immer neuen Ausblicken aufs Meer belohnt.

DEFILEE DER LUXUSKAROSSEN
Du willst wissen, welche Luxusautos gerade gefragt sind? Spaziere vorm Casino de Monte Carlo auf und ab: Dort entsteigt die Klientel Karossen von Lamborghini über Maserati bis Ferrari.

EIN MUSEUM NUR FÜR MATISSE
Das Musée Matisse in Nizza ist eins jener Häuser an der Côte, die sich einem einzigen Künstler widmen. In seinem ehemaligen Wohnhaus erlebst du, wie der Maler sein Werk entwickelt hat.

JUWELEN AUF DEM DORF
Spuren der reichen Vergangenheit findest du in vielen Dörfern im Hinterland. In Lucéram etwa beherbergt die Eglise Sainte-Marguerite einen kostbaren barocken Kirchenschatz und Meisterwerke der Nizza-Schule, die niemand hier vermuten würde.

MORGENS SKI, ABENDS STRAND
Der größte Luxus der Côte d'Azur sind die nahen Alpen. Um dies auszuschöpfen, einmal im Leben morgens mit dem Schneebus von Nizza aus rauf in die Berge, auf die Pisten und abends wieder runter zum Apéro an den Strand.

MIT MUSSE SHOPPEN
Hektik ist auf dem Dienstagsmarkt in Cotignac nicht angesagt. Schwelge wie die Einheimischen ganz gelassen im reichen Feinschmeckerangebot.

DIE BESTEN INSIDER-TIPPS

Reisen mit **Insider Tipps**

RAFTING IN DEN VORALPEN

Die steile Felsschlucht der Gorges du Verdon sind perfekt für Wildwasser-Abenteurer, Wanderer und Extremkletterer.

WEINPROBE IM BIODORF

Die Winzer von Correns verzichteten als erste in ganz Frankreich auf Chemie. Die Bauern zogen nach. Lerne die Bioweine der Ersten Stunde in der Kooperative kennen.

IM ROSENGARTEN

Der Garten der Villa Ephrussi de Rothschild ist eine verzauberte Welt für sich. Konzerte begleiten die Wasserfontänen mitten im Rosengarten.

AM MEER ENTLANG

Einer der schönsten Abschnitte des Küstenpfads der Côte d'Azur liegt auf der Halbinsel Giens. Vom Hafen La Madrague aus wanderst du zwei Stunden immer am Meer entlang.

LINIENZUG EXTRA SPEKTAKULÄR

Die Zugfahrt von Nizza nach Fréjus beginnt städtisch und endet in den heißen roten Schluchten des Gebirges des Esterel.

SCHÖNER SCHNORCHELN

Vor der kleinen Goldinsel Port-Cros ist ein Unterwasserweg angelegt. Du brauchst nur Schnorchel und Badehose, um die Unterwasserwelt zu erleben.

ESSEN WIE DIE BAUARBEITER

Das beste Fast Food der Küste gibt's in Monaco: hausgemachte Teigtaschen, Gemüsebaguette *pan bagnat* und *socca* auf dem Marché de la Condamine.

DAS SCHMECKT AN DER CÔTE D'AZUR

Unsere Empfehlung heute

Vorspeisen

FLEURS DE COURGETTE
mit Gemüse, Käse oder Fleisch gefüllte
Zucchiniblüten

PETITS FARCIS
mit einer feinen Mischung gefüllte
Gemüse, z. B. Zucchini, Tomaten oder
Auberginen

BAGNA CAUDA (SAUCE CHAUDE)
Rohkostgemüse, das in eine warme
Sauce *(bagna cauda)* aus Knoblauch,
Anchovis und Olivenöl gedippt wird

Hauptgerichte

AÏOLI
Knoblauchmayonnaise mit gekochtem
Stockfisch *(morue)*, hart gekochten Eiern
und gekochten Karotten *(carottes)*,
Kartoffeln *(pommes de terre)*, evt.
grünen Bohnen *(haricots verts)*

BOUILLABAISSE
Fischsuppe mit Drachenkopf *(rascasse)*,
Knurrhahn *(grondin)* und Seeaal
(congre)

SALADE NIÇOISE
bunter Salat mit Thunfisch, schwarzen
Oliven, hart gekochten Eiern und
Sardellen in Olivenöl

RATATOUILLE
Gemüseeintopf aus Auberginen,
Paprika, Tomaten, Zwiebeln und
Zucchini, in Olivenöl mit Knoblauch und
Kräutern gedünstet

Auf die Hand

PAN BAGNAT
in Olivenöl gebackenes Weißbrot,
garniert mit Salatblättern, rohen
Zwiebeln, Tomaten, Sardellen,
schwarzen Oliven und gekochtem Ei

SOCCA
in großen Pfannen gebackener Fladen
aus Kichererbsenmehl

PISSALADIÈRE
dünner Zwiebelkuchen mit Oliven und
Anchovis

Desserts

TOURTA DE BLEA
süßer Kuchen aus gehackten
Mangoldblättern *(blettes)* mit
Pinienkernen und Rosinen

ÎLE FLOTTANTE
eine Insel aus süßem Eischnee auf
Vanillesauce

FLORIDA!

Ford Lauderdale

Wer würde Florida nicht ein Paradies nennen? Vom Wintergrau geplagte Nordlichter träumen von endloser Sonne und dem Leben am Wasser, vom Badevergnügen und Klingeln der Eiswürfel in tropischen Cocktails, Kinder von Mickey Mouse und Achterbahn und die Erwachsenen von Ausflügen in die Everglades. Alles in allem ein beneidenswertes Fleckchen Erde, den die Floridians gerne mit Besuchern aus aller Welt teilen. Doch es lohnt sich genau hinzusehen, denn der Sunshine State ist mehr als die Summe seiner Klischees.

CHECK IN

★ USA light
★ Sandstrände ohne Ende
★ Mega-Vergnügungsparks
★ Art-déco-Architektur
★ Cool: der Key Spirit

MARCO POLO
TOP-HIGHLIGHTS

EVERGLADES ★ 1
Erkunde den Nationalpark auf die sanfte Art in Form einer Kajaktour
📷 *Tipp: Halte die Kamera stets parat, um spektakuläre Schüsse von Alligatoren zu machen*

SANIBEL & CAPTIVA ISLAND ★ 2
Für Muschelsucher und Delfinbeobachter: Auf den beiden Inseln ist der Alltag betörend langsam

KEY WEST ★ 3
Floridas südlichster Punkt ist farbenfroh und lebensfreudig. Hier erinnert nur wenig an den Rest Amerikas

OVERSEAS HIGHWAY ★ 4
Über 42 Brücken und 40 Inseln bis fast nach Havanna auf Kuba fahren. Na ja, eben nur fast: in Key West ist Schluss
📷 *Tipp: Im Bahia Honda State Park eine Pause einlegen – die alte Eisenbahnbrücke dort im Wasser hat eine fotogene Lücke*

KEY BISCAYNE KAYAK TREK ★ 5
Steig auf der Insel vor Miami in ein Kajak und blick beim Paddeln auf die imposanten Wolkenkratzer der Metropole.
📷 *Tipp: Ungewöhnliche Perspektive für den perfekten Schuss*

ART DECO DISTRICT VON MIAMI BEACH ★ 6
Inmitten von Miami Beach schillern die aerodynamischen Architekturformen aus den 1920er-Jahren in tropischen Farben

CAPE CANAVERAL ★ 7
Im Kennedy Space Center kannst du Mondraketen aus nächster Nähe inspizieren
📷 *Tipp: An den meisten Tagen kannst du dich mit einem echten Astronauten ablichten lassen*

PALM BEACH BICYCLE TRAIL ⭐ 8
Über die Insel der Millionäre führt ein
Radweg, der unauffällige Blicke in die
Vorgärten der Villen gestattet

MAGIC KINGDOM ⭐ 9
Herz und Seele des Disneyreichs:
Magst du es aufregend mit nassfor-
scher Dschungelfahrt und Achterbahn
oder lieber nervenschonend bei den
Paraden von Micky und Donald?

**UNIVERSAL STUDIOS FLORIDA &
ISLAND OF ADVENTURE** ⭐ 10
Mitten in den Filmkulissen bekannter
Produktionen – eine faszinierende
Mischung aus Live-Action und 3-D-Film

BEST OF

LOW-BUDGET

FÜR DEN KLEINEN GELDBEUTEL

PER SHUTTLE ZU DISNEY & CO.

Wenn du einen Besuch in den Themenparks von Orlando planst, recherchiere vorab: Viele Hotels bieten kostenlose Shuttles ins Vergnügen an.

DIE EVERGLADES IN SCHWARZ-WEISS

Die Everglades, wie du sie noch nie gesehen hast: In der Big Cypress Gallery bei Ochopee zeigt der Landschaftsfotograf Clyde Butcher faszinierende Schwarz-Weiß-Bilder des einzigartigen Biotops.

TOTE MIT HUMOR

Auch Verstorbene wollen ihre Mitmenschen auf den Keys erheitern. Wundere dich auf dem Key West Cemetery über die Grabsteinsprüche, die aus dem Leben der hier Begrabenen erzählen: „Devoted Fan of Julio Iglesias" oder „I told you I was sick".

MIAMIS KREATIVE UMSONST

Zweimal im Monat ist der Eintritt zum Pérez Art Museum frei. Das grandiose Museum ist der kulturelle Mittelpunkt in Downtown Miami, verfügt über herausragende Sammlungen und stellt etablierte wie junge Künstler aus.

THAT'S ENTERTAINMENT

Amerikaner lieben die Show. Auf dem Mallory Square in Key West bekommst du eine geboten – gratis: erst die untergehende Sonne, später Feuerschlucker, Jongleure und Bongo-Trommler.

WALD FÜR OUTDOORFANS

Ein Abenteuerpark ohne Eintritt: Im Ocala National Forest schwimmst und schnorchelst du in glasklaren Quelltöpfen, paddelst durch Palmenwälder und beobachtest Seeadler oder Schwarzbären.

DAS ERLEBST DU NUR HIER

ART DÉCO & PEOPLE WATCHING

Der Ocean Drive ist Miami Beachs berühmteste Straße. Zwischen trendigen Hotels im Art-Déco-Stil, Restaurants, Bars und Diskos erlebst du hier, wie die Fashion- und Lifestyleszene tickt.

NATUR WIE VOR 100 JAHREN

In den 175 State Parks findest du Strände, Wälder, Sumpfgebiete und Quellen – fast wie vor 100 Jahren. Unvergesslich: die Begegnung mit Manatis im Wakulla Springs State Park.

VISIONEN EINER ZIRKUSFAMILIE

Der prachtvolle Palast der Zirkusfamilie Ringling in Sarasota wirkt wie aus einem Traum von Michael Jackson, und ihre Sammlung umfasst Gemälde von Ruben bis El Greco sowie Erinnerungsstücke aus allen Phasen des legendären Zirkus.

TREFFPUNKT SEEBRÜCKE

Weit reichen sie ins Meer hinaus, und am Ende gibt es meist Bänke oder sogar einen Imbiss. Seebrücken, wie der Naples Pier, sind wunderbare Treffpunkte – vor allem wenn die Sonne untergeht.

LIMETTENTÖRTCHEN AM ABEND

Kuchen am Abend? *Key lime pie* ist die berühmte Limetten-Sahne-Torte von Key West. Geh also zu Kermit's, bestell ein Stück (plus Besteck) und verzehr es bei Sonnenuntergang!

AUF HEMINGWAYS SPUREN

Im charmant verlotterten Restaurant Blue Heaven in Key West, wo Hemingway einst Box- und Hahnenkämpfen zusah, gehören Katzen und Hühner unter den Tischen noch immer zum Inventar.

DIE BESTEN INSIDER-TIPPS

Reisen mit
Insider Tipps

SCHNORCHELN ZWISCHEN FISCHSCHWÄRMEN
Entdecke beim Schnorcheln die Unterwasserwelt der Keys: Langusten, Anemonen und tropische Fische – fantastisch!

AUF DEM STRAND CRUISEN
In Daytona Beach darfst du in extra ausgewiesenen Abschnitten mit dem Auto auf den 35 km langen Strand fahren.

MIT MANATIS FLIRTEN
In Glasbodenboot bei den Quellen von Wakulla Springs kommst du den Seekühen ganz nah.

VERLÄSSLICHE ERFRISCHUNG
Das Meer mag sich in den heißen Sommermonaten aufheizen. Das trifft jedoch nicht auf die Quellen im Silver Springs Nature Park zu: Hier liegt die Wassertemperatur das ganze Jahr über bei angenehmen 23 Grad.

STREET ART BEWUNDERN
Miamis Stadtteil Wynwood ist so hip, dass es schon fast wehtut.

SALSA TANZEN AM MITTAG
Lass dich im Ball & Chain von der Lebensfreude Little Havanas anstecken.

DEM KAUFRAUSCH VERFALLEN
Mach dich in Sawgrass Mills am Rand von Fort Lauderdale auf die ultimative Schnäppchenjagd.

AUSTERN SCHLÜRFEN AM KAI
In Apalachicola kommen die Schalentiere frisch aus dem Wasser.

DAS SCHMECKT IN FLORIDA

Unsere Empfehlung heute

Vorspeisen

CONCH CHOWDER
Rahmige Suppe nach Art der Keys
mit reicher Meeresschnecken-
Einlage

CONCH FRITTERS
Frittiertes Muschelfleisch mit
Remoulade und anderen Dips

ESCABECHE
Häppchen aus rohem, mariniertem
Seafood: Shrimps oder Tarpun

OYSTERS
Florida-Austern direkt aus
dem Meer

Hauptgerichte

STONE CRAB
Flusskrebse mit Mustard Sauce
(Senfsauce)

MAHI MAHI WITH MACADEMIA
Goldbrasse in einer leckeren
Nusskruste

LOW COUNTRY CHICKEN PILAU
Reisgericht mit Huhn, gewürzt mit
Thymian und Cayennepfeffer

PALOMILLA
Dünnes Steak mit Reis und schwarzen
Bohnen nach kubanischer Art

Desserts

KEY LIME PIE
Kuchenklassiker aus aromatischen
Key-Limetten

FLORIDA ORANGE PIE
Fruchtige Orangentorte

GUAVA PIE
Tropischer Kuchen aus Guave, Butter,
Mehl und Zitronensaft

Getränke

IPA
Indian Pale Ale aus der Mikrobrauerei

MOJITO
Cocktailklassiker aus Kuba auf Rumbasis

FROZEN MARGARITA
Sorbetartiger Drink (auch mit Früchten)
– eine Variante des mexikanischen
Margarita (Cocktail auf Tequila-Basis),
die mit zerstoßenem Eis gemixt wird

IRAN!

Fatemeh-Masumeh-Heiligtum, Qom

Stell dir vor: ein Feiertag in einer iranischen Stadt, Teheran zum Beispiel, Isfahan oder Shiraz. Du bist eben aus Europa angekommen, machst einen ersten Spaziergang im Park. Vielköpfige Familien, drei, vier Generationen sitzen zusammen. Männer zapfen aus tragbaren Samowaren Tee, der Wind trägt den Duft aus den vielen Schüsseln herüber. Ein Lächeln, eine Geste. „Welcome! Please, join us." Willkommen! Wenn es ein Wort gibt, das die Erfahrung einer Reise durch dieses wundersame Land zusammenfasst, dann ist es dieses.

CHECK IN

★ **Moscheen: prachtvoll!**
★ **Sand, Wüste, Lehmstädte**
★ **Ernte von Henna & Safran**
★ **Märchenstadt Isfahan**
★ **Schönste Orientteppiche**

MARCO POLO
TOP-HIGHLIGHTS

CHOGHA ZANBIL ⭐3
Irans Antwort auf den Turm von Babel: die größte erhaltene Stufenpyramide aus der Frühzeit der menschlichen Zivilisation

PERSEPOLIS ⭐1
Welcher Reichtum im altpersischen Imperium herrschte, zeigen die Ruinen der Audienzstadt
📷 *Tipp: Ideal für die Totale im 180°-Panorama-Format ist der Standpunkt oben beim Grab von Artaxerxes II.*

JUWELENMUSEUM ⭐4
Die Schatzkammer der Pahlevi-Schahs in der Hauptstadt stellt selbst den Londoner Tower in den Schatten

HAFIS-MAUSOLEUM ⭐2
Am Grab des persischen Goethe in Shiraz spürt man Irans feine Seele besonders intensiv

IMAM-REZA-HEILIGTUM ⭐5
Im golden glänzenden Mausoleum des Achten Imam in Mashhad schlägt Irans spirituelles Herz

IMAM-PLATZ IN ISFAHAN ⭐ 6
Palast, Basar, Moscheen: Der grandiose Mittelpunkt der Märchenstadt Isfahan schillert in allen Farben
📷 *Tipp: Richtig geraten, menschenleer ist der Platz nur frühmorgens. Die schönste Draufsicht bietet die Terrasse von Ali Qapu*

BASAR VON KASHAN ⭐ 7
Kilometerlange Ladengassen, Karawansereien und Kaufhallen wie Kathedralen

KALOUTS ⭐ 8
Der heißeste Ort und eine der spektakulärsten Wüsten der Erde: eine Landschaft der Sonderklasse wartet auf Reisende östlich von Kerman

ALTSTADT VON YAZD ⭐ 9
Lass dich einfach mal treiben: ein Erlebnis im Gassenlabyrinth der größten Lehmstadt der Welt

TAKHT-E SOLEIMAN ⭐ 10
Das Feuerheiligtum inmitten einer herrlichen Vulkanlandschaft verströmt eine magische Aura
📷 *Tipp: Am besten vom Hügel ca. 500 m südöstlich über der Straße, morgens mit der Sonne im Rücken*

BEST OF

LOW-BUDGET

FÜR DEN KLEINEN GELDBEUTEL

ARCHAISCHE ARBEITSWELT
Schon immer wird in der Provinz Yazd kommerziell der Strauch angebaut, aus dessen Blättern man die beliebte Farbe für Haut und Haare gewinnt. Ein paar wenige, uralte Hennamühlen haben bis heute überlebt – fotogen verstaubt und gratis zu besichtigen.

ZEITGENÖSSISCHE KUNST
Im Haus der Künstler trifft sich das kreative Teheran. Mit hippen Lokalen, einem Arthouse-Kino und frei zugänglichen Galerien zeigt sich die Hauptstadt von ihrer weltoffenen, fantasievollen Seite.

SZENETREFF AM FLUSS
Wollen Isfahaner entspannen, gehen sie an den Zayandeh. DIE Treffpunkte dort sind die historischen Brücken. Unter den Bögen der Khaju-Brücke singen und spielen Hobbymusiker gerne um die Wette.

BEIM BRUDER DES ACHTEN IMAM
In Shiraz liegt der „König des Lichts", Shah Cheragh, begraben. Auch wenn für Nicht-Muslim der Schreinraum verschlossen bleibt: Die prächtigen Portale und Kuppeln und die friedvolle Atmosphäre in den großen Höfen sind beeindruckend. Eintritt frei!

VORZEIGE-GEBIRGSDORF
Malerisch schmiegt sich das von Kurden bewohnte Dorf Masuleh an den Berg. Andere Vorzeigedörfer verlangen Eintritt, hier kann man völlig ungehindert kostenfrei über die Flachdächer der Lehmhäuser spazieren.

NASE ZU UND AUGEN AUF!
Viele Sehenswürdigkeiten hat Ahvaz nicht zu bieten. Der Fischmarkt aber ist ein Erlebnis – und, sehr ungewöhnlich, bis spätabends geöffnet.

KRAFTTRAINING IM ZURKHANEH
Hölzerne Keulen schwingen, Schilde stemmen und mit Eisenketten rasseln: Irans Nationalsport ist ein unterhaltsames Spektakel. Bis heute gibt es in jeder Stadt „Häuser der Kraft", wo Männer in bestickten Lederhosen vor Zuschauern trainieren.

SAFRAN ERNTEN
Im Herbst in Irans Nordosten unterwegs, kannst du wie in Torbat-e Jam Abertausende Bauern beim Pflücken einer speziellen Krokusart beobachten und wie sie in den Basaren das „Rote Gold" an Händler verkaufen.

EIN „ECHTER PERSER" GEFÄLLIG?
2500 Jahre alt ist die hohe Kunst der Teppichherstellung im Iran. Muster und Farben sind so vielfältig wie die Qualitäts- und Preisspannen groß. Die Faustregeln: Hand-geknüpft ist teurer als maschinengewebt, Seide teurer als Baumwolle. Mitentscheidend ist die Anzahl der Knoten: Derbe Stücke zählen 15–50 000 pro m², allerfeinste 400 000 und mehr.

BESTEIG EINEN GRABUNGSHÜGEL
Tepe Sialkh in Kashan ist eine besondere archäologische Fundstätte. Wer den Hügel besteigt, bewegt sich auf den Spuren von 6000 Jahren Siedlungsgeschichte. Und der Rundblick vom Gipfel ist auch nicht ohne.

ZU FATEMEH MASUMEH PILGERN
Im Jahr 816 starb in Qom die Schwester des Achten Imam. Um ihr Grab ist nach und nach ein gigantisches, von superreichen Stiftungen verwaltetes Heiligtum entstanden. Nicht-Muslime dürfen nicht in die Große Moschee. Durch die Höfe schlendern dürfen sie aber – faszinierend genug.

DIE BESTEN INSIDER-TIPPS

Reisen mit Insider Tipps

AUF DEM DACH DES BASARS

Eine Treppe führt aufs Dach des Kashan-Basars und eröffnet einen tollen Blick auf die Kuppellandschaft aus Lehm.

BRÜCKE, GANZ MODERN

Pol-e Tabiat, Naturbrücke, heißt der imposante Treff für Teherans Jugend und Familien.

SICH DEN KOPF VERDREHEN LASSEN

Isfahans altehrwürdige Freitagsmoschee ist ein faszinierendes Freilichtmuseum für 1000 Jahre islamische Sakralarchitektur.

SPIRITUALITÄT, DIE BETÖRT

Die weihevolle Stimmung im berühmten Mausoleum des Safi ad-Din in Ardebil schlägt jeden Besucher garantiert in ihren Bann.

ECHT PERSISCHE POESIE

In dem Altstadthotel Kohan in Yazd bekommt man zu feinen Speisen Lautenmusik und Sufi-Geschichten serviert.

GESCHICHTE IM ZEITRAFFER

Im Nationalmuseum von Teheran schlendert man an 7000 Jahren Landeshistorie vorbei.

UNTER DIE ERDE

Wenn es dir zu heiß wird, tauch einfach unter die Erde ab. Die wohl schönste Höhle des Landes heißt Ali Sadr und entführt dich in eine surreale Welt aus Felsdomen, Tropfsteinen und Seen.

SHOPPEN WIE IN 1001 NACHT

Beim Bummel durch den Basar von Kerman unternimmst du eine betörende Wallfahrt der Sinne.

Unsere Empfehlung heute

Vorspeisen & Beilagen

ASH ASH-E MAST
nahrhafte Suppe mit Linsen, Zwiebeln und Joghurt

MIRZA GHASEMI
Auberginenpüree, vermengt mit Tomaten, Knoblauch und Eiern

TADIGH
Reisgericht mit Kartoffelscheiben

ZEYTUN PARVARDEH
marinierte Oliven in Granatapfelsauce mit Nüssen

Hauptgerichte

KEBAB
Grillfleisch am Spieß, meist mariniert, am beliebtesten in den Versionen *Kubideh*, aus Hackfleisch vom Hammel, *Djudjeh*, vom Hühnchen, und *Bakthiyari*, eine Kombi aus Lamm und Huhn

ABGUSHT
Eintopf aus Schaf- oder Kalbfleisch, Hülsenfrüchten, Tomaten und Kartoffeln

DIZI
im Tontopf zubereitete Version von Abgusht mit Brot gegessen; die übrige rote Suppe isst man separat

KÖFTE TABRIZI
große Knödel aus Reis, Hackfleisch, Spalterbsen, mit süßem Kern

GHORM-E SABZI
„Grüner Eintopf" aus Bohnen, (Lamm-) Fleisch und diversen Kräutern

SHIRIN POLO
süßes Reisgericht aus Hühner- oder Lammfleisch mit Berberitzen, Safran und gemahlenen Pistazien

KHORESHT-E FESENDJAN
Hühnereintopf mit Granatapfelsauce und Walnüssen

Desserts

SHOLEH-ZARD
Reispudding mit Rosenwasser, Mandelsplittern, Safran, Zimt

FALUDEH
gefrorene Glasnudeln mit Sirup

Getränke

SCHWARZER TEE
zuckersüß, im Samowar zubereitet

DOUGH
Mit Minze oder Pfeffer gewürzter Mix aus Joghurt, Molke und Wasser

ISLAND!

Seljalandsfoss

Island: ein Land voller Überraschungen und Geheimnisse. In dieser archaischen Vulkanlandschaft fühlst du dich in die Urzeit der Erdentstehung versetzt. Daneben ruhen große Gletscher, an den Küsten sind die schönsten Lavastrände, zahllose Wasserfälle donnern in die Tiefe, und warme Hot Pots laden zum Baden ein. All das ist vereint auf eine Insel, deren nächste Nachbarn Grönland (300 km nordwestlich) und die Färöer-Inseln (500 km südöstlich) sind. Island ist eines wirklich nicht: langweilig.

CHECK IN

- ★ Reykjavik: cool & kreativ
- ★ Natur im Überfluss
- ★ Heizen mit Lava
- ★ Die brodelnde Insel
- ★ Land der Weite & Stille

MARCO POLO
TOP-HIGHLIGHTS

HARPA IN REYKJAVIK ⭐ 1
Die Fensterfronten des Konzerthauses verzaubern mit ihrem natürlichen und mit dem künstlichen Lichterspiel
📷 *Tipp: Die Fenster des Treppenhauses sind besonders fotogen*

ÞINGVELLIR IN REYKJAVIK ⭐ 2
Die Geburtsstätte Islands – hier wurden der Freistaat und die Republik ausgerufen

GEYSIR ⭐ 3
Der Große Geysir und sein kleiner Bruder Strokkur schießen regelmäßig ihre Fontänen hoch
📷 *Tipp: Die Wasserglocke kurz vor dem Ausbruch*

HEKLA ⭐ 4
Ab und zu spuckt Islands aktivster Vulkan Feuer, daher galt er jahrhundertelang als Tor zur Hölle

JÖKULSÁRLÓN ⭐ 5
Mit dem Boot zwischen schimmernden Eisbergen fahren und wie einst James Bond den Zauber der Eiswelt genießen

MÝVATN ⭐ 6
An diesem See sind Lavaskulpturen, Pseudokrater, Vulkane und alle Entenarten des Landes vereint

DETTIFOSS ⭐ 7
Wie ein kleiner Bruder der Niagarafälle wirkt der größte Wasserfall Europas, dessen Wassermassen 44 m in die Tiefe donnern und anschließend durch die Schlucht Jökulsárgljúfur gen Norden fließen

DYNJANDI ⭐ 8
Islands schönster Wasserfall liegt im Nordwesten. Fächerförmig stürzen die zahlreichen Kaskaden hinab
📷 *Tipp: Mit langer Belichtungszeit aufnehmen, um den Schleier zu erhalten*

LÁTRABJARG ⭐ 9
Die westlichste Klippe des Landes mit Tausenden von Seevögeln in den Steilwänden erstreckt sich über 14 km, und in 400 m Tiefe tobt die See

ASKJA ⭐ 10
Die Caldera ist ein Naturmonument, in dessen Zentrum Islands zweittiefster See ruht

BEST OF 🐷€

LOW-BUDGET

FÜR DEN KLEINEN GELDBEUTEL

WIE FUNKTIONIERT GEOTHERMIE?

In Hveragerði kannst du an zahlreichen Stellen sehen, wie die Erdwärme in den Gewächshäusern und für die Außenbeete der Gartenbauschule verwendet wird. Im Thermalgebiet wirst du über die unterschiedlichen Dampf- und Wasserquellen informiert.

GRÜNES HIGHLIGHT

Der botanische Garten und Stadtpark in Akureyri zählt mit seinem alten Baumbestand zu den schönsten Islands. Hier findest du die isländische Flora (rund 430 Arten) sowie viele Pflanzen aus dem arktischen Raum. Eintritt frei!

DUNKLE ZEITEN

Finster wirkt die Ruine des Langhauses Stöng aus dem 11. Jh. Doch daran gewöhnst du dich bald und erkundest den al-

ten Bauernhof. Es ist eines der wenigen Gebäude aus dem Mittelalter – den dunklen Zeiten – und wurde nach einem Vulkanausbruch jahrhundertelang von Bimsasche begraben. Auf dem Weg ins Hochland lohnt sich dieser Abstecher zur Straße Nr. 32.

GESUNDER GENUSS

Mach es wie die Reykjavíker und esse mittags eine Schale Salat – reichlich, gesund und preiswert in einer der vielen Salatbars. Du findest sie in den Lebensmittelgeschäften wie Nóatún, Hagkaup oder Nýkaup.

FLUGHAFEN – HIN UND ZURÜCK

Wenn du das Fly-Bus-Ticket für beide Strecken im Internet kaufst, bezahlst deutlich weniger als für die jeweiligen Einzelfahrscheine. Im Grunde lässt sich das ja auch gut planen.

BEST OF 🚩

TYPISCH

DAS ERLEBST DU NUR HIER

BRODELNDE ERDE

Nur dünn ist mancherorts die Erdkruste in Island, und so brodelt, zischt und dampft es dort ganz erheblich. Wenn dann noch Schwefel dabei ist, wird es extra noch zu einem „Geruchserlebnis" wie im Námaskarð beim Mývatn.

AUF DEN GLETSCHER – IN DEN GLETSCHER

Auf Langjökull hast du das ultimative Gletschererlebnis. Ein künstlicher Tunnel im zweitgrößten Gletscher Islands leitet ins Eis, wo du die Eisschichten und die Innenwelt der Eiskappe siehst.

BESTES AUS WOLLE

Der traditionelle Islandpullover ist eine ideale Outdoorbekleidung, und bei Víkurprjón in Vík gibt es eine große Auswahl der handgestrickten Modelle mit dem typi-schen Kragenmuster. Alternativ kannst du ihn – typisch isländisch – selber stricken.

TANZ AUF DEM VULKAN

Die Insel Heimaey ist ein hervorragendes Beispiel, wie man die Folgen bedrohlicher Naturgewalten positiv nutzt: die heiße Lava zum Erwärmen des Wassers, Ruinen und Ausgrabungen als touristische Attraktion. Außerdem sind die Bewohner glücklich über den durch die Lavamassen geschützten Hafen.

LAVAWÜSTEN

Island ist ein Land der Vulkane, die regelmäßig ausbrechen. Als Folge gibt es den Ascheflug und die Lavaergüsse. Über Jahrhunderte sind diese wunderschönen weiten Lava- und Schotterwüsten wie z. B. Ódáðahraun im Hochland entstanden.

DIE BESTEN INSIDER-TIPPS

Reisen mit
**Insider
Tipps**

GEOTHERMISCHE WELLNESS

Der milchig-blaue Badesee der Blauen Lagune auf Reykjane wird gespeist von einem geothermischen Kraftwerk. Die im
Wasser nachweisbaren Mineralien und Al-
gen haben eine heilende Wirkung.

WANDERN HINTERM WASSERFALL

Beim Seljalandsfoss kannst du hinter dem
Wasserschleier herlaufen. Unbedingt Re-
genzeug anziehen!

LAVA-STRANDSPAZIERGANG

Am Snæfellsjökull läufst du über wunderschöne, schwarze Lavakiesel, glatt und ab-
geschliffen vom Meer.

SINGEN IN KUPPELN

In dem begehbaren Kunstwerk Tvisöngur
nahe Egilsstaðir singst du deine Lieder, die
in jedem der fünf miteinander verbunde-
nen Kuppelbauten anders klingen.

MIT DEM FAHRSTUHL INS INNERE DER ERDE

120 m fährst du hinab in den Vulkan Þríh-
núkagígur, keine Sorge, er ist seit 4000 Jahren inaktiv.

TAUCHEN ZWISCHEN DEN KONTINENTEN

Zwischen Europa und Amerika tauchst du in
der Spalte Sílfra, ein geologisches Highlight.

WALE ZUM GREIFEN NAH

Walbeobachtung in Húsavík – die Begegnung mit den Riesen wird dir garantiert. Es
ist ein Erlebnis, den Blas zu hören und zu
sehen.

Unsere Empfehlung heute

Snacks

HANGIKJÖT
geräuchertes Lammfleisch, kalt als
Aufschnitt mit Fladenbrot aus
Roggenmehl (flatkökur)

HARDFISKUR
Luftgetrockneter Schellfisch, Kabeljau
oder Seewolf, mit Butter

RÚGBRAUD
Dunkles, süßes Brot, das in
einigen Orten in heißen Quellen
gegart wird

Hauptgerichte

PLOKKFÍSKUR
Eintopfgericht aus Kartoffeln, Fisch und
Zwiebeln

HANGIKJÖT
Geräuchertes Lammfleisch zusammen
mit Kartoffeln, Béchamelsauce und
grünen Erbsen gekocht, ein
traditionelles Weihnachtsgericht

LIFRARPYLSA
Leberwurst aus Lammleber, gehört
zusammen mit blóðmór zu den slátur
genannten Schafswürsten

Desserts

PÖNNUKÖKUR
Crêpes, gefüllt mit Sahne oder
Marmelade

SKYR
Frischkäse aus Magermilch mit Milch
oder Sahne und braunem Zucker

RABARARI
Rhabarberkompott,
mit skyr, Eis oder pur

HJÓNBANDSS(AE)LA
„Eheglück" heißt diese
Linzertorte

Getränke

BJÓR
Isländisches Bier mit Quell- oder
Gletscherwasser gebraut

MÝSA
Molke, die sich vom skyr absetzt,
erfrischend und sehr gesund

BRENNIVÍN
Der isländische Aquavit wird
wegen seines Etiketts (und der
Prozente) auch „Schwarzer Tod"
genannt

JAPAN!

Chureito Pagode & Fuji

Die meisten Japaner leben im Großraum Tokyo, der zu den größten Ballungsgebieten der Welt zählt. Hier konzentrieren sich Kultur und Business. Doch das auffälligste Merkmal des Landes ist eines, das man sich im hektischen Großstadtdschungel kaum vorstellen kann: Vier Fünftel der Landfläche bestehen aus Bergen, darunter viele schlafende, aber auch über 100 aktive Vulkane. Der bekannteste ist zugleich der höchste: der 3776 m hohe Fuji – ein Symbol Japans und in der japanischen Naturreligion des Shintoismus als heilig verehrt.

CHECK IN

★ Berge, Beben & Götter
★ Wohntürme & Holzhäuser
★ Älteste Erbmonarchie
★ Manga und Anime
★ Tokyo: uralt und modern

MARCO POLO
TOP-HIGHLIGHTS

FUSHIMI INARI-TAISHA
Unzählige rote Tore winden sich den Berg hinauf – eine einmalige Kulisse am größten Fuchsschrein Japans in Kyoto

SHIRETOKO-NATIONALPARK
Wandern und Bootstouren in großartiger Natur: Schau Bären beim Lachsfrühstück zu!

MORI BUILDING DIGITAL ART MUSEUM: TEAMLAB BORDERLESS 2
Digitale, interaktive Kunst mit Licht-Animationen, bei denen du selbst kreativ werden kannst
📷 *Tipp: Je aktiver du bist, desto cooler werden deine Fotos. Berühre, was du siehst! Elefanten werden zu Blumen, Schriftzeichen lösen Regen und Blitz aus*

TOSHOGU-SCHREIN 5
Die prunkvolle religiöse Anlage in Nikko mit vielen Tempeln und Schreinen liegt wunderschön inmitten von hohen Zedernwäldern
📷 *Tipp: Gegen Nachmittag kann es inmitten der Bäume etwas dunkel werden, nutz daher die Vormittagsstunden*

KAMAKURA 3
Tokyo, die alte Kaiserstadt, ist voller kultureller Schmuckstücke – ihr größtes und dickstes ist der auf einer Lotusblüte sitzende Große Buddha Daibutsu

KAIYUKAN-AQUARIUM 6
Mit Walhaien, Rochen und Quallen tauchen, ohne nass zu werden – das kannst du stundenlang in den faszinierenden Unterwasserwelten in Osaka

MIYAJIMA 7
Unweit von Hiroshima leuchtet das zinnoberrote Tor des Itsukushima-Schreins vor der Küste der Insel schon von Weitem
📷 *Tipp: Warte auf die Flut, dann sehen das Tor und der Schrein dahinter aus, als würden sie auf dem Wasser schweben*

NAOSHIMA ☆
Moderne Kunst und Museen von berühmten Architekten auf einer Insel in der Seto-Inlandsee
📷 *Tipp: Nimm Yayoi Kusamas riesige Kürbis-Installation am Ufer ins Visier*

WHALE WATCHING AUF OKINAWA 8
Um die Insel Zamami-jima tummeln sich besonders viele der Ozeanriesen. Ein unvergessliches Erlebnis!

JIGOKUDANI-SCHNEEAFFENPARK 10
Nicht nur Menschen, auch Japanmakaken lieben das Bad in heißen Quellen im Winter – werde Zaungast in diesem Tal in den Bergen von Nagano

BEST OF €
LOW-BUDGET

GLÜCK FÜR WENIG GELD

An Tempeln und Schreinen kannst du Holzboxen schütteln, aus ihnen ein Stäbchen mit einer Nummer ziehen und den dazu passenden Orakelzettel *(omikuji)* lesen, teils auf Englisch. Ist die Voraussage erfreulich, wird der Zettel als Glücksbringer eingesteckt. Wenn nicht, binde ihn am Tempelgelände an. Die Götter werden es richten!

GÜNSTIGER SCHLEMMEN

Abends setzen viele Kaufhäuser und Supermärkte in den Abteilungen für frisch zubereitete Gerichte die Preise um bis zu 50 Prozent herunter. Deck dich dort mit einer Bento-Box ein, und genieß dann im Freien dein Picknick.

BESTAUN BLÜTEN FÜR LAU

Ob zum *people watching* oder zur Kirschblüte – im weitläufigen Ueno-Park in Tokio mit seinen Museen, Cafés und Tempeln bist du immer richtig. Im Sommer ist besonders der Lotusblütenteich wunderschön.

SCHAU UNTER DIE HAUBE

Auf Fabriktouren von Toyota und Mazda siehst du, wie Fahrzeuge am laufenden Band produziert werden – Probesitzen inklusive. Die Touren sind kostenlos, du musst sie aber online reservieren.

SHOPPE FÜR 100 YEN

Günstige Mitbringsel für Familie und Freunde – und qualitativ für den Preis in Ordnung – kannst du in den 100-Yen-Läden finden. Für rund 80 Cent pro Stück, in Ausnahmefällen auch etwas mehr, bekommst du dort alles: Stäbchen, Schälchen, Snacks – und selbst Dinge, von denen du nie geahnt hättest, dass du sie mal brauchen würdest.

DAS ERLEBST DU NUR HIER

HINEIN IN TOKIOS GETÜMMEL

Wer Manga, Anime, Cosplay und elektronische Gadgets mag, ist im Akihabrara-Viertel richtig. Am Sonntagnachmittag wird die Hauptstraße Chuo-dori westlich vom Bahnhof zur Fußgängerzone.

KUNSTWERKE AUF RÄDERN

Für den Nebuta Matsuri in Aomori werkeln Künstler vorher wochenlang. Die meterhohen, von innen beleuchteten Festwägen aus Holz, Draht und bemaltem Papier werden dann durch die Straßen gezogen, begleitet von Trommelwirbeln und Tänzern.

GARTEN MIT VULKAN

Mit seinen Teichen und Bächen, Bambusbäumen und Kiefern ist der Sengan-en-Garten ein wunderschöner Anblick – auch weil die Silhouette des aktiven Vulkans dahinter perfekt mit ihm harmoniert.

LÄNDLICHE IDYLLE

Mitten in den Bergen liegt Shirakawa-go, eine Ansammlung von Dörfchen mit einmaligen Bauernhäusern, die mit ihren steilen Dächern wie zum Gebet gefaltete Hände aussehen. Postkartenmotiv pur.

AN DER SEITE VON DELFINEN

Näher wirst du den Meeressäugern nie kommen! Vor der Küste der Izu-Insel Mikurajima, die zu Tokio gehört, kannst du im Sommer mit wilden Delfinen schwimmen.

HEILIGES DORF

Koya-san ist ein abgelegener Ort in den Bergen von Wakayama. Und doch ist er das Zentrum des Shingon-Buddhismusn – mit rund 100 Tempeln, dazu Pagoden, atmosphärische Friedhöfe und Steingärten. Eine Tempel-Übernachtung mit vegetarischer Mönchsküche ist eine besondere Erfahrung.

DIE BESTEN INSIDER-TIPPS

Reisen mit
Insider
Tipps

DIE SCHÖNSTE BURG JAPANS?
Die über 400 Jahre alte, strahlend weiße
Burg Himeji! Ihr verzweigtes Burggelände
mit über 80 Gebäuden und Burghöfen ist
durch verschlungene Wege verbunden.

IM VULKAN-HEISSEN SAND BADEN
Beim Sandbad in Ibusuki trägst du einen
yukata und wirst bis auf den Kopf mit vom
Vulkan erhitztem Sand zugeschüttet.

TOKIO VON OBEN BEWUNDERN
Bist du mutig genug, dich auf dem Tokyo
Skytree 340 m über dem Boden auf eine
Glasplatte zu stellen?

PADDEL DURCH DEN DSCHUNGEL
Steuer dein Kanu auf der Insel Iriomote
durch artenreiche Mangrovenwälder.
Dschungelfeeling!

UNTERIRDISCH WANDERN
Erkunde die Akiyoshido-Kalksteinhöhle, die
größte und längste Japans, auf einem gut
ausgeleuchteten Weg. Und lausch auf das
Rauschen des Flusses und der Wasserfälle!

WIEDERAUFBAU MITERLEBEN
Schau dir in der Region Tohoku an, wie sich
die Bewohner nach den Tsunamis von 2011
nicht unterkriegen lassen.

BRAUNBÄREN BEIM FISCHFANG
Im Shiretoko-Nationalpark siehst du riesige
Braunbären – sicher vom Boot aus.

TAUSENDUNDEINE STATUE
In der Tempelhalle Sanjusangen-do in Kyoto blicken dich 1001 Statuen der Barmher-
zigkeitsgöttin Bodhisattva Kannon in Le-
bensgröße an.

DAS SCHMECKT IN JAPAN

Unsere Empfehlung heute

Streetfood

SOBA/RAMEN/UDON
Suppe mit Buchweizen-, dünnen oder dicken Weizennudeln, getoppt mit Gemüse, Fleisch und Fisch

TAKOYAKI
Mit Oktopus gefüllte, gebratene Teigbällchen

Vegetarisches

GEMÜSETEMPURA
Im Teigmantel frittiertes Gemüse, mit Salz oder leichter Dip-Sauce

DENGAKU-DOFU
Tofu, gegrillt und mit Misopaste bestrichen

NABE
Gemüse und Tofu, in Suppensud kurz gekocht und in Sesam- oder *ponzu*-Sauce (Zitrus-Sojasauce) gedippt

Fleischgerichte

SHABUSHABU
Feuertopfgericht mit hauchdünn geschnittenem Fleisch und Gemüse, gegart in Seetangsud

OKONOMIYAKI
Herzhafte dicke Pfannkuchen, auf der heißen Platte gebraten, gefüllt nach Geschmack, etwa mit Schweinefleisch, Shrimps, Käse und Frühlingszwiebeln

YAKITORI
Mit Salz oder Sojasauce gegrillte Hühnerspieße

Fisch & Meeresfrüchte

KATSUO NO TATAKI
Bonito-Thunfisch, außen scharf angebraten, innen noch roh, serviert mit Frühlingszwiebeln, Ingwer und Knoblauch und pikant gewürzt mit Sojasauce, Essig und Zitrone

HOTATE NO BATAYAKI
In Butter gebratene Jakobsmuscheln

Dessert

KUZUKIRI
glasartige Nudeln aus der bohnenähnlichen Kuzuwurzel, serviert mit braunem Zuckersirup

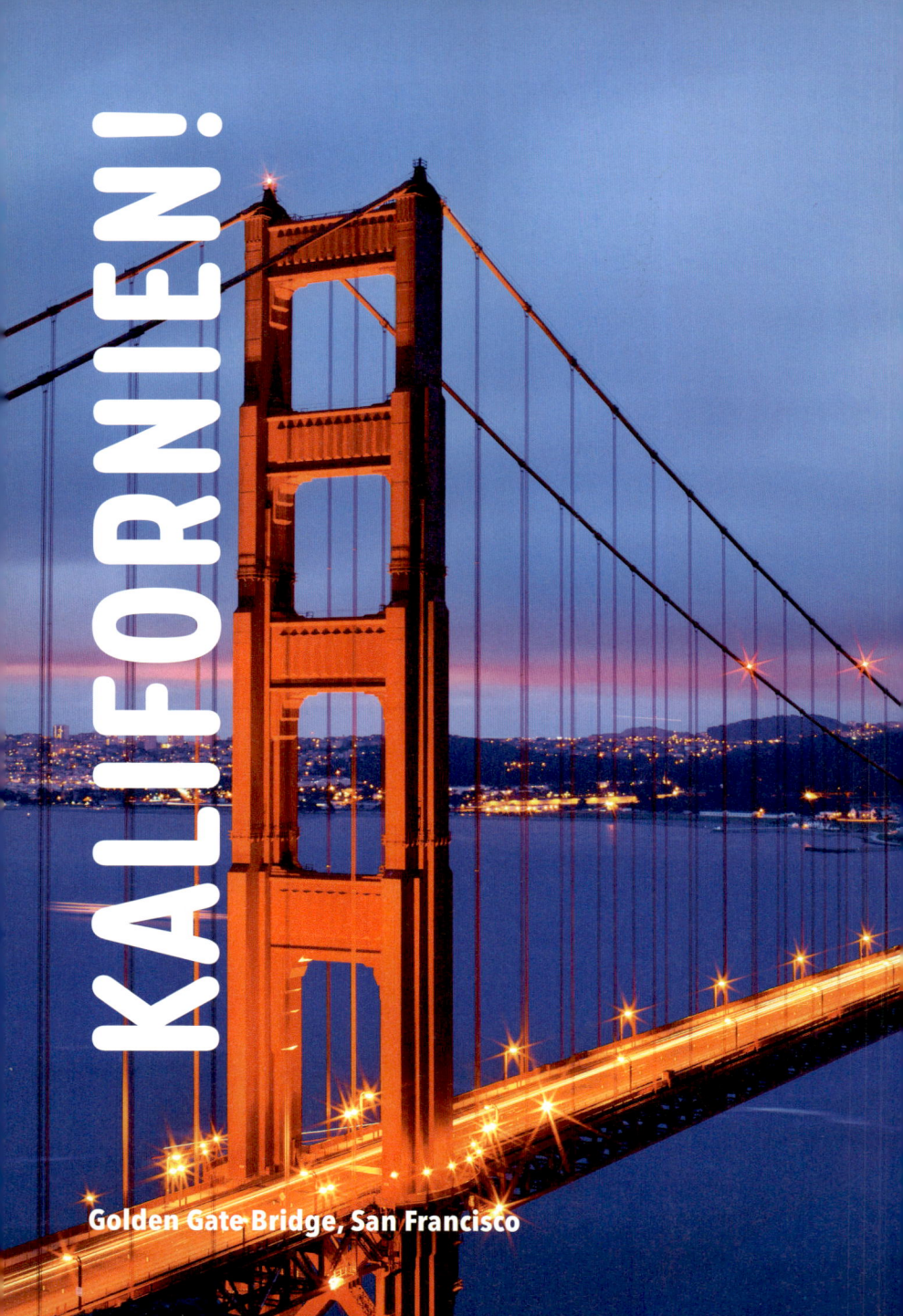

KALIFORNIEN!

Golden Gate Bridge, San Francisco

Kalifornien ist das Traumziel am Pazifik. Von allem gibt es mehr als genug: mächtige Wasserfälle im Yosemite National Park und malerische Städtchen an der Küste, spannende Metropolen, kahle Wüstenlandschaften und fruchtbare Weintäler. Einige der größten und ältesten Bäume der Welt wachsen hier, und Death Valley markiert nicht nur den tiefsten Punkt ganz Amerikas, sondern auch den heißesten. Hinzu kommt die grandiose Pazifikküste mit einem schier endlosen Vorrat an Sonne, Sand und Strand.

CHECK IN

- ★ Mega: Golden Gate Bridge
- ★ Hollywood lässt grüßen
- ★ Grizzlies & Redwoods
- ★ Entspannte Road-Trips
- ★ Trendschmiede Hightech

MARCO POLO
TOP-HIGHLIGHTS

DEATH VALLEY ⭐ 1
Der tiefste und heißeste Punkt Amerikas. Die hohen Dünen und die flirrenden Salzseen kennt man aus vielen Western
📷 *Tipp: Kurz nach Sonnenaufgang am Zabriskie Point mit HDR-Einstellung fotografieren*

CABLE CARS ⭐ 2
Eine Fahrt mit diesen über hundert Jahre alten, ratternden Denkmälern ist in San Francisco oberste Touristenpflicht
📷 *Tipp: Mit Downtown im Hintergrund: Ecke California Street/Powell Street, mit blauer Bucht Ecke Hyde Street/Francisco Street*

GOLDEN GATE BRIDGE ⭐ 3
Das umnebelte Wahrzeichen der Stadt – ein Meisterwerk der Technik
📷 *Tipp: Ganz anders: die Perspektive von unten bei Fort Point am Südende der Brücke*

AVENUE OF THE GIANTS ⭐ 4
Giganten sind sie wahrlich, die über 100 m hohen, mehr als tausend Jahre alten Redwoodbäume im Humboldt County. Die Fahrt und eine Wanderung hier sind ein großartiges Naturerlebnis

HIGHWAY 1 🟠8
Steilklippen, versteckte Buchten und Serpentinen ins blaue Nirwana. Die Traumstraße der Welt macht ihrem Namen alle Ehre

NAPA VALLEY 🟠5
Rebgärten, Restaurants, Kunstgalerien und Probierstuben – das berühmteste Weintal der Neuen Welt

MONTEREY BAY AQUARIUM 🟠9
Das beste Aquarium der Westküste: riesige Seetangwälder, verspielte Seeotter und Tiefseemonster.
📷 *Tipp: Das beleuchtete Quallenaquarium kommt gut. Ganz nah kurze Filme machen und posten*

UNIVERSAL STUDIOS HOLLYWOOD 🟠4
Hollywood heute – alles Fun, Action und Kulissen. Ein Besuch bei Harry Potter, Homer und den Dinos von Jurassic Park

YOSEMITE NATIONAL PARK 🟠10
Ein Bergparadies mit Wasserfällen, spektakulären Steilwänden und uralten Mammutbäumen. Trotz jüngster Waldbrände toll
📷 *Tipp: Vom Parkplatz am Wawona Tunnel gibt's das beste Panorama*

VENICE BEACH 🟠7
Sand und Sonne, Jugendkult und Surferwelt: Kein Strand verkörpert das verrückte Kalifornien besser. Am besten per Mietrad von Santa Monica kommen

BEST OF €

LOW-BUDGET

FÜR DEN KLEINEN GELDBEUTEL

SPEKTAKULÄRE ARCHITEKTUR

Downtown Los Angeles, das Mekka für Architekturfans: Grandios ist die von Frank Gehry in fließenden Formen errichtete Walt Disney Concert Hall. Unmittelbar nebenan steht das neue, in eine komplizierte Wabenstruktur gehüllte Kunstmuseum The Broad. 140 Mio. Dollar kostete der Bau, doch der Eintritt ist frei.

RIESENRÄDER BESTAUNEN

Die Fahrt mit den ratternden Cable Cars in San Francisco ist Touristenpflicht, aber nicht billig. Kostenlos jedoch ist das Cable Car Museum, wo gewaltige Räder die kilometerlangen Kabel antreiben. Ein Relikt des Industriezeitalters – beeindruckend!

GRATIS INS FERNSEHEN

Die Starrollen sind besetzt, aber immerhin als Zuschauer kann man in Hollywood ohne viel Aufwand ins Fernsehen kommen. TV-Studios suchen ständig Applaudierer für Spielshows etc. Einige Jahre später kommt die Serie vielleicht ins heimische Fernsehprogramm.

MIT LOCALS DURCH SAN FRANCISCO

Murals im Mission-Viertel entdecken, die Architektur des Ferry Building oder die geheimen Treppen am Telegraph Hill – die ehrenamtlichen Führer von City Guides kennen die verstecktesten Winkel der Stadt.

DISCOUNT-MODE

Markenklamotten der Kollektion vom Vorjahr, Shirts, Jacken, Röcke – die günstigste Ladenkette Kaliforniens heißt *Ross*. Meist liegen die schmucklosen Läden in kleinen Malls an den Stadträndern (z. B. in Pismo Beach: 829 Oak Park Blvd.). Man muss etwas wühlen, aber es lohnt sich.

BEST OF 🚩

TYPISCH

GIGANTISCHE MAMMUTBÄUME

Die entlang der Nordküste Kaliforniens wachsenden *redwoods* gehören zu den höchsten Bäumen der Welt. Viele der rotstämmigen Giganten besitzen einen Umfang von bis zu 30 m.

DER HEILIGE BERG

Esoterischer geht's in Kalifornien nicht: Der Ort Mount Shasta ist Treff von Ashram-Jüngern, interstellaren Besuchern und Naturphilosophen. Wer kein Interesse an Außerirdischen hat, kann auch den Gipfel erstürmen.

SEE-ELEFANTEN AM STRAND

Für viele ist Kaliforniens Küste die schönste der Welt. Bei der Fahrt auf dem Highway 1 kann man nur zustimmen. Aber der Blick auf eine Kolonie faul gähnender Riesenrobben toppt alles.

PER RAD ÜBERS GOLDEN GATE

Erst auf einer Radtour über die Golden Gate Bridge werden die Dimensionen der berühmten Brücke erfühlbar. 80 m über der Meerenge liegt die Fahrbahn, und der Wind pfeift kalt. Trotzdem toll!

DIE PERFEKTE WELLE

Braun gebrannte Girls und athletische Beachboys, bunte Szene in Braukneipen und Cafés: Huntington Beach ist der gepiercte Nabel der kalifornischen Surferszene. Ganz gleichmäßig rollen die Wellen an – perfekt für eine Übungsstunde.

IM SILICON VALLEY

Von alten Cray-Computern bis zum neuesten autonom fahrenden Google-Auto: Informativ und sehr gut gemacht ist das Computer History Museum, das Kaliforniens Innovationskraft dokumentiert.

DIE BESTEN INSIDER-TIPPS

Reisen mit Insider Tipps

DIE TOLLSTEN STRÄNDE

Strandzugang gibt es am Highway 1 nur an wenigen Stellen. Die schönsten Strandbuchten sind: Pfeiffer Beach, Julia Pfeiffer Burns State Park und der wilde Sand Dollar Beach auf halber Strecke nach San Simeon.

WO DALÍ WOHNTE

In Monterey lebte über Jahre der Surrealist Salvador Dalí. Ihm ist hier das Dalí17 Museum gewidmet.

DELFINE UND WALE IN SICHT!

Vor dem Strandort Santa Barbara ziehen im Frühjahr und Herbst die Wale vorbei. Im Sommer gibt's Delfine.

PER BAHN ZUM GOLDRAUSCH

Was wäre der Wilde Westen ohne Eisenbahn gewesen? Das riesige California State Railroad Museum in Sacramento bewahrt die schörsten Loks und die Luxuswaggons .

STACHELIGE MITBRINGSEL

In der Wildnis stehen die Kakteen unter striktem Schutz, doch viele Gärtnereien haben preiswerte Sprösslinge, fertig verpackt für den Export.

WESTERNKULISSEN WIE IM FILM

Goldgräberstädtchen wie Jamestown am Highway 49 sind die perfekte Kulisse fürs Wildwest-Selfie.

FISHERMAN'S WHARF EROBERN

Rummel pur, aber auch tolle Ausblicke, leckere Krabbensuppe und bellende Seelöwen. Eine witzige Abwechslung ist das Musée Mécanique mit wunderbaren alten Musik- und Spielautomaten.

DAS SCHMECKT IN KALIFORNIEN

Unsere Empfehlung heute

Vorspeisen

CALIFORNIA ROLL
Japanische Reisrolle mit Avocado und Krebsfleisch

ARTICHOKE SPINACH DIP
Aufstrich aus Artischocken und Spinat

ASIAN PEAR SALAD
Grüner Salat mit Birnen, Pekannüssen, Gorgonzola und Himbeerdressing

Hauptgerichte

CIOPPINO
Eintopf aus Muscheln, Fisch und Krebsen

**BISON BURGER
WITH CURLY FRIES**
Hamburger vom Bisonfleisch mit geringelten Pommes

**NEW YORK STEAK
WITH STUFFED MUSHROOMS**
Steak mit Fettrand, dazu überbackene, große Portobellopilze

**GINGER GLAZED MAHIMAHI WITH
GARLIC MASHED POTATOES**
Goldmakrele mit Ingwerglasur und Kartoffel-Knoblauch-Stampf

**SEARED TUNA
WITH SESAME CRUST**
Scharf angebratener Thunfisch mit Sesamkruste

Desserts

**PUMPKIN PIE
WITH REAL WHIPPED CREAM**
Kürbiskuchen mit frisch geschlagener Sahne

**MUD PIE
WITH SALTED CARAMEL
ICE CREAM**
Schokokuchen mit Karamell-eiscreme

Getränke

STRAWBERRY MARGARITA
Erdbeeren und Tequila gemixt mit püriertem Eis

ARNOLD PALMER
Eistee gemischt mit Zitronenlimonade

AMBER ALE
Hopfiges, hellbraunes Bier

KANADA!

Algonquin Provincial Park

Trotz pulsierender Großstädte wie das meerumschlungene Vancouver, Toronto oder Québec City lockt die meisten Kanada-Urlauber der Ruf des Abenteuers hinaus in die grandiose Natur. Denn außerhalb der ohnehin dünn gestreuten Städte ist Kanada ein urgewaltiges, wildes Land von scheinbar unendlichen Dimensionen – mit reichlich Platz für Träume und Erlebnisse. Ein Besuch bei den Eisbären gefällig? Eine Kanutour im Algonquin Provincial Park? Oder Wandern in den Rockies? Kanada ist einfach großes Kino.

CHECK IN

★ Land der Seen & Fälle
★ Hummer schlemmen
★ Gipfel, Gletscher, Grizzlies
★ In die wilden Rockies
★ Französisches Flair: Québec

MARCO POLO
TOP-HIGHLIGHTS

CABOT TRAIL ⭐ 2
Grüne Klippen, blaues Meer und Wale am Horizont: Der Rundkurs in Nova Scotia bietet grandiose Panoramen am Atlantik
📷 *Tipp: Die schönsten Fotomotive findest du auf dem Skyline Trail*

PEGGY'S COVE ⭐ 3
Kanadas schönster Leuchtturm inklusive malerischem Fischerdorf – ein Touristenmagnet, aber zu Recht

NIAGARA FALLS ⭐ 1
Die berühmten Wasserfälle: ein einzigartiges Spektakel und Pflicht für jeden Erstbesucher in Kanada – möglichst mit Bootstour
📷 *Tipp: Bei Sonne gibt's nachmittags tolle Regenbögen über den Fällen*

ALTSTADT VON QUÉBEC CITY ⭐ 4
Das Rothenburg der Neuen Welt: Die einst von Franzosen angelegte Altstadt hoch über dem St-Laurent ist Kanadas älteste Festungsstadt

ICEFIELDS PARKWAY 7

Auf der Gletscherstraße von Banff nach Jasper durch die Rocky Mountains – bei blauem Himmel ein Traum
📷 *Tipp: Schönster Standort ist über dem strahlend blauen Peyto Lake*

VANCOUVER 8

Meerumschlungen und bergumrahmt: Kanadas schönste Metropole
📷 *Tipp: Eine Radtour um den Stanley Park bietet die besten Aussichten*

CANADIAN MUSEUM OF HISTORY 5

Entdecke in Ottawa das vielleicht beste Museum im Land: großartige Architektur und kanadische Kultur von der Urzeit der Ureinwohner bis heute

PACIFIC RIM NATIONAL PARK 9

Donnernde Wellen, von Treibholz übersäte Strände, Wale und Bären: die Pazifikküste in ihrer wilden Schönheit

CN-TOWER 6

Toronto für Schwindelfreie: Vom derzeit zweithöchsten Turm der Welt schaut man 100 km weit. Für Mutige auch ohne Geländer

DAWSON CITY 10

Der legendäre Schauplatz des Goldrauschs von 1898 am Klondike – samt Saloons, Cancan-Girls und Pokertischen

BEST OF

LOW-BUDGET

FÜR DEN KLEINEN GELDBEUTEL

MOUNTIES EXERZIEREN LASSEN

In ihren knallroten Paradeuniformen sind die Polizisten der Royal Canadian Mounted Police ein echter Hingucker. In ihrem Hauptquartier in Regina treten die jungen Mounties viermal wöchentlich zum Appell an – das Zuschauen ist frei.

SONNENAUFGANG

Mit 4 Dollar ist der Eintritt für den Leuchtturm am Cape Spear auf Neufundland fast ein Schnäppchen. Immerhin ist hier auf den Klippen jeden Morgen der erste Sonnenstrahl in der Neuen Welt zu bewundern.

SKYLINEFOTOS

Fähren sind manchmal ein günstiger Weg zu tollen Bilder: In Québec City fährt man für weniger als 4 Dollar vom Altstadtpier nach Lévis am Südufer des Sankt Lorenz, und der Blick auf die Stadt ist fabelhaft.

AVANTGARDE GANZ GÜNSTIG

Ganz umsonst ist junge Kunst in Toronto zu sehen: Die Galerie Power Plant des York Quay Centre kuratiert jedes Jahr vier große Ausstellungen von jungen kanadischen und internationalen Künstlern.

SONNIGE BERGE

Nationalparks kosten Eintritt, Provinzparks wie Kananaskis Country aber sind frei. Die Bergwelt der Rockies ist ebenso schön wie in Banff – aber viel sonniger, weil an der Ostflanke der Berge.

MUSIK FÜR LAU

Die Landeshauptstadt lässt sich nicht lumpen: Fast jedes Wochenende im Sommer feiert Ottawa ein anderes Festival, egal ob Blues, Jazz oder anlässlich des Canada Day. Dazu richtet die National Capital Commission oft Gratiskonzerte aus.

BEST OF

TYPISCH

FREI SCHWEBEND

Wer den Nervenkitzel sucht, findet ihn auf dem Glacier Discovery Skywalk einer gläsernen Plattform hoch über dem Sunwapta River im Jasper National Park. Spannender sind die geführten *ice walks* auf den Gletscher für einen halben oder ganzen Tag.

EISBÄREN BESUCHEN

Jawohl, es gibt sie noch: Die weißen Riesen der Arktis sehen aus wie Plüschtiere, aber gefährliche. In ihrem Lebensraum an der Hudson Bay bei Churchill sind sie aus den vergitterten Tundra-Buggys von Frontiers North Ende Oktober gut – und nah – zu beobachten.

DINNER MIT GEZEITEN

Mit traumhaftem Rundblick von einer hohen Klippe liegt das Cape d'Or Lighthouse an der Bucht von Fundy, wo man den wohl größten Gezeitenunterschied der Welt beobachten kann. Das kleine Lokal neben dem Leuchtturm tischt dazu – typisch kanadisch – leckere *chowder soup* und frischesten Fisch auf.

SEEBLICK IN DEN ROCKIES

Die Aussicht vom Bow Pass auf den Peyto Lake ist schlichtweg umwerfend. Manchmal macht das auch der Wind hier oben auf gut 2000 m, sonst ist es die leuchtend grüne Farbe des Gletschersees. Eindrucksvoller geht's nicht in den Rockies.

RÄUCHERLACHS SCHLEMMEN

Auf dem Public Market auf Granville Island in Vancouver liegen all die kulinarischen Schätze Westkanadas aus: Himbeeren, Ziegenkäse, Austern, Heilbutt – und der beste Räucherlachs der Welt.

DIE BESTEN INSIDER-TIPPS

Reisen mit Insider Tipps

ARCHITEKTUR-HIGHLIGHT

Daniel Libeskind hat dem Royal Ontario Museum in Toronto einen Kristall aus Glas aufgesetzt – spektakulär! Häufig finden hier spannende Sonderausstellungen statt.

HUMMER SCHLEMMEN

Ein *lobster supper* auf Prince Edward Island besteht aus superfrischem Hummer mit zerlassener Butter und Maiskolben. Mmhh.

PADDELN IM ALGONQUIN PARK

Mit dem Kanu über die Seen des Algonquin Park gleiten und nach Elchen Ausschau halten: Kein Problem, *outfitters* quer durchs Land vermieten Boote und geben Tipps.

ANS EISMEER FAHREN

Zwei Tage dauert die Reise auf der nördlichsten Straße Kanadas: Die 700 km lange Wildnispiste des Dempster Highway führt von Dawson City bis ans Polarmeer.

ZU DEN BÄREN

Per Boot geht's mit Adventure Tofino in die Lagunen, um die Schwarzbären, die am Ufer Muscheln suchen, zu beobachten.

MIT DEM WASSERFLUGZEUG

Im Hafen von Vancouver abheben und über Berge und Meer schweben.

STEAKS AM LAGERFEUER

Die Grills der Campingplätze im Banff-Park wie dem am Waterfowl Lake sind nach einer langen Wanderung perfekt dafür.

PER BIKE DURCH MONTRÉAL

Von der Altstadt mit den Bixi-Bikes entlang der Kanäle ins Uni-Viertel St-Denis.

DAS SCHMECKT IN KANADA

Unsere Empfehlung heute

Appetizers

CLAM CHOWDER
Cremige Suppe mit Muscheln

BACON WRAPPED SCALLOPS
Jakobsmuscheln im Speckmantel

**CRISPY CALAMARI
WITH TRUFFLE AIOLI**
Frittierte *calamares* mit Trüffel-
Knoblauch-Mayo

Main Courses

LOBSTER WITH DRAWN BUTTER
Hummer mit zerlassener Butter

**SEARED SALMON WITH ROOT
VEGETABLES**
Lachs, scharf angebraten, mit
Wurzelgemüse

**RIBEYE WITH GARLIC MASHED
POATOES**
Marmoriertes Steak mit Knoblauch-
Stampfkartoffeln

PRIME RIB
Bratenscheibe aus der Hochrippe

BISON BURGER WITH YAM FRIES
Hamburger mit Bisonfleisch, dazu
Yamswurzel-Fritten

POUTINE
Pommes frites, Käseflocken
und Bratensauce

Desserts

TARTE AUX BLEUETS A LA MODE
Québecer Blaubeerkuchen mit einer
Kugel Eiscreme

BEAVERTAILS
Schmalzgebäck mit Zimt und Zucker

NANAIMO BAR
Schokoriegel mit Kokosfüllung

**PUMPKIN PIE WITH WHIPPED
CREAM**
Kuchen mit Kürbisfüllung, dazu
Schlagsahne

Drinks

BLOODY CAESAR
Wodka scharf gewürzt mit Tomaten-
Muschelsaft

IPA BEER
India Pale Ale, ein hopfiges, helles Bier

WINE/BEER FLIGHT
Wein-/Bierprobe mit mehrere kleinen
Gläsern

KROATSICHE KÜSTE!

Segelboot vor Dugi Otok

Eine Küstenlinie, die gar nicht zu enden scheint, tausend Inseln davor verstreut. Zerklüftete Buchten und Strände, die Wellen rauschen, Städte aus weißem Stein – ein Traum! Zum Abkühlen geht's ins hügelige Hinterland, zu Bergdörfchen, in die grüne Waldregion Gorski kotar oder zu den Krka-Wasserfällen. Dazu überall mediterran-lockeres Flair und Kulturschätze aus jeder Epoche – wen wundert's, dass die kroatische Küste eines der beliebtesten Urlaubsziele Europas ist?

CHECK IN

★ Traumrevier der Segler
★ Mythenhafte Natur
★ Glasklares Wasser
★ Viel Meer vor Bergkulisse
★ Gassen treppauf, treppab

MARCO POLO
TOP-HIGHLIGHTS

HVAR-STADT ★
Traditionsbewusstes Hafenstädtchen und gleichzeitig mondäner Jetset-Treff – die Mischung macht's
📷 *Tipp: Zum Neidischmachen – mit einem Profilfoto von der Festung aus thronst du über der Altstadt*

DIOKLETIANPALAST ★
Als Alterssitz für Kaiser Diokletian gedacht. Heute ist er das pulsierende Zentrum von Splits Altstadt
📷 *Tipp: Steig auf den romanisch-gotischen Glockenturm – schon die Treppe ist ein Foto wert!*

STADTMAUER VON DUBROVNIK ★
Zeitreise ins Mittelalter: Die mächtigen Bastionen schützten Dubrovniks Altstadt vor Seeräubern und Eroberern

KORNATI-ARCHIPEL ★
Das Inselmeer vor Biograd na Moru ist ein Paradies für Bootsfahrer, Segler und Einsamkeitsfanatiker
📷 *Tipp: Beim Selfie lieber einen Schritt weg von der Klippe – Sicherung gibt's keine*

ZLATNI RAT 5
Der weltberühmte Traumstrand in Zungenform auf der Insel Brač streckt sich mal in die eine, mal in die andere Richtung

KRKA-WASSERFÄLLE 6
Unter den tiefgrün bewachsenen Hängen im Nationalpark badest du wie im Paradies

TROGIR 7
Die Altstadt mit Palästen, Kathedrale und Stadtmauer ist ein lebendiges Museum

ŠKOCJANSKE JAME 8
Welch betörende Schönheit die Erosionskraft des Wassers schafft, zeigen die Tropfsteinskulpturen dieses beeindruckenden Höhlensystems

PIRAN 9
Venezianische Architektur und Dolce far niente im bezauberndsten Städtchen Sloweniens – auf einer langen, schmalen Landzunge
📷 *Tipp: Sonnenuntergang und Altstadtpanorama fängst du vor der Kirche Sv. Juraj toll ein*

GROŽNJAN 10
Galerien, Musik und ein fantastisches Panorama von den Mauern des Wehrstädtchens
📷 *Tipp: Verwinkelte Gassen mit vielen Fotodetails. Mystisch wirkt der morgendliche Herbstnebel!*

BEST OF

LOW-BUDGET

FÜR DEN KLEINEN GELDBEUTEL

KLANG- UND LICHTERSPIEL

Für Zadars faszinierendste Sehenswürdigkeit musst du gar nichts zahlen. Hör den hypnotisierenden Meeresorgeln zu und schau dir bei Sonnenuntergang die Lichtinstallation Gruß an die Sonne an.

GRATIS-SPA

Möchtest du deine Haut mal so richtig verwöhnen? Am Heilschlammstrand in der Bucht von Soline auf Krk erwartet dich ein Gratis-Spa mit Fangopackungen direkt aus der Natur. Reib dich ein und lass es trocknen.

SCHÖN GELEGENE KLOSTERSCHÄTZE

Während die meisten Klöster an der kroatischen Küste Eintritt verlangen, zeigen die Benediktiner von Sv. Kuzma i Damjan nahe Tkon ihre schön gelegene Abtei und die gotische Kirche völlig kostenlos.

ALTSTADT-OASE

Um in Šibenik dem Trubel auszuweichen, ist der etwas versteckte Garten des Franziskanerklosters ideal. Der Eintritt ist kostenlos.

ANTIKES AM KAP

Die Fundamente römischer Thermen und das Gräberfeld einer griechischen Nekropole auf der Landzunge vor der Stadt Vis dürfen Besucher noch kostenfrei besichtigen.

IN DIE GEISTERSTADT

Dvigrad, die Stadt der zwei Burgen, ist super romantisch. Warum sie jedoch im 17./18. Jh. verlassen wurde, weiß keiner so genau. War es die Pest? Die Malaria? Oder lag's an ständigen Attacken feindlicher Völker? Wer die romantischen Ruinen durchstreift, muss bislang keinen Eintritt entrichten.

DAS ERLEBST DU NUR HIER

EIN THEATER FÜR DIE GELIEBTE

Eines der besterhaltensten Amphitheater der römischen Welt steht in Pula. 23 000 Menschen fanden hier Platz. Kaiser Vespasian ließ den Bau fertigstellen, größer als geplant, schließlich stammte seine Geliebte aus Pula. Da ließ er sich nicht lumpen!

VIERTEL MIT AUTHENTISCHEM FLAIR

In Zadars Altstadtviertel Varoš gibt's Bäcker, Friseure, originelle Boutiquen und Nachbarschaftscafés. Abends mutiert es zum Nightlife-Spot.

DAS MEER AUF DEM TELLER

Viele Orte feiern jährlich im Sommer die Fischersnacht *(Ribarska fešta),* bei der du die kulinarischen Spezialitäten der Adria durchprobieren und Folkloreaufführungen sehen kannst – beispielsweise in Biograd na Moru.

MARMORNES PRUNKSTÜCK VOR ŠIBENIKS KÜSTE

Am Nonplusultra der dalmatinischen Renaissance, der Kathedrale Sv. Jakov in Šibenik wurde über 100 Jahre lang gebaut.

SEEFAHRERSTOLZ

Die Kapitäne aus Veli Lošinj segelten bis nach Amerika. Die große Seefahrertradition der Stadt erkennt man an den repräsentativen Villen und der reichen Kirchenausstattung.

BLICK VOM MONDPLATEAU

Mondlandschaft, so weit das Auge reicht? Krk wirkt nur zum Festland hin so unirdisch. Von dem 380 m hohen Mondplateau aber schaust du auf die grünen Oasen hinter den kahlen Rücken.

DIE BESTEN INSIDER-TIPPS

SPEKTAKULÄRER KLIPPENRAND

Steile Klippen an der Südspitze, türkisblaue und glasklare Strände sowie menschenleere Buchten machen den Suchtfaktor der „Langen Insel" Dugi otok aus. Die beste Adresse für Sport und Erholung.

AM SEIL ÜBER DEN CANYON

Flieg mit Zipline Croatia mit bis zu 65 km/h in 150 m Höhe über die Cetina-Schlucht – gesichert und doch abenteuerlich.

ZU AMPHOREN TAUCHEN

Auf Cavtats Meeresgrund liegen mehr als tausend antike Amphoren auf dem Grund.

IN DIE UNTERWELT

Spring ins Wasser und erforsche die fantastisch leuchtende Grotte, in der Odysseus sieben Jahre verbracht haben soll. Für diesen Schatz auf der Insel Mljet braucht´s keine Bootstour oder Geld – nur eine Miniwanderung.

DURCH LAVENDELFELDER RADELN

Die Insel Hvar wird im Sommer zum lilagrünen Ölgemälde.

TANZEN BIS ZUM MORGENGRAUEN

An Pags berühmtem Partystrand Zrce tanzt du unter Sternen durch die Inselnacht.

NUR FLIEGEN IST SCHÖNER

Mit Flyboards abheben und über die Adria am Strand bei Poreč schweben.

TÖNE, TRACHT UND TANZ

Wenn gesungen wird, dann oft vielstimmig und a cappella. Im Juli treten in Omiš die besten Klapa-Chöre gegeneinander an.

Unsere Empfehlung heute

Vorspeisen

SALATA OD HOBOTNICE
gebratener Tintenfisch auf Salat

DALMATINSKI PRŠUT
Luftgetrockneter Schinken

PAŠKI SIR
Würziger Hartkäse aus Schafsmilch

Pasta & Risotto

ŠURLICE
Traditionelle Teigröllchen mit pikantem
Gulasch, von der Insel Krk

RIŽOTO
Risotto mit Pilzen, Wildspargel oder
Scampi. *Crni rižoto* ist mit
Tintenfischtinte gefärbt

Fisch & Meeresfrüchte

KAPEŠANTE
Jakobsmuscheln aus Novigrad, im
Mündungsgebiet der Mirna gezogen,
wo Süß- auf Salzwasser trifft

BRODET
Fischeintopf mit verschiedenen Fischen,
in Zwiebeln, Knoblauch, Kräutern und
Olivenöl gegart

RIBLJA PLATA
gemischte Grillplatte mit Fischsorten
wie Goldbrasse oder Wolfsbarsch und
Meeresfrüchten, als Beilage Mangold

Fleisch

OMBOLO
Entbeintes Schweinskotelett, gesalzen,
mit Lorbeer, Knoblauch und Pfeffer
eingerieben und 14 Tage getrocknet

PAŠTICADA
geschmorter Rinderbraten,
Trockenfeigen geben der Sauce einen
leicht süßlichen Geschmack

JANJETINA
Lamm von der Insel Cres unter der
peka-Schmorglocke (auf Vorbestellung)

Desserts

FRITULE
Minikrapfen mit Vanillezucker bestreut

ROŽATA
Dubrovniker Crème Caramel, meist mit
Arancini, kandierten Orangenschalen
serviert

TROGIRSKI RAFIOLI
süßes Gebäck in Ravioliform aus Trogir,
gefüllt mit Mandeln

MAROKKO

Medina, Essaouira

Okzident und Orient: Hier treffen unterschiedlichste Völker aufeinander, und die Natur hat sich in ihrer ganzen Vielfalt ausgetobt: Da gibt es riesige Gebirge mit mehreren 4000ern, Wüstenlandschaften, malerische Oasen, weite, grüne Ebenen und kilometerlange Sandstrände. Dazu kommen aufregende, bunte Städte, pittoreske kleine Dörfer und großartige Berberbauten aus Lehm. In Taghazoute und Essaouira warten die Surf-Hotspots auf dich, und wer das Abenteuer sucht, macht sich auf zu Expeditionen in die Wüste.

CHECK IN

- ★ Handeln im Basar
- ★ Kilometerlange Strände
- ★ Wüstenmeer & Oasen
- ★ Im Hammam entspannen
- ★ Zauber des Orients

MARCO POLO
TOP-HIGHLIGHTS

ERG CHEBBI ⭐ 1
Eintauchen ins Sandmeer und auf Wüstenschiffen reiten. Im Erg Chebbi werden Wüstenklischees wahr
📷 *Tipp: Schöner als der Sonnenuntergang ist der Sonnenaufgang, da dann die Sonne übers Wüstenmeer scheint*

GORGES DU TODHRA ⭐ 2
Dort, wo zwei Steinwände fast aufeinanderstoßen und Hirten ihre Ziegen durchtreiben, liegt eine der schönsten Oasen des Landes
📷 *Tipp: Kurz vor Sonnenuntergang leuchtet das Dorf Ait Oussalem rosarot*

GORGES DU DADÈS ⭐ 3
Malerische Lehmburgen, faszinierende Felsen, traumhafte Oasengärten und enge Schluchten – der Mix macht's

VALLÉE DU DRÂA ⭐ 4
Dattelpalmen, soweit das Auge reicht. Wenn es das Paradies auf Erden tatsächlich gibt, dann könnte es womöglich hier zu finden sein

CHEFCHAOUEN ⭐ 5
In der andalusisch-berberischen Stadt versinkst du im Rausch der Farbe Blau
📷 *Tipp: In der Av. Hassan I. gibt's Läden mit Farbpigmenten. Ein fantastischer Kontrast zum Blau der Gassen*

ESSAOUIRA ⭐ 6
Weiße Häuser, blaue Türen, eine Galerie neben der anderen und dazu ein malerischer Hafen – wow!
📷 *Tipp: Auf den Knien am Hafenbecken die blauen Boote ablichten. Sieht aus, als wären es unendlich viele*

FÈS EL BALI 7
Eintauchen, sich verirren und nie wieder rauswollen. So wird es dir ergehen, wenn du erst einmal in den Gassen von Fès el Bali eingetaucht bist

KASBAH OUDAYA 9
Ein Dorf in einer Burg, und das ausgerechnet mitten in Rabat

DJEMAA EL FNA 8
Hier schlägt das Herz Marokkos. Gaukler, Schlangenbeschwörer und Geschichtenerzähler ziehen dich in ihren Bann

LES PEINTURES 10
Altägyptisches Rezept plus gigantische Bergkulisse plus Künstler aus Belgien – fertig ist das großartige Farbspektakel im Anti-Atlas

BEST OF €

LOW-BUDGET

KOPFKINO

Ein ganzes Dorf als Filmkulisse und Museum – und das zum Nulltarif! Das gibt es nahe Ouarzazate am Rand des Hohen Atlas. Ait Ben Haddou gehört zum Weltkulturerbe und ist absolut sehenswert.

AB IN DIE BOTANIK

In Marokko gibt es viele Nationalparks, und sie kosten nix! Auf festgelegten Routen erlebt man eine großartige Natur. Besonders lohnenswerte Ziele sind die Parks Jbel Tazzeka bei Fès oder Oued Massa bei Agadir.

FISCH-THEATER

Malerischer könnte der Fischereihafen von Essaouira kaum liegen. Und wenn die Boote vormittags vom Fischen zurückkommen und du dabei zuschaust, wie Händler ihre Waren direkt vom Boot aus verkaufen, erlebst du ein tolles, kostenloses Spektakel.

NICHT IMMER INS RESTAURANT

Mach es mal anders: Du läufst zum Straßenmetzger, kaufst Fleisch und lässt es dir einfach von einem der Jungs an der Straße grillen. Am Ende bezahlst du deutlich weniger, und schneller geht es auch noch!

FÜR'N APPEL UND N'EI

Entlang der Rue Souika im Souk von Rabat kaufen vor allem Marokkaner ein. Und zwar alles. Von Teegeschirr bis zu Lederbabouches zu günstigen Preisen – einheimischen Preisen. Auch hier gilt: Handeln schadet nie!

DAS ABSOLUTE LUXUSGEWÜRZ

Safran wird in Taliouine und Umgebung angebaut. Probier unbedingt die Speisen in einem der Restaurants oder einen Tee mit Safran, z. B. bei freiem Eintritt in der Kooperative L'Or rouge.

DAS ERLEBST DU NUR HIER

KAMELE AM STRAND
Lass dir die Meeresbrise beim entspannten Kamelritt um die Nase wehen! Ausflüge und mehrtägige Touren sind z. B. bei der Ranch de Diabat buchbar.

(BE-)RAUSCHENDES GNAOUA-FESTIVAL
Es sind zwar nur ein paar Tage im Jahr – diese sind aber so berauschend bunt, laut und erlebnisreich, dass viele Europäer nur nach Marokko reisen, um das Gnaoua-Festival zu besuchen. Jedes Jahr Ende Juni wird die Stadt Essaouira zu einer einzigen Bühne, zu der Tausende pilgern, um in die mystische Musik einzutauchen.

STREET-FOOD-TAJINES
Sie fallen sofort auf, diese einzigartigen Tontöpfe mit dem kegelförmigen Deckel, in denen Fleisch und Gemüse schmoren. Am besten schmecken sie dort, wo viele Marokkaner sitzen – also in einfachen Straßenrestaurants, z. B. im Restaurant Telouet im gleichnamigen Ort.

ZELEBRIERTER TEEGENUSS
Thé à la menthe – der süße Minztee ist das Nationalgetränk der Marokkaner, der stets in einer kleinen Zeremonie zubereitet und angeboten wird. In der Maison Traditionelle in Oumesnat wird dir dazu sogar Berber-Nutella gereicht.

PRINZESSINNEN-TRÄUME
Da werden Kleinmädchen-Träume wahr, wenn man ein Riad zum ersten Mal betritt. Innenhöfe mit Brunnengeplätscher, Himmelbetten und ein super Service tragen zum Wohlfühlen in einem solchen Stadtpalais bei.

DIE BESTEN INSIDER-TIPPS

Reisen mit Insider Tipps

„ICH SCHAU DIR IN DIE AUGEN ..."

Rick's Café in Casablanca lebt weiter. In dem alten Palais, das zur Bar aus dem legendären Film umgebaut wurde, lässt sich heute gut essen gehen.

AUF WELLEN REITEN

In Moulay Bouzerktoun, wo Weltmeisterschaften stattfinden, kannst auch du aufs Board springen.

UNTER FELSENTOREN LAUFEN

An Legziras Strand kannst du durch leuchtend rote Felsentore laufen und dabei die Wucht des Atlantiks spüren.

ENTSPANNUNG PUR: HAMMAM

Gleite in die Tiefen der Dampfschwaden, lass dich massieren und ruhe dich danach bei Tee und Gebäck aus. Das geht klischeehaft im Mythic Oriental Spa in Marrakesch oder authentisch im Les Bains de Fez in Fès.

INS WASSER STÜRZEN

Mitten in der Wüste springst du in Tissint todesmutig von den Klippen der Wasserfälle ins tiefe, klare Blau.

KAMELBURGER PROBIEREN

Im Café Clock in Fès gibt es die köstlichsten dieser Burger im ganzen Land!

HÖHENLUFT SCHNUPPERN

Einmal einen 4000er besteigen! Am Toubkal bei Imlil ist das auch ohne Bergsteigererfahrung möglich.

WENN DIE STORCHE KLAPPERN

Mit schönstem Panorama lauschst du ihnen in der Kasbah Taourirt bei Ouarzazate.

DAS SCHMECKT IN MAROKKO

Unsere Empfehlung heute

Vorspeisen

BRIOUAT
Frittierte, mit Käse, Hack, Gemüse oder Garnelen gefüllte Teigtaschen

HARRIRA
Suppe mit Kichererbsen, Linsen oder Nudeln und meist auch Schaf- oder Rindfleisch

ZAALOUK
Salat aus Auberginen, Tomaten und Knoblauch

Hauptgerichte

BROCHETTES DE POISSONS
Schwertfisch-Spießchen sanft auf offenem Feuer gegrillt

PASTILLA
Pastete, ähnlich einem Strudel, mit Taube oder Hähnchen, Mandeln und Zimtzucker gefüllt

TANJIA
Lammfleisch mit eingelegten Zitronen und Zwiebeln in einer Amphore geschmort

KEFTA BI BED
Lammfleischbällchen und pochierte Eier in einem Tomadensud gegart

Desserts

ORANGES AUX CANELLES
Orangenscheiben mit Zucker und Zimt verfeinert

CORNES DES GAZELLES
Gebäck-Halbmonde mit Marzipan gefüllt und mit Puderzucker bestreut

CHABKIA
Sesamgebäck, frittiert und in Honig getränkt

Getränke

THÉ À LA MENTHE
Grüner Tee mit frischer Minze und viel Zucker

NUSS NUSS
Kaffeegetränk: halb Espresso, halb geschäumte Milch

ASIR LAIMUN
Frisch gepresster Orangensaft

AVOCAD
Avocadomilch mit Zucker und Limetten

SAHARI ROUGE
Intensiver, trockener Rotwein mit leichten Vanille-Aromen aus den Celliers de Meknès

MEXIKO!

Templo del Sol, Palenque

Regenwälder, in denen Pyramiden aufragen, schneebedeckte Vulkane und die Fluten von Karibik und Pazifik mit weltberühmten Strandorten wie Acapulco und Cancún sowie unzähligen verschwiegenen Badebuchten, Unesco-Welterbestätten im Dutzend, dazu mitreißende Musik und feuriger Tequila. Wale, die sich vor der Küste tummeln, und Korallenriffe mit gewaltigen Tropenfischen. Mexiko: nur ein einziges Land und doch ein Universum für sich!

CHECK IN

★ Rätsel Maya-Pyramiden
★ Dschungel oder Canyons?
★ Megacity Mexiko-Stadt
★ Ein Hauch Alt-Spanien
★ Tequila & Piña colada

MARCO POLO
TOP-HIGHLIGHTS

MEXIKO-STADT ⭐**1**
Pulsierende Metropole von ungeheurer Größe mit einer Vielzahl von Attraktionen wie dem Palacio de Bellas Artes, dem Museo Nacional de Antropología voller Schätze der präkolumbischen Kulturen, dem Templo Mayor oder der Catedral Metropolitana

TEOTIHUACÁN ⭐**2**
Grandios und mystisch ist die alte Aztekenmetropole mit ihrer Pyramide der Sonne vor den Toren von Mexiko-Stadt

SAN MIGUEL DE ALLENDE ⭐**3**
Künstler und Aussteiger prägen die Bilderbuchatmosphäre der Unesco-Welterbestadt

MUSEO DE LAS CULTURAS DE OAXACA ⭐**4**
Ein Dominikanerkloster aus dem 16. Jh. beherbergt die weltberühmten Grabbeigaben aus Monte Albán

FELSENSPRINGER IN ACAPULCO ⭐**5**
Wahnsinn: der Kopfsprung aus 42 m von der Klippe in die enge Bucht beim Quebradafelsen
📷 *Tipp: Serienaufnahmen der Klippenspringer machen und mit Photoshop zusammenfügen*

BARRANCA DEL COBRE ⭐7
Ein gewaltiges System tiefer Canyons inmitten der Sierra Madre Occidental – abseits aller Wege und nur per Zug erreichbar

RUINAS DE PALENQUE ⭐8
Eine perfekte Hieroglyphenwand, ein königliches Grab und ein Traumblick über Palenque
📷 *Tipp: Such dir eine Pyramide aus, die man noch besteigen darf. Von oben bekommst du die ganze Anlage aufs Bild*

PARQUE MUSEO LA VENTA ⭐9
Erzählt, wie alles begann: ein Park in Villahermosa mit 2000 Jahre alten Skulpturen und Denkmälern, wundervoll arrangiert

GUANAJUATO ⭐6
Koloniale Pracht und mexikanische Lebenslust: Die alte Silberstadt hat es in sich!
📷 *Tipp: Die gelbe Kathedrale ist, schön rangezoomt, eine starke Kulisse für die vielen Passanten*

CHICHÉN ITZÁ ⭐10
Spektakuläre Pyramiden und Tempel der Maya: eine gigantische Welterbestätte voller Rätsel!
📷 *Tipp: Nimm eine der Treppen der Kukulcán-Pyramide aus nächster Nähe so auf, dass der Blick im blauen Himmel endet*

BEST OF €

LOW-BUDGET

FÜR DEN KLEINEN GELDBEUTEL

MURALES IM REGIERUNGSPALAST

Die Geschichte der Eroberung Mexikos in riesigen Wandgemälden von Diego Rivera: Die *murales* des Künstlers schmücken den Nationalpalast in der Hauptstadt. Zur Besichtigung brauchst du nur deinen Ausweis.

SEERÄUBERBASTION

Piraten und Freibeuter in Yucatán: Wo könnte eine Dokumentation zu diesem Thema passender untergebracht sein als in Campeches Baluarte San Fransisco? In dem beeindruckenden Festungsbau in der Stadtmauer lebt die wilde Zeit fort.

KUNSTHANDWERK IM KLOSTER

El Institito del Artesano Michoacán im ehemaligen Franziskanerkloster von Morelia zeigt kostenlos eine vielfältige Auswahl von hochwertigem Kunsthandwerk.

MUSEUM IM HERRENHAUS

In einem schönen Stadtpalast die indianisch geprägte Kultur Michoacáns entdecken: Der Besuch der Ausstellungen des Museo del Estado in Morelia ist gratis.

GESANG IM PARK

Leidenschaftliche Tänze, rhythmische Marimbamusik: Jeden Donnerstagabend erwartet euch bei der Serenata Yucateca im Parque Santa Lucía von Mérida ein kostenloses Musikerlebnis.

VIELSEITIGES KULTURZENTRUM

Das Centro Cultural von Tijuana sieht aus der Ferne aus wie ein großer Ballon. Das Centro bietet Folklore und eine Vielfalt von Events meist kostenlos. Die Ausstellungen reichen von der präkolumbischen Archäologie über die Kolonialzeit bis ins 20. Jh.

BEST OF ⚑

TYPISCH

DAS ERLEBST DU NUR HIER

SÜSSES STRANDLEBEN

Wem Acapulco zu groß und mondän ist, der geht an den Strand von Zihuatanejo, einem bald 500 Jahre alten Fischerort.

WALLFAHRTSKIRCHE

Die Basílica de Guadalupe in Mexiko-Stadt ist das ganze Jahr über Ziel gläubiger Katholiken. Täglich siehst du hier Hunderte von Besuchern zum Bildnis der Schutzheiligen Mexikos oder zur Kapelle auf dem Hügel pilgern.

TAG DER TOTEN

Am Día de los Muertos bietet sich auf Mexikos Friedhöfen ein bizarres Schauspiel. Tacos und Coca Cola, Blumen und kleine Geschenke werden neben den Grabsteinen für die Toten ausgebreitet, deren Geister sich an den Gaben erfreuen sollen. Besonders eindrucksvoll erlebst du das Spektakel in Mixquic bei Mexiko-Stadt.

MUMIEN HINTER GLAS

Gruseln inklusive: Im Museo de las Momias in Guanajuato sind über 100 mumifizierte Tote ausgestellt.

PARTY AUF DEM KANAL

Auf den Wasserwegen der „schwimmenden Gärten" von Xochimilco südlich von Mexiko-Stadt schippern bunte, mit Blumen geschmückte Kähne umher. Den „Service" – Verpflegung, Getränke und Mariachi-Musik – liefern weitere Boote.

DIE MEZCAL-HOCHBURG

Oaxaca und Mezcal gehören zusammen: In der herrlichen Kolonialstadt wird das aus Agaven destillierte, hochprozentige Getränk in besonderen Lokalen, den sogenannten *mezcaleriás,* getrunken: Bars und Kneipen, die mal alt und traditionsreich, mal jung und schick daherkommen. *Salud!*

DIE BESTEN INSIDER-TIPPS

Reisen mit **Insider Tipps**

IM TRAUMREVIER TAUCHEN
Einzigartige Tauchplätze sind die *cenotes* – mit Wasser gefüllte Becken im porösen Kalkstein –, die Lagunen und unterirdischen Flüsse der Riviera Maya in Yucatán.

AM ENDE DER WELT ABHÄNGEN
Zwischen Hippies und Altrockern im legendären Todos Santos auf der Baja California.

RAUF AUF DIE PYRAMIDE
Im Urwald von Cobá hat El Castillo die Zeit überdauert, eine der wenigen Pyramiden, die man noch erklimmen darf.

BEI INDIOS UND KRÄUTERHEILERN SHOPPEN
Amulette, Ananas und getrocknete Skorpione: Auf dem Benito-Juárez-Markt in Oaxaca kannst du was erleben!

STAUNEN AUF DER HÄNGEBRÜCKE
Der Kupfercanyon ist nix für schwache Nerven. Im Parque de Aventura wird die spektakuläre Natur zur Bühne.

TEQUILA TASTING AN DER QUELLE
Umgeben von Agavenfeldern lockt der kleine Ort Tequila zu Kostproben in alten Haciendas.

IN DER KARIBIK SCHWIMMEN
Und das mit Wow-Faktor-Blick: In Tulum thront die alte Mayastätte auf einer Klippe über dem Meer.

CLUBBEN IM ALTEN BERGWERK
Fluoreszierende Fußböden, Top-DJs und ein irres Soundsystem gibts im unterirdischen Mina Club in Zacatecas.

DAS SCHMECKT IN MEXIKO

Unsere Empfehlung heute

Vorspeisen

CALDO TLALPEÑO
Brühe mit Hühnchen, Zwiebeln,
Chili und Avocado

CEVICHE
Cocktail aus rohen Meeresfrüchten
mit Zwiebeln und Tomaten

GUACAMOLE
pürierte Avocados
mit Zitronensaft und Tomaten

CHICHARRONES
knusprig gebackene Stückchen
Schweineschwarte

TAMALES
in Maisblättern gedämpfte Maisklöße,
gefüllt mit Fleisch und Chili

Hauptgerichte

CHILES EN NOGADA
gekochte Chilischoten in Nusssauce

CARNE ASADA
dünne, gebratene Rindfleischscheiben

COCHINITA PIBIL
yucatekisches Wildschweingericht,
kräftig gewürzt

POCCHUC
yucatekisches Schweinefleisch,
in Orangensaft mariniert

POLLO ASADO
scharf gewürztes Brathähnchen

POZOLE
Eintopf aus Mais, Schweinefleisch,
Tomaten, Chili und Zwiebeln

Getränke

AGUA FRESCA
Wasser mit püriertem Obst oder
Fruchtsaftkonzentrat

LICUADO
Milchshake mit pürierten
Bananen, Mangos oder Erdbeeren

PULQUE
vergorener Agavenmost

XOCOLATL (CHOCOLATL)
heiße Schokolade mit Wasser und Zimt

PIÑA COLADA
Kokosnusscreme, Ananassaft und Rum

MARGARITA
Limettensaft mit Tequila und
Orangenlikör

NAMIBIA!

Etosha National Park

Namibias einsame Savannen, seine unbegrenzten Naturparks und Schutzgebiete für Wüstenelefanten, Zebras, Nashörner und Antilopen, sein unwirklich klarer Sternenhimmel, seine majestätischen Sanddünen und seine raue Küste ziehen jeden in ihren Bann, der sich die Zeit nimmt, ihre Macht wirken zu lassen. Namibia ist kein Land, in dem du in 14 Tagen Dutzende Sehenswürdigkeiten abarbeiten musst. Wer es lernt, Namibias Weite und eigenes Tempo zu respektieren, wird sich verlieben – und wiederkommen.

CHECK IN

★ Naturtourismus
★ Skifahren im Wüstensand
★ Wild in Hülle & Fülle
★ Gastfreundschaft zählt!
★ Die Diamantenschleifer

MARCO POLO TOP-HIGHLIGHTS

EPUPA FALLS 1
Weiß schäumend stürzt der Kunene in die Tiefe, und Affenbrotbäume wachsen am Felsen
📷 *Tipp: Am späten Nachmittag hast du am Aussichtspunkt gegenüber den Fällen die Sonne im Rücken*

ETOSHA NATIONAL PARK 2
Mit seinen gigantischen Zebraherden, stolzen Löwen, prächtigen Elefanten und störrischen Nashörnern ist der Park die Hauptattraktion des Landes
📷 *Tipp: Nachts am Wasserloch unbedingt ein Objektiv mitnehmen und lange Belichtungszeiten einstellen*

BWABWATA NATIONAL PARK 3
In Namibias wildestem Nationalpark haben die Zeltcamps keine Zäune und die Routen der Elefanten keine Grenzen. Abenteuer in einer verloren geglaubten Welt!

SPITZKOPPE 4
Uralte Felsenkunst und steinerne Torbögen schmücken das Matterhorn Afrikas

SOSSUSVLEI

Ein Sandmeer und ein „blinder Fluss" bieten Postkartenmotive zwischen 300 m hohen roten Dünen

DUWISIB CASTLE

Am Rand der Wüste steht eine mittelalterlich wirkende Festung, doch das Burgfräulein ward lange nicht gesehen

KOLMANSKOP

Vor langer Zeit auf Diamanten gebaut, trotzt die Geisterstadt noch immer dem Sand

📷 *Tipp: In den weiter hinten gelegenen Gebäuden drücken sich die Dünen bereits durch Fenster – großartige Motive*

OLD BREWERIES CRAFT MARKET

Entdecke das faszinierende wie vielfältige Kunsthandwerk aus allen Regionen Namibias

FISH RIVER CANYON

An kaum einem anderen Ort kannst du bei Tageslicht tiefer in den Planeten hinabblicken

📷 *Tipp: Auf der dem Aussichtspunkt gegenüberliegenden Seite des Canyons geht die Sonne unter*

SANDBOARDING

Adrenalin schießt in den Kopf, Sand in die Kleidung – die Abfahrt von den Dünen ist ein Riesenspaß!

BEST OF
LOW-BUDGET

FÜR DEN KLEINEN GELDBEUTEL

IM GARTEN DER ABGEORDNETEN

Heute kannst du in Windhoek das Abgeordnetenhaus, den sogenanten Tintenpalast, bei einer kostenlosen Tour kennenlernen. Im feinen, vorgelagerten Garten darfst du dich anschließend entspannen.

EIN LANGER FREIHEITSKAMPF

Erst seit 1990 ist Namibia ein freies Land, davor lagen 106 Jahre Besatzung. Wirf im Independence Memorial Museum einen Blick zurück in die dunkle Vorgeschichte des jungen Staats, erzählt aus der Sicht der einstigen Befreiungsfront Swapo.

AUF DER DÜNE

Die Düne Sieben, die höchste des Küstengürtels, liegt zwar in einem Nationalpark. Wenn du den Ausblick von oben genießen willst, musst du aber keinen Cent, sondern nur Kraft und Puste aufwenden.

WILDE PFERDE GANZ NAH

Die Wasserstelle der wilden Pferde von Garub ist nicht nur für die Tiere, sondern auch für Besucher frei zugänglich – obwohl sie streng genommen zum Namib-Naukluft National Park gehört.

KLEINE SCHULE, GROSSE TALENTE

In der kleinen School of Arts in Rehoboth lernen Nachwuchskünstler vom Profi. Ihre Werke gibt es kostenlos in einer Minigalerie zu besichtigen, und während des Unterrichts darfst du den Schülern sogar kurz über die Schulter schauen.

BLEIGLASFENSTER-BLICK

Nachmittags öffnet die Felsenkirche in Lüderitz gratis ihre Pforten. Alles, was du hier siehst, wurde aus Deutschland per Schiff importiert, selbst die Bleiglasfenster und der Elbsand für den Beton.

DAS ERLEBST DU NUR HIER

DURCH FELSENTORE LAUFEN

Endlose Weiten und wenig Verkehr – für den Laufsport bietet Namibia günstige Bedingungen. Landschaftlich besonders faszinierend ist der The Rock Spitzkoppe Community Run. Im Lauf der Zeit hat die Natur im Spitzkoppe-Bergmassiv kunstvoll geschliffene Felsformationen erschaffen.

AUS GRÄSERN WIRD KUNST

Wenn du über die Kwandobrücke kurz vor Kongola fährst, siehst du die breiten Schilfgürtel an beiden Ufern des Flusses, bei Mashi Crafts findest du die Gräser wieder – verwandelt in traditionelles Kunsthandwerk!

ELEFANTEN UNTERM STERNENHIMMEL

Durch das trockene Flussbett ziehen hin und wieder Elefanten, am klaren Nacht-himmel funkeln die Sterne heller als Straßenlaternen – weil es derlei Lichtquellen weit und breit nicht gibt. Beobachten kannst du beides auch aus der Dusche, denn die ist im Madisa Camp natürlich im Freien.

MUTPROBE ZUR VORSPEISE

Andere Kulturen, andere Speisen: Im Norden Namibias gelten Mopaneraupen als Delikatesse. Das Restaurant Xwama in Windhoek serviert die Tierchen lecker frittiert. Guten Appetit!

DIAMANTENSCHAU

Das Glas Sekt am Empfang der Diamond Works in Windhoek geht aufs Haus, anschließend erfährst du allerlei Wissenswertes zu den funkelnden Steinchen und ihren Bewertungsmaßstäben und schaust den Handwerkern auf die Finger.

DIE BESTEN INSIDER-TIPPS

Reisen mit Insider Tipps

GEPARDEN HAUTNAH

... erlebst du beim Besuch des Cheetah Conservation Fund, der dafür sorgt, den Lebensraum des edlen Jägers zu erhalten.

WASCHEN MIT AUSBLICK

Aus dem Open-Air-Badezimmer im Madisa Camp geht der Blick in die endlose Wüste oder den Sternenhimmel.

BADESPASS IN EWIGER TROCKENHEIT

Karge Steinwüste und plötzlich wie aus dem Nichts der Ongongo-Wasserfall – das ist Namibia!

WÜSTENBEWOHNER ENTDECKEN

Lass dich bei der Living Desert Tour von versteckten Kreaturen des Sandmeers überraschen.

ERLEGE DIE STROHANTILOPE

Baue im Ju/'Hoansi Living Museum selbst Pfeil und Bogen und lerne die Jagdtechnik der San.

ALLEIN IN DER GEISTERSTADT

Besorg dir vorab eine Fotoerlaubnis für die Geisterstadt Kolmanskop. Damit bekommst du bereits ab Sonnenaufgang und bis Sonnenuntergang Zutritt und erlebst faszinierende Schattenspiele.

ABSOLUTE STILLE

Am Rand des Kuiseb Canyon bist du allein mit der Wüste in fast beängstigender Ruhe.

UNTER EINHEIMISCHEN SHOPPEN

Der Markt in Katima Mulilo zielt kaum auf Touristen ab – und ist gerade deswegen so authentisch.

Unsere Empfehlung heute

Snacks vorweg

BILTONG
Trockenfleisch als Barsnack, meist aus Rindfleisch, mitunter auch aus Wild wie Strauß oder Kudu

MOPANERAUPEN
frittierte Raupen von Mopanebäumen

Hauptgerichte

BOEREWORS
würzige, grobe Grillwürste

GEGRILLTE ZIEGENRIPPEN
fettarme Spezialität auf dem *braai*

MAHANGU PAP
fester Brei aus gekochter Perlhirse, serviert mit Fleisch-, Fisch- oder Gemüsesaucen

SMILEY
im gusseisernen Topf langsam gekochter und dann im Ofen gebackener Schafs- oder Ziegenkopf

SMOKED CATFISH
geräucherte Meerbarbe

Desserts

MALVA PUDDING
schwammiger, saftiger Kuchen mit Aprikosenmarmelade

CHOCOLATE BROWNIE
Schokoladenkuchen

MILK TART
Blätterteiggebäck mit Vanille-Zimt-Cremefüllung

Getränke

ROCK SHANDY
Nationalgetränk aus Sprudel, Sprite, Zitronensaft und einem Schuss Angostura

MAHANGUBIER
Unvergorenes Gebräu aus Perlhirse

CIDER
Apfelbier, perfekt als Sundowner

NEPAL!

Stupa, Bodnath

Nepal, der Paradiesvogel Asiens „Märchenland", „geheimnisvolles Königreich", „Land der Götter", spirituelles Paradies. Mit diesen Slogans können die meisten Nepalesen gut leben, denn sie sind stolz auf ihr Land, obwohl es eines der ärmsten der Welt ist. Und jeder Besucher spürt das magische, mystische Flair, das über ganz Nepal liegt, über dem Kathmandu-Tal, das wegen Tausender Heiligtümer ein einzigartiges Kunstmuseum ist, und über dem Naturjuwel Himalaja, dem „Wohnsitz des Schnees" und der Götter.

CHECK IN

- ★ Tempel & Götter
- ★ Trekking im Himalaja
- ★ Buddhistische Meditation
- ★ Ein sanftmütiges Land
- ★ „Namaste"

MARCO POLO TOP-HIGHLIGHTS

BOUDHANATH ★
Im religiösen Zentrum der Tibeter umkreisen die Gläubigen den größten Stupa Nepals, unablässig das Mantra „Om mani padme hum" murmelnd und die Gebetsmühlen im Sockel des Bauwerks drehend

SWAYAMBHUNATH ★
Auf einem Hügel am Westrand der Stadt beobachten die alles sehenden Augen Buddhas vom Swayambhunath-Stupa aus das Kathmandu-Tal. Die Stimmung rund um den ältesten Stupa Nepals sucht ihresgleichen

ALTSTADT KATHMANDU ★
In Kathmandus engen Gassen und lebhaften Basaren leben Legenden und Sagen in der Gegenwart fort

DHULIKHEL ⭐ 7
Ausspannen bei Traumsichten auf den Himalaja in einem verträumten Newar-Städtchen
📷 *Tipp: Am frühen Morgen ist der Himmel am klarsten und die Sicht am besten*

BHAKTAPUR ⭐ 4
Das atmosphärische Töpferzentrum des Kathmandu-Tals ist auch berühmt für seinen Königsjoghurt
📷 *Tipp: Die in der Sonne trocknenden Ziegel und Töpfe am Pottery Square ermöglichen dir ein Spiel mit Farben und Formen*

PATAN ⭐ 8
Die Stadt der Schönheit verzaubert mit buddhistischer Kultur und dem schönsten Durbar Square

JANAKPUR ⭐ 9
Zauberhafte Stadt im Tiefland mit Indien-Flair: Tempel, Sadhus, Rikschas und Saris, die in allen Farben leuchten
📷 *Tipp: Auf den hinteren Galerien des Janaki Mandir verstecken sich bunte Wandmalereien*

CHANGU NARAYAN ⭐ 5
Wohltuende Ruhe herrscht am wenig besuchten historischen Tempel mit der ältesten in Nepal überlieferten Inschrift

INDRA JATRA ⭐ 10
Maskentänze und eine lebende Göttin machen das Fest zu Ehren Indras an Kathmandus Durbar Square zum großen Ereignis

PASHUPATINATH ⭐ 6
Heiligster hinduistischer Tempel mit Feuerbestattungen am Ufer des Flusses Bagmati

BEST OF
LOW-BUDGET

FÜR DEN KLEINEN GELDBEUTEL

RELIGION MIT WEITBLICK

Der Friedens-Stupa in Pokhara bietet einen tollen Blick auf das Tal, die Bergkette und den See. Rund zwei Stunden dauert die Wanderung hin und zurück, der Eintritt ist frei.

WIE IM VOGELFLUG

Der Besuch des Tempels Pilot Baba im Süden Bhaktapurs ist nicht nur gratis, es gibt auch noch eine unvergessliche Aussicht obendrauf: der fantastische Blick von einem Hügelkamm auf die quirlige Stadt Bhaktapur.

FINDE DEINE MITTE

Im Himalayan Buddhist Meditation Center in Kadhmandu kannst du kostenlos an einer Meditationsstunde teilnehmen. Eine Spende ist allerdings willkommen.

AUG IN AUG MIT BUDDHA

Viele Klöster und Tempel in der Klosterzone in Lumbini sind gratis zugänglich. Eine einzigartige Möglichkeit, die vielfältigen Spielarten des Buddhismus auf einem Fleck zu erleben.

KURIOSES IN DER BIBLIOTHEK

In der Kaiser Library in Kadhmandu warten in herrlich altmodischer Atmosphäre eine beachtliche Sammlung antiker Reisebücher, alte Gemälde und Bilder, antike Weltkugeln und im Erdgeschoss ein ausgestopfter Tiger auf dich.

GELEBTE RELIGION

Besuch einen der ältesten und größten Bahals der Altstadt Kathmandus, den Itum Bahal. Hinter einem Durchgang verbergen sich ein kleiner Stupa und eine ganze Menge Leben, Eintritt wird nicht verlangt.

BEST OF ⚑

TYPISCH

DAS ERLEBST DU NUR HIER

AUFSTIEG IN DIE WEISSEN GIGANTEN

In keinem Land der Welt ist der Trekking-tourismus so gut entwickelt wie in Nepal. Berühmt sind drei „Rennstrecken": durch die Annapurna- Region (nördlich und nord-östlich von Pokhara), zum Mount Everest, der in Nepal Sagarmatha heißt, und nach Langtang, nördlich von Kathmandu.

DER BERG RUFT AUCH IM MUSEUM

Wer nicht in die großen Wände des Himala-ja einsteigen will, verbringt eine spannen-de Zeit im International Mountain Museum in Pokhara. Nicht nur Bergsteigen ist das Thema, sondern auch das Leben der Men-schen im Gebirge.

REIS MIT LINSEN

Typisch nepalesische Gerichte und Speziali-täten der Newar werden im Thamel House in Kathmandu serviert. Das stilvolle Restau-rant samt Bar befindet sich in einem schö-nen alten Newar-Haus.

URIGE HÄUSER UND GASSEN

Reich verzierte Tempel, Stupas, enge Gas-sen, alte Häuschen mit schön geschnitzten Fenstern – der besondere Charme Nepals. In dem kleinen Städtchen Kirtipur werden viele Riten und Traditionen noch heute von den Einwohnern gepflegt und gelebt. Ein Besuch bietet schöne Einblicke in die Ne-war-Kultur.

HOCH AM HIMMEL

Paragliding ist ein Sport, der in Nepal im-mer beliebter wird. Vor allem in Pokhara erlebst du herrliche Bergpanoramen aus der Luft, schön sind die Flüge auch in dem Newar-Städtchen Bandipur

DIE BESTEN INSIDER-TIPPS

Reisen mit Insider Tipps

ZU EHREN DES HERRN DER TIERE

Verehrt wird in Pashupatinath Shiva in seiner Form als Herr der Tiere. Das Innere des Haupttempels ist für Nicht-Hindus verboten, aber es gibt dafür viele Tempel, Schreine und Schlangenbeschwörer zu bestaunen.

WILLKOMMEN IM VOGELPARADIES

Mal keine Mails checken: Digital Detox beim Bird Watching im Koshi Tappu Wildpark.

RADELN ZUM BUDDHA

Fühlst du dich fit genug, ist eine Radtour von Pokhara über Waling, Tansen und Butwal eine landschaftlich atemberaubende Tour.

ZUM GREIFEN NAH

Nepals Achttausender zum Frühstück! Der Himalaya auf einen Blick beim Sonnenaufgang in Daman.

EINSAM UND MALERISCH

Eine echte Alternative zur traditionellen Everest-Base-Camp-Route ist der wenig begangene Weg zu den tiefblauen Gokyo-Seen.

EINE TASSE TEE AM ENDE DER WELT

Teatime! In Ilam, an der Grenze zu Darjeeling, weit enseits der gängigen Reiserouten, wächst Nepals bestes Kraut.

FARBENFROHES PICKNICK

Dreimal täglich wechselt der Begnas-See die Farbe. Ein guter Ort, um hier den Picknickkorb auszupacken.

HOCH ÜBER DEM FLUSS

Eine schaukelnde Hängebrücke über dem Bhote-Koshi-Fluss und einer der höchsten Bungeesprünge der Welt: Das gibt's im Last Resort nahe der tibetischen Grenze.

DAS SCHMECKT IN NEPAL

Unsere Empfehlung heute

Snacks

PAKORA
frittiertes Gemüse oder Käse (paneer, cheese) in dünnem Teigmantel

MOMOS
tibetische Maultaschen, mit Fleisch oder vegetarisch

Suppe

KWATI
Suppe aus neun verschiedenen Bohnensorten

THUKPA
Eintopf aus Nudeln, Gemüse und Fleisch (tibetisch)

Beilagen

CHATAMARI
Reispfannkuchen

PAAPAD
knuspriges Linsenbrot, gebacken oder frittiert

Hauptgerichte

CHOYLA
gegrilltes und in Senföl eingelegtes scharf gewürztes Fleisch

DAL BHAT
Nationalgericht aus Reis, Linsen, Achaar und Gemüsecurry

SEKUWA
im Tandoor Gegrilltes (mit Fleisch/Masu oder Fisch/Machha)

SUKUTI
scharf gewürztes Dörrfleisch

Desserts

KULFI
Milcheis mit Pistazien, Cashewnüssen und Safran

LAPSI-CANDY
kandierte Fruchtsorte

Getränke

CHHYANG
vergorenes Getränk aus Reis- oder Maismehl

DUDHKO CHIYA
Milchtee mit Zucker, oft mit Ingwer, Kardamom oder Zimt gewürzt

LASSI
süßes oder salziges Joghurt getränk

NORWEGEN!

Moskenesoy

In manchen Gegenden sieht Norwegen so aus, als hätte es noch nie ein Mensch zuvor betreten. Mit einsamen Bergwelten und weiten Hochebenen, durch die Moschusochsen, Rentiere und Elche streifen. Seeadler, die an der zerklüfteten Küste ihre Runden drehen, und Pottwale, die sich am warmen Golfstrom im Nordmeer tummeln. Dazu im Winter das flimmernde Nordlicht. Einmal im Jahr steht aber die Natur nicht im Vordergrund, dann schaut die Welt gespannt auf Oslo, wenn wieder der nächste Friedensnobelpreisträger verkündet wird.

CHECK IN

★ Fjord & Fjell
★ 25 148 km Küstenlänge
★ Schneebedeckte Gipfel
★ Land der Trolle & Kobolde
★ Luftgetrocknet: Stockfisch

MARCO POLO
TOP-HIGHLIGHTS

GEIRANGERFJORD ⭐ 1

Norwegens Bilderbuchfjord solltest du auf dem Wasser oder aus großer Höhe erkunden

📷 *Tipp: Wer zum 320 m höher gelegenen Westerås-Hof wandert, bekommt ein atemberaubendes Panorama vor die Linse*

HOLMENKOLLEN IN OSLO ⭐ 2

Die Sprungschanze am Stadtrand von Oslo ist eine Art Kultstätte. Der Blick von oben bringt das Umland ganz nah heran

PREIKESTOLEN ⭐ 3

Das Felsplateau am Lysefjord ist der wohl schönste Aussichtspunkt in Westnorwegen

📷 *Tipp: Der Andrang ist um die Mittagszeit besonders groß, Frühaufsteher werden mit einem ungestörten Ausblick belohnt*

BRYGGEN ⭐ 4

Das Speicherviertel am Hafen in Bergen ist mehr als nur Erinnerung an die hanseatische Glanzzeit

📷 *Tipp: Das Mittelaltergefühl stellt sich am besten ein, wenn du ohne Blitz fotografierst*

FLÅMSBAHN ⭐ 5

Eine spannende Reise mit der Bahn durch das Hochgebirge bis an den Fjord

📷 *Tipp: Auf der rechten Seite Richtung Flåm sitzen und unbedingt mal die Kamera raushalten, wenn der Zug in eine Kurve fährt*

NIDAROSDOM ⭐ 6

Norwegens Nationalheiligtum in Trondheim ist das größte mittelalterliche Bauwerk in Skandinavien

ANDENES ⭐8
Der Ort auf der Vesterålen-Insel Andøya ist umgeben von schneeweißen Stränden am Nordmeer
📷 *Tipp: Für eine Walsafari lohnt sich ein gutes Objektiv. Schütz deine Kamera vor Salzwasser!*

ALTA MUSEUM ⭐9
Kilometerlange Spazierwege entlang uralter Felsritzungen – Kunstwerke, die vor über 5000 Jahren begonnen wurden

SALTSTRAUMEN ⭐7
Beim Blick von der Brücke kann es einem schwindelig werden: Viermal täglich donnert das Wasser mit hoher Geschwindigkeit durch den Sund bei Bodø

NORDKAP ⭐10
Eine Sommernacht bei klarem Himmel, in der die Sonne kaum das Meer berührt, ist immer unvergesslich

BEST OF

LOW-BUDGET

LICHTSPIELE

Der vielleicht spektakulärste Anblick in Norwegen ist gratis, aber leider nur in den Wintermonaten möglich: der des flimmernden Nordlichts. Deshalb: Heißen Tee machen, dick einpacken und einfach nur genießen.

KEIN HEXENWERK

Gekostet hat es ein Vermögen – 10 Mio. Euro –, die Besichtigung ist kostenlos: Das Mahnmal Steilneset Minnested in Vardø, entworfen vom Schweizer Peter Zumthor, erinnert an die traurige Geschichte der Hexenverbrennungen in Nordnorwegen.

MONUMENTALKUNST IM PARK

Kunstgenuss trifft auf Picknickatmosphäre: Nimm dir Zeit und betrachte die berühmten Skulpturen im Vigelandsparken. Die Anlage gehört zum Frognerpark, dem beliebtesten sommerlichen Treffpunkt in Oslo.

KURVENREICH AM MEER

Außergewöhnlich ist die Atlantikstraße, die sich über Brücken und Inseln an der Küste entlangschlängelt. Und die ganze Pracht ist mautfrei.

BLICK ÜBER DEN TELLERRAND

Wer sich nicht nur für Landschaft und Kultur, sondern auch für die Geschichte und das Leben der Nordmänner und -frauen interessiert, findet im Perspektivet Museum in Tromsø beeindruckende Fotodokumentationen. Hier kannst du hautnah in die verschiedenen Zeiten und Epochen eintauchen.

CHILLEN IN DER FESTUNG

Auf einer Landzunge im Oslofjord liegt eines der wichtigsten mittelalterlichen Bauwerke Norwegens, die frei zugängliche Akershus Festung, heute Treff der Sonnenanbeter.

BEST OF 🚩

TYPISCH

DAS ERLEBST DU NUR HIER

VON EISZEITEN GESCHAFFEN

Oben und unten, Himmel und Wasser erscheinen buchstäblich in neuem Licht: Die Fjorde sind das Bindeglied zwischen Küste und Fjell. Ein prächtiger Meeresarm erwartet dich am Lysefjord bei Stavanger, umwerfend ist der Blick vom Felsplateau Preikestolen.

NATIONALSTOLZ

Frische Birkenzweige gehören zum norwegischen Nationalfeiertag am 17. Mai, dem Tag des Grundgesetzes. Es trifft sich gut, wenn du dann gerade in Oslo bist: Hier wird nämlich besonders schön gefeiert, mit einem Kinderumzug am Schloss vorbei.

KIRCHEN MIT HEIDNISCHEM CHARME

Stabkirchen sind wunderschöne Spuren der frühen Christianisierung – mit heidnischen Ornamenten. Auf keinen Fall verpassen sollte man die Borgund Stavkirke bei Lærdal am Sognefjord.

IM SKISPORT GANZ OBEN

Du hast mit Skispringen so gar nichts am Hut? Macht nichts, aber die Holmenkollen-Schanze musst du trotzdem besuchen. Besichtige erst das Skimuseum, danach wirst du bei der fantastischen Aussicht garantiert sprachlos.

EPOS AM SEE

Peer Gynt, der Held in Henrik Ibsens dramatischem Gedicht, ist der Inbegriff des norwegischen Selbstbilds: Abenteuerlust stößt auf Engstirnigkeit, Fantasie auf die harte Realität. Klassiker unter den Inszenierungen sind die Aufführungen beim Peer-Gynt-Festival in der traumhaften Landschaft am See Gålåvatnet.

DIE BESTEN INSIDER-TIPPS

Reisen mit
Insider
Tipps

IN DER WELT DER TROLLE

Der Legende nach sind viele Berge erstarrte Trolle. So gibt es einen Trollfjord und die mittelnorwegische Gebirgskette Trollheimen. In jedem Souvenirshop sind die knuffigen Kobolde der Renner.

DEN EISIGEN ABSTIEG WAGEN

Auch Anfänger können mit der richtigen Ausrüstung eine Eisklettertour in Rjukan gut bewältigen.

SCHWINDELFREI ÜBER DEM TAL

Am Trollstigveien ragt ein Aussichtsplateau tief über den Abgrund und bietet einen spektakulären Rundumblick.

NÄCHTLICHER SONNENSCHEIN

Bei Mitternachtssonne geht's in Tromsø mit der Seilbahn rauf auf den Storsteinen, um dort den magischen Moment zu teilen. Sie bringt dich innerhalb von sieben Minuten in 656 m Höhe.

HINTER SPRUDELNDEM WASSER

Für einen Spaziergang hinter dem Hardanger-Wasserfall Steindalsfossen nimmt man sogar in Kauf, etwas nass zu werden.

SONNENBADEN IM SCHATTEN DER KUNST

Sich in Oslo erst der Kunst im Astrup Fearnley Museet widmen und danach bei schönem Wetter hinter dem Gebäude einfach ein bisschen abhängen.

IN ABSOLUTER STILLE EINSCHLAFEN

Zu einer Wanderung über die Hardangervidda gehört stilecht auch eine Nacht im Zelt, egal wo.

Empfehlung heute

Frühstück

BRUNOST
Brauner Traditionskäste mit malziger
Note, gern mit einer dünnen Schicht
Marmelade

Vorspeisen

SPEKETALLERKEN
Auswahl von geräucherten Schinken
und Würsten, serviert mit Brot
und Dip

REKESMØR
Krabben und Mayonnaise
mit frischem Salat auf Weißbrot

FISKESUPPE
Verschiedene Fischsorten in einer
cremigen Suppe

DAMPET BLÅSKJELL
Miesmuscheln im Weißweinsud,
dazu Weißbrot

Hauptgerichte

OVNSBAKT LAKS
Mit Porree, Sellerie und Möhren
gefüllter Lachs, mit Salz und
Knoblauchpfeffer in Folie
gebacken

RØKT ELGSTEIK
Geräuchertes Elchfleisch, im Ofen
geschmort, mit Wurzelgemüse,
Rosenkohl, Wildsauce und
Salzkartoffeln

LAMMESTEIK
Lammbraten, gewürzt mit Thymian,
Rosmarin und Knoblauch

Desserts

EPLEKAKE MED IS
Warmer Apfelkuchen mit Zimt
und Vanilleeis

MOLTEKREM
Mit Moltebeermarmelade
verrührte Schlagsahne

TROLLKREM
Kalt gerührte Preiselbeeren mit
steif geschlagenem Eiweiß

Getränke

GLØGG
Norwegischer Glühwein, mit Mandeln
und Rosinen serviert

SOLBÆRTODDY
Warmer Johannisbeersaft, der
bevorzugt beim Wandern und Skifahren
getrunken wird

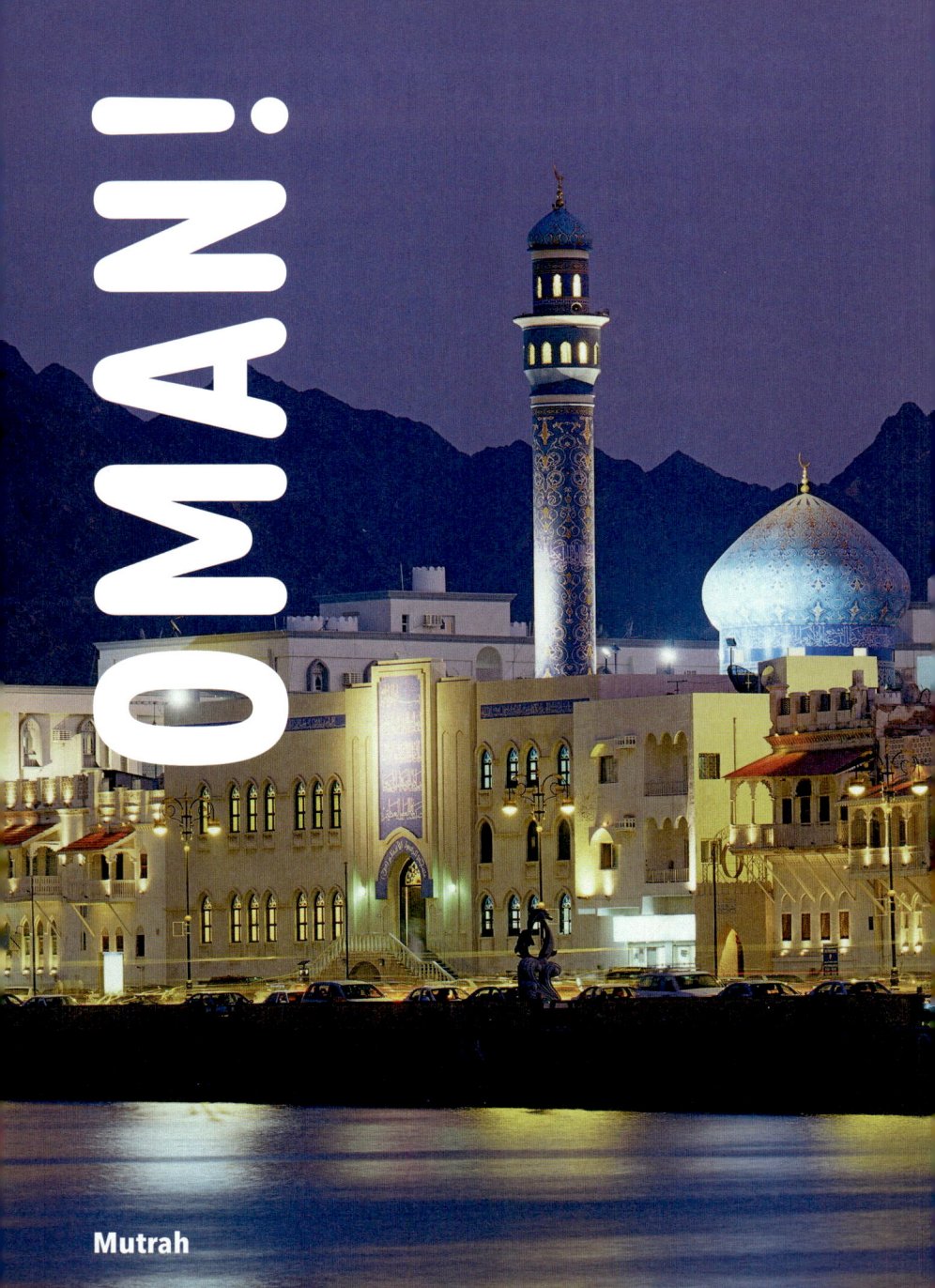

OMAN!

Mutrah

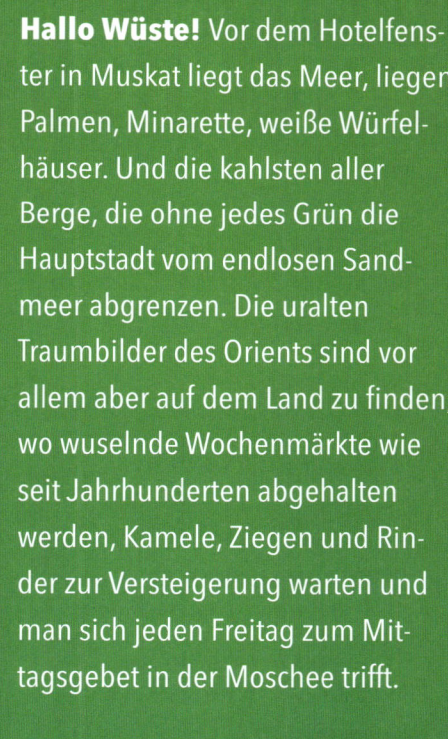

Hallo Wüste! Vor dem Hotelfenster in Muskat liegt das Meer, liegen Palmen, Minarette, weiße Würfelhäuser. Und die kahlsten aller Berge, die ohne jedes Grün die Hauptstadt vom endlosen Sandmeer abgrenzen. Die uralten Traumbilder des Orients sind vor allem aber auf dem Land zu finden, wo wuselnde Wochenmärkte wie seit Jahrhunderten abgehalten werden, Kamele, Ziegen und Rinder zur Versteigerung warten und man sich jeden Freitag zum Mittagsgebet in der Moschee trifft.

CHECK IN

★ Grüne Wadi-Oasen
★ Prunkvolle Moscheen
★ Gipfelwelt des Hajar
★ Fjorde? Hier? Ja!
★ Weltoffenheit

MARCO POLO
TOP-HIGHLIGHTS

SULTAN-QABOOS-MOSCHEE ⭐1
Die größte und schönste Moschee des Sultanats
📷 *Tipp: Steht an den vier Eckminaretten eine Tür offen? Dann nutz die Chance für ein Foto des Moschee-Hofs*

SOUK VON MUTRAH ⭐2
Hier wird zwar auch Nippes vertickt, aber du musst ja nicht selber shoppen. Schau ruhig in die Seitengassen und beobachte, was die Omanis so kaufen

RIYAM ROAD ⭐3
Die hinreißende Aussicht von der ältesten Straße Omans solltest du dir nicht entgehen lassen
📷 *Tipp: Die Lichter der Altstadt sind ein famoses Nachtmotiv*

FESTUNG AL HAZM ⭐
Reise in die Vergangenheit per Audio und Video: Omans eindrucksvollste Festung

SUMHURAM ⭐5
Weihrauch hat die uralte Hafenstadt reich gemacht. Zwischen den Ruinen und im Museum werden 1500 Jahre omanische Geschichte wieder lebendig

DHAUWERFTEN SUR ⭐8

Im würzigen Duft von Teakholz wird die alte Handwerkskunst des Bootsbaus am Leben erhalten

📷 *Tipp: Vom Felsen gegenüber, neben der Hängebrücke, gelingen dir besondere Bilder auf Werft und Buchteingang*

FESTUNG JABRIN ⭐9

Schöner wohnen auf Arabisch: Prächtiger geschmückt kommt keine andere Wohnfestung des Landes daher

📷 *Tipp: Von der Zufahrtsstraße bietet sich eine tolle Gesamtansicht*

TAGESFAHRT MIT DER DHAU ⭐

Und wenn du alles andere verpasst – die Fahrt mit dem traditionellen Segler durch die Fjorde Musandams ist eine Erinnerung fürs Leben!

MISFAT AL ABRIYYIN ⭐10

Die friedliche kleine Oase schmiegt sich mit ihren filigranen Terrassenfeldern in die raue Bergwelt

📷 *Tipp: Stell dich beim Sonnenuntergang an den Berghang gegenüber der Oase – so bekommst du sie ins beste Licht gerückt*

MUSEUM BAIT AL-SAFAH ⭐

Ein sprichwörtlich lebendiger Blick in den Alltag, der vor Jahrhunderten im Sultanat herrschte

BEST OF €

LOW-BUDGET

FÜR DEN KLEINEN GELDBEUTEL

WUNDER DER NATUR

Faszinierend sind die weich geschwungenen Dünen der Wahiba-Wüste. Ebenso grandios sind Pracht und Vielfalt der Pflanzen des Oman. Einen kostenlosen Überblick erhält man im Botanischen Garten des Naturhistorischen Museums, inklusive des berühmten Weihrauchbaums.

HARMONISCHE BAUPRACHT

Du musst dich nur dezent kleiden, dann kannst du die Schönheit der Sultan-Qaboos-Moschee in Muscat genießen, wo die architektonischen Stilelemente Omans mit den schönsten Farben, Designs und Dekoren der arabischen Welt vereint sind – Eintritt frei!

OLFAKTORISCHE KRÖNUNG

Amouage gehört zu den teuersten Parfüms der Welt, denn es beinhaltet die edelsten Essenzen Omans und wird in wertvollen Flakons aus Bleikristall verkauft. Eine Führung im Besuchszentrum der Parfümerie Amouage ist kostenlos und es gibt Pröbchen.

HANDWERKSKUNST AUS DEM GEDÄCHTNIS

Die alten Holzschiffe auf den Werften in Sur werden aus dem Kopf heraus gebaut, d.h. Pläne oder Skizzen gibt es nicht. Dass die Dhaus trotzdem gelingen, davon kann man sich auf dem Werftgelände selbst überzeugen – kostenlos!

PROBIEREN GEHT ÜBER STUDIEREN

Auch bei Datteln! Auf dem Nizwa Souk solltest du dir die Chance nicht entgehen lassen und probieren. Hast du deine Lieblingssorte gefunden, musst du aber auch kaufen!

BEST OF

TYPISCH

DAS ERLEBST DU NUR HIER

LEBHAFTES GEFEILSCHE

In Zeiten von Supermärkten ist der Viehmarkt von Nizwa, auf dem Verkäufer – lautstark ihre Preisvorstellung rufend – Ziegen, Rinder oder Schafe durch den Kreis der Interessenten führen, eine lebendige Reminiszenz an längst vergangene Zeiten.

RUINENRUNDGANG

Das alte Dorf Tanuf zu Füßen des mächtigen Jebel Akhdar ist ein typisches Beispiel für die historische Lehmarchitektur und Wohnkultur dieser Region.

ÜBER STOCK UND STEIN, DURCH WASSER UND (PALMEN)WALD

Das Wadi Shab mit seinen ausgewaschenen Felsblöcken und fruchtbaren Palmengärten ist nicht nur ein eindrucksvolles Beispiel für die leuchtend grünen Trockentäler Omans. Hier wartet auch eins der schöns-

ten Naturerlebnisse des Sultanats, wenn du deine Wanderschuhe schnürst.

FRESKEN IM WOHNSCHLOSS

Eine martialische Festung mit dunklen Verliesen und kahlen Wänden? So wollte Bilarub bin Sultan nicht leben und schmückte sein Wohnschloss Jabrin mit Fresken und Deckenmalereien, die in Arabien ihresgleichen suchen.

AUG' IN AUG' MIT DEN FRAUEN

Arabische Frauen leben schüchtern hinter Mauern? *Wallahi*, bei Allah – dann erleb beim Kauf wohlriechender Essenzen auf dem Weihrauchmarkt in Salalah, wie selbstbewusst einheimische Frauen in ihren Läden den Kunden mit einem freundlichen Lächeln unter der Gesichtsmaske alles Wissenswerte erzählen.

DIE BESTEN INSIDER-TIPPS

Reisen mit Insider Tipps

IM WADI BADEN GEHEN

Kostbares Nass verwandelt das Trockental Wadi Bani Khalid in eines der schönsten des Landes. Zwischen steilen Felswänden kannst du im wahrsten Sinne des Wortes baden gehen.

STILLE FARBSPIELE

Wie sich die Dünen der größten Sandwüste der Erde, der Rub al-Khali, in aller Stille abends orangerot färben – grandios!

GRANDIOSE WOHNLAGE

Allein der Blick aus den Häusern in der Steilwand hoch über dem Wadi Nakhar – dem Ziel des *balcony walk* – ist umwerfend.

ECHT DUFTE

Tausende Rosen verströmen jedes Frühjahr ihren unvergleichlichen Duft auf dem Jebel Akhdar – könnte man ja mal erleben, findest du nicht?

GÜNSTIG GEHÖRT

Hört sich etwas over the top an: Royal Opera House Muscat ... Aber trotz wuchtiger Architektur herrscht innen Leichtigkeit – und die Tickets sind erschwinglich.

CHARAKTERSTUDIEN

Natürlich kannst du wegen des saftigen Obsts zum Central Market von Salalah fahren. Spannender sind aber die vom Wetter gegerbten Gesichter der *jebalis,* die sich hier regelmäßig zum Palaver treffen.

MORGENS AM SCHÖNSTEN ...

... ist das spiegelglatte Wasser im Khor Najd, von der über den Gipfeln Musandams aufgehenden Sonne beleuchtet.

DAS SCHMECKT IM OMAN

Unsere Empfehlung heute

Vorspeisen

BABA GHANOUSH
Püree aus gegrillten Auberginen und Sesamöl

HUMMUS BI TAHINA
Püree aus Kichererbsen mit Sesamsauce

SAMOSA
Mit Fleisch oder Gemüse gefüllte, dreieckige Teigtaschen

FATOUSH
Gemischter Salat mit geröstetem Brot & Granatapfelkernen

Hauptgerichte

BIRYANI
Reisgericht, entweder mit Fleisch, Fisch oder Gemüse

HAREES LAHM
ein aus Fleisch und Weizen gekochter Brei (lokale Spezialität)

DAAL
indisches Linsengericht mit Kokosmilch und Curry

MISHKAK
Gegrillte Fleisch-Spieße mit würziger Sauce

SHAWARMA
arabische Ausgabe des Döner mit Hühner- oder Rindfleisch

SHOOWA
in einer Feuergrube bis zu 24 Stunden lang gegartes Fleisch

Desserts

HALWA
traditionelle Süßspeise aus Butter, Zucker, Eiern, Gewürzen und Nüssen

UMM ALI
warm genossen aus Blätterteig, Milch, Nüssen, Rosinen, Zucker und Zimt

TAMR
Datteln - naturbelassen, mit Füllung oder im Schokoladenmantel

Getränke

LEMON-MINT-SAFT
Süßsaure Vitaminerfrischung

KARAK
indischer Gewürztee

QAHWA
arabischer Kaffee (meist mit Kardamom)

PERU!

Alpakas im Cañon Colca

Unvergesslich wird deine Reise definitiv: Peru ist wie geschaffen für Abenteurer, Bildungsreisende, Natur- und Sportfans. Der größte, auf 3812 m liegende Hochlandsee, der Titicacasee, die legendäre Inkametropole Cuzco und die verwunschene Bergfestung Machu Picchu sind nur die bekanntesten Highlights. Nach einem Besuch der Chimú-Metropole Chan Chan, der Moche-Pyramiden von Túcume und der Linien von Nazca wirst du dich fühlen wie Indiana Jones im Entdeckerfieber.

CHECK IN

★ Auf dem Inka–Trail
★ Samtweich: Alpaka–Wolle
★ Wo Superfood wächst
★ Condor: Symbol der Anden
★ Den Amazonas bereisen

MARCO POLO
TOP-HIGHLIGHTS

KUÉLAP ⭐2
Eindrucksvolle Festungsanlage der
Chachapoyas-Kultur, noch wenig
besucht

MACHU PICCHU ⭐1
Die mystische Ruinenstadt in den
Wolken ist der Höhepunkt jeder Peru-
Reise
📷 *Tipp: Mit Langzeitbelichtung ver-
schwinden die Touristenmassen auf
dem Foto nahezu*

CUZCO ⭐3
In der ehemaligen Inkametropole ist
der alte Glanz noch allgegenwärtig
📷 *Tipp: Auf Details zoomen und mal
auf Schwarz-Weiß-Modus stellen, die
Bilder sehen wunderbar aus der Zeit
gefallen aus!*

IGLESIA Y CONVENTO SAN FRANCISCO IN LIMA ⭐7

Finstere Katakomben und eine riesige Bibliothek erzählen in Limas 1687 erbautem Franziskanerkloster koloniale Geschichte

LINIEN VON NAZCA ⭐4

Um die riesigen, rätselhaften Scharrbilder auf Felsen und im Wüstensand ranken sich viele Theorien – in ihren ganzen Dimensionen nur aus der Luft zu erkennen

TÚCUME ⭐8

Im Tal des Río La Leche fand Thor Heyerdahl 26 zum Teil stark verwitterte, doch in der Form gut erkennbare Adobe-Pyramiden aus der Zeit um 700 v. Chr.

ISLAS FLOTANTES DES TITICACASEES ⭐5

Originell und technisch meisterhaft: die schwimmenden Schilfinseln im Titicacasee

CHAN CHAN ⭐9

Mit 20 km² ist die im 15. Jh. von den Inka unterworfene Stadt die größte archäologische Stätte des Kontinents und die größte Lehmziegelstadt der Welt

PARQUE NACIONAL MANU ⭐6

Wo Aras noch in Schwärmen auftauchen und die letzten Riesenotter in Lagunen tollen – das gigantische Regenwaldareal gehört zum Welterbe der Unesco

📷 *Tipp: In der Abenddämmerung explodiert der Himmel über dem Regenwald in allen Farben*

SCHIFFFAHRT VON IQUITOS NACH YURIMAGUAS ⭐10

Drei Tage in der Hängematte über den Amazonas schippern, den Regenwald am Ufer vorbeiziehen lassen und den Geräuschen des Dschungels lauschen

BEST OF €
LOW-BUDGET
FÜR DEN KLEINEN GELDBEUTEL

BEIM PRÄSIDENTEN REINSCHAUEN

Treffpunkt im Zentrum von Lima ist der Plaza Mayor. Hier befindet sich auch der Palacio de Gobierno, der Amtssitz des peruanischen Präsidenten Ollanta Humala. Den kannst du nur samstags, dafür aber umsonst besichtigen.

AUF DEN SPUREN DER NAZCA

Früher war Cahuachi vermutlich ein Spiritualzentrum der Nazca-Kultur mit riesigen Pyramidentempeln, heute kannst du den Ort dank der (noch andauernden) Arbeit der Archäologen frei besuchen.

SÜSSE VERSUCHUNG

Was du schon immer über Schokolade wissen wolltest. Im eintrittsfreien Chocomuseo in Cuzco gibt es auch eine kleine Fabrik, die fair gehandelten Biokakao zu Schokolade verarbeitet.

ZU FUSS UND OHNE GELD

Gratisführungen durch die Altstadt von Arequipa und den weitläufigen Klosterkomplex Santa Catalina gibt's bei Free Walking Tours. Ein Trinkgeld ist jedoch erwünscht.

DIE HÜFTEN SCHWINGEN

Im Amphitheater des Parque Kennedy in Limas Stadtbezirk Miraflores kann man samstagnachmittags zu Salsa, Cumbia und alten Schmusesongs tanzen. Auch beschwingend: Im Parkbereich gibt's Gratis-WLAN.

GEGEN DAS VERGESSEN

Im Museo de la Memoria in Ayacucho erfährst du viel über die Hintergründe und Folgen des bewaffneten Konflikts mit der Guerilla des Sendero Luminoso („Leuchtender Pfad"). Das Haus wurde mit deutschen Entwicklungshilfegeldern finanziert; der Eintritt beträgt nur 2 S/. (ca. 60 Eurocent)

BEST OF

TYPISCH

ZUM GEIER

So nah wie am Cruz del Condor im Cañon Colca, einerm der tiefsten Canyons der Welt, kommst du an den stattlichen Kondor, das Symboltier der Anden, nur selten heran. Das wissen allerdings auch andere Touristen.

WELLNESS BEI DEN INKA

In Pisac bei Cuzco gibt es jede Menge Wellnessangebote und Yogazentren. Im Hotel Aranwa Sacred Valley kann man den gigantischen Spakomplex auch als Nicht-Gast nutzen.

KUSCHELWEICH UND WARM

Aus Peru kommt feinste Alpakawolle. Sie wird zu kuscheligen Pullovern, Decken, Schals verarbeitet und in ausgewählten Läden verkauft, in Arequipa z.B. in der Casona de Santa Catalina.

FÜR FISCHLIEBHABER

Wer in Peru is(s)t, muss Ceviche probieren. Das Nationalgericht – marinierter, roher Fisch – schmeckt besonders gut, wenn der Pazifik nah ist, z.B. im Restaurant Punto Azul.

DER WEG IST DAS ZIEL

Die Bahnfahrt vom Bahnhof Desamparados in Lima nach Huancayo ist spektakulär! Durch 67 Tunnel und über 54 Brücken geht's steil in die Anden.

WANDERN WIE ZU INKAZEITEN

...das geht auf „faire" Art auf einem erhaltenen Teilstück des Capac Ñan, der alten Königstraße, die einst Quito in Ecuador mit La Paz in Bolivien verband. Eine gute Alternative zum Inka Trail, auf dem inzwischen wegen Überfüllung nur noch 500 Wanderer täglich zugelassen sind.

DIE BESTEN INSIDER-TIPPS

Reisen mit
Insider Tipps

WIE BAUT MAN EINE SCHILFINSEL?
Um die Tradition des Schilfinselbaus auf dem Titicacasee am Leben zu erhalten, richtete man auf der 64 x 36 m großen Totani Pata und auf dem Wuaca-Wuacani-Inselkomplex Schulen ein.

PISCO SOUR MIT AUSSICHT
Von der Rosa Nautica blickst du bei Sonnenuntergang auf Limas Skyline, den Pazifik und coole Surfer.

UNBEKANNTE RUINEN ERKUNDEN
Machu Picchu ist dir zu voll? Dann schnapp dir einen Esel und wandere nach Choquequirao.

RENDEVOUS MIT MUMIEN
Eines der schönsten Museen versteckt sich tief im Norden des Landes. Das Museo Leymebamba bei Chachapoyas stellt Mumienbündel der Chachapoya-Kultur aus, die in der einen Tagesmarsch entfernten Laguna de los Cóndores gefunden wurden.

SUPERFOOD, FÜR SUPERKRÄFTE
Maca, Quinoa und Chia – was in Deutschland gerade als Superfood angesagt ist, wird in Peru schon seit Jahrtausenden verspeist.

AYKUYKUY! WILLKOMMEN!
In Cuzco kannst du Quechua lernen, die Sprache der Inka und Muttersprache von Millionen Menschen in Peru.

MEERSCHWEINCHEN ESSEN
Die kleinen Nager sind in Peru eine Delikatesse. Bei den Superköchen Astrid & Gastón in Lima gibt's die allerfeinsten.

DAS SCHMECKT IN PERU

Unsere Empfehlung heute

Apéritif

PISCO SOUR
mit Limettensaft, Eiweiß, Sirup und
einem Tropfen Angostura vermixter
Pisco-Schnaps

Vorspeisen

PAPA A LA HUANCAÍNA
gekochte Kartoffeln mit einer
würzigen Soße

SOPA A LA CRIOLLA
Suppe mit Nudeln, Gemüse,
Rindfleisch und Milch

TAMALES
in Maisblätter eingewickelte Teigtasche
aus Mais, mit Huhn oder anderem
Fleisch gefüllt

Hauptgerichte

CEVICHE
in Limettensaft marinierte rohe
Fischstücke mit Zwiebeln und Chili,
dazu Süßkartoffeln

LOMO SALTADO
Rindergeschnetzeltes mit Zwiebeln
und Tomaten, dazu Reis und Pommes
frites

ROCOTO RELLENO
mit Chilischoten gebratenes Hackfleisch
mit Käse, Erdnüssen und Gemüse

AJÍ DE GALLINA
leicht scharfes Hühnerfrikassee

PACHAMANCA
Gericht aus Fleisch, Kartoffeln und
Gemüse, das in der Erde auf bzw.
zwischen heißen Steinen gegart wird

Desserts

MAZAMORRA
fruchtiger Pudding aus violettem
Mais

PIE DE LIMÓN
Zitronenkuchen

Getränke

CHICHA MORADA
Erfrischungsgetränk aus violettem Mais

INKA COLA
die wahrscheinlich süßeste Limo der
Welt, knallgelb und koffeinhaltig

EMOLIENTE
heißer Tee, der aus unterschiedlichen
Kräutern und Früchten zusam-
mengestellt wird, z.B. aus Quinoa
oder Maca

SCHOTTLAND!

Abbotsford House, Melrose

Schottland ist Kult! Burgen, Schlösser und Mythen, Whisky, Kilt und Nessie locken in das wild-romantische Nordland, über dem der ständige Wetterwechsel für famose Lichtspiele und Fotomotive sorgt. Die Windschutzscheibe deines Autos wird zum Panorama-fenster für Berge, Moorseen und Steilküsten. Und zwischendrin Edinburghs mittelalterliche Skyline, Dundees postmoderne Kultur-explosion und Glasgows humorig gewürzter Charme.

CHECK IN

- ★ Natur? Dramatik pur!
- ★ Das Licht der Highlands
- ★ Fast 140 Whisky-Destillen
- ★ Dudelsacksound
- ★ Kannst du Keltisch?

MARCO POLO
TOP-HIGHLIGHTS

JEDBURGH ABBEY 2
Von den vier Grenzlandabteien, die du bequem auf der Fahrt von England nach Edinburgh ansteuern kannst, ist dies die imposanteste

ROYAL MILE IN EDINBURGH 3
Boulevard schottischer Träume: Auf Edinburghs Fußgängermeile spazierst du von der Burg durch die famose Altstadt hinunter zu Parlament und royalem Palast

CALLANISH STANDING STONES 1
Forget Stonehenge – in diesem Steinkreis auf Lewis bist du am Nabel der Kelten-Welt
📷 *Tipp: Die Steine im Sonnenaufgang mit Regenwolken und -bogen – grandioser geht Landschaftsfotografie nicht!*

LOCH NESS 4
Auch wenn „Nessie" sich rar macht: Der Sogkraft des mythischen Seebewohners entkommst du kaum. Denn schon der See ist ein Hingucker

TROTTERNISH-HALBINSEL
Schwarze Basaltfelsen, die durch Moorgrün in Richtung Meerblau zu rutschen scheinen: Du fühlst dich wie ein Adler über Skye

SKARA BRAE ⭐7
Wo standen vor 5000 Jahren Bett und Wandschrank? Das besterhaltene Steinzeitdorf Europas auf Orkney Mainland zeigt's dir!

WEST HIGHLAND WAY ⭐8
Der schönste Schnuppermarsch auf den 152 km von Glasgow zum Ben Nevis verläuft am waldigen Ufer des Loch Lomond.

HIGHLAND GAMES ⭐9
Kerle in Wickelröcken: Zu den Wettkämpfen im Highlanddörfchen Braemar kommt sogar die Queen mit Familie, um den Baumstämmen beim Fliegen nachzuschauen
📷 *Tipp: Muskulöse Männerbeine in Röcken, sogar beim Highland-Tanz – draufhalten!*

MALT WHISKY TRAIL ⭐5
An der Quelle des „Lebenswassers" kommt jeder auf den Geschmack. Hier schmeckt der Whisky weniger torfig als im Westen
📷 *Tipp: Die Fässerberge in Craigellachie sprengen fast den Fotorahmen, genau wie die Hände der Küfer*

DUNROBIN CASTLE & GARDENS ⭐10
Märchenschloss mit Traumgarten – so pompös ließ es sich vor 700 Jahren in den Highlands leben

BEST OF €

LOW-BUDGET

FÜR DEN KLEINEN GELDBEUTEL

SCHOTTLAND KLISCHEEFREI

Das National Museum of Scotland in Edinburgh räumt sicher mit Klischees auf. Vom Henkersbeil bis hin zum Klonschaf Dolly ist's spannend, faktenreich, mythenfrei – und kostenlos. Schön ist auch das lichtdurchflutete Museumscafé.

KUNST KOSTET KEINEN EINTRITT

Free admission heißt das Zauberwort – Eintritt frei! Dutzende von öffentlichen Museen und Galerien in Schottland kosten gar nichts, darunter die besten und größten Kunsttempel. Das Geld steckst du in ein Souvenir im Shop – so stimmt die Rechnung für alle!

PICKNICK VOR DER BURG

Wer die stimmungsvolle Ruine der Wasserburg Caerlaverock Castle betreten will, muss Eintritt zahlen. Viel romantischer aber ist es, auf einer der Wiesen rund um das Schloss zu picknicken. Besonders, wenn die Abendsonne die hinreißenden Mauern in ihr ganz besonderes Licht taucht.

MULL IN MOLL

Weil Felix Mendelssohn-Bartholdy 1829 Mull und Staffa besuchte, komponierte er einen Sound für die Inseln: „Die Hebriden" ist eine berühmte Konzertouvertüre. Anfang September hallt dies in der kostenlosen Festivalwoche Mendelssohn on Mull wider.

INSELBETT AM ENDE DER WELT

Preiswerter kannst du in Schottland kaum übernachten, anrührender und authentischer aber auch nicht. Der Luxus der drei einfachen Bauernkaten Berneray, Rhenigidale und Howmore mit Stockbetten im Herbergsstil liegt in der kuscheligen Gastlich-

BEST OF ⚑

TYPISCH

RUNEN-GRAFFITI

Schon die Wikinger haben in der Megalith-anlage Maes Howe auf Orkney Schutz vor Stürmen gesucht. Auf den Wänden hinterlie-ßen die Nordmänner umfangreiche Runen-schriften. Die Graffiti besingen u.a. eine „schöne Ingeborg".

EDINBURGHS PRACHT UND GRUSEL

Eine Meile mit Weile! Die Royal Mile soll-test du vom Castle aus entlangbummeln, weil's bergab geht – abgasfrei! Schlendere entlang mittelalterlicher Hochhäuser, einer Shop-Phalanx mit Karo-Kitsch, durch ein Echo aus Dudelsackgetön und mit Abste-chern in Seitengässchen, die Grusel und Enge der Vergangenheit widerspiegeln.

HIGHLANDS REIFE SEELE SÜFFELN

Bei Dufftown kommst du vom Malz zum Fass zum Schluck in weniger als 10 years.

Das Örtchen beweist seine Expertise mit sieben umliegenden Brennereien und ei-nem Whiskyshop.

SIE BEISSEN AUCH BEI REGEN

Äsche, Forelle und Lachs tummeln sich im wild und wendig durch die Borders-Region eilenden Fluss Tweed. Wer sich mal unter Anleitung ein paar Stunden oder einen ganzen Tag mit langer Spey-Zweihand-Flie-genrute in der meditativen und wetterun-abhängigen Kunst des *fly fishing* üben möchte, ist hier richtig.

MÄRCHENPALAST

Abbotsford House erscheint mit seinen vik-torianischen Schnörkeln, mit den vielen Er-kern und Türmchen wie aus dem Märchen-buch entsprungen. Hier erfand Sir Walter Scott in mehr als 40 Romanen Schottland neu.

DIE BESTEN INSIDER-TIPPS

Reisen mit Insider Tipps

HIGHLANDS IN FILM & NATUR
Die Highlands waren und sind immer wieder Filmkulisse. „Highlander" mit Christopher Lambert spielt teilweise im Eilean Donan Castle. Ebenso filmreif: Highland-Rinder, die im Gegensatz zu den Galloways lange Hörner haben.

IN DEN BORDERS BIKEN
Auf der 4 Abbeys Cycle Route wirst du zum romantischen Ritter der Pedale.

BIRD WATCHING EXTREM
Unst, Fair Isle, Foula – ein Shetlandsommer am Klippenrand des Vogelwahnsinns.

FOLK, DER ROCKT
Am inbrünstigsten gespielt, gesungen und gejammt in Edinburghs *Sandy Bells* und auf den Festivals auf Orkney und Shetland.

NESSIE-MANIE
Alle Jahre wieder taucht ein U-Boot im Loch Ness, um ein Lebenszeichen des schottischen Mythos zu erhaschen. Vielleicht entdeckst du ja etwas vom Urquhart Castle aus.

TRAUMINSELN HÜPFEN
Einfach mal raus: Eigg, Muck, Rum – bildschöne Smal Isles mit Aussteiger-Aura!

SCHMAUSEN WIE EIN SCHOTTE
Einmal Hirsch-Haggis, bitte! In Glasgows Esstempel Ubiquitous Chip wird Mut belohnt.

JOGGING UM DEN MOORSEE
Nimm die Loch Ossian Challenge an, einen einsamen 12-km-Lauf um den See: Der Hostel-Warden stoppt deine Zeit und führt die Rekordliste (seit 1977).

DAS SCHMECKT IN SCHOTTLAND

Unsere Empfehlung heute

Kleiner Hunger

COCK A LEEKIE
Hühnersuppe mit Lauch, gerne an der
Küste und auf den Inseln serviert

CULLEN SKINK
Herzhaft-sämige Suppe aus
geräuchertem Schellfisch, Zwiebeln,
Kartoffeln und Milch

SCALLOPS
Jakobsmuscheln sind
an der Küste oft tagesfrisch

FISH CAKES
Fischfrikadellen aus Lachs im
Kartoffelmantel

Hauptgerichte

HAGGIS
Mit Innereien und Hafermehl gefüllter
Schafsmagen, gut gewürzt

HOTCHPOTCH
Deftiger Eintopf aus Lammfleisch und
Gemüse, den man gerne in der Borders-
Region isst

FISH 'N' CHIPS
Den Klassiker gibt's meist
frittiert, auch paniert.
Klassische Beilage ist Erbsenbrei

PIE
Klassische Blätterteigtasche
mit einer Füllung wahlweise aus
Lamm, Rind oder Fisch

Desserts

CRANACHAN
Traditioneller Nachtisch im Glas zur
Feier der Ernte: Schlagsahne,
Himbeeren und Whisky plus Honig als
rauchigsüßer Abgang

DEEP-FRIED MARS BAR
Im Teigmantel frittierter
gekühlter Marsriegel. Ironischer
Kommentar der Schotten zu ihrer
fetthaltigen Ernährung

Getränke

DRAMBUIE
Schottenlikör aus Scotch,
Honig und Gewürzen– geradezu
herzerwärmend

SCOTTISH GIN
Die eingeschworene
Whiskynation kommt aktuell
immer mehr auf den Gin – mit Tonic
klassisch erfrischend

SÜDAFRIKA!

Krüger National Park

Südafrikas Dimensionen sind riesig. Allein beim Klassiker aller Roadtrips – von Johannesburg nach Kapstadt durch die Halbwüste Karoo – stehen am Ende mindestens 1400 km auf dem Tacho, Küstenfreunde können sich auf über 3000 km entlang des Atlantischen und des Indischen Ozeans austoben. Und selbst beim Elefanten- und Löwenspotting im Nationalpark ist Ausdauer gefragt. Der Kruger-Park z. B. ist so groß wie Hessen. Das macht Südafrika aber auch so faszinierend, denn die Vielfalt des Landes ist abenteuerlich.

CHECK IN

- ★ „No hurry in Africa"
- ★ Buntes Volk, buntes Land
- ★ Straußensteak & Pinotage
- ★ Im Diamantenfieber
- ★ Wildsafaris aller Arten

MARCO POLO
TOP-HIGHLIGHTS

KAP DER GUTEN HOFFNUNG ⭐1
Sturmumtobt und sagenumwoben
trotzt das Kap den Wellen und der Zeit
📷 *Tipp: Der Fußweg zum Leuchtturm
am Cape Point lohnt sich – grandioser
Ausblick auf beide Ozeane!*

GARDEN ROUTE ⭐2
Wälder, Wale und Wein: Die Strecke an
der Südküste ist völlig zu Recht beliebt.
Startest du vom Kap aus, beende die
Fahrt im Addo Elephant Park

SPICEROUTE ⭐3
Auf einem Hügel bei Paarl zeigen kulinarische Meister, was sie draufhaben:
Neben Schokolade und Biltong gibt's
selbstgebrautes Bier und – natürlich –
auch Wein

STELLENBOSCH ⭐4
In der bekanntesten Stadt der Wine-
lands wäre man gern auch Student, so
schön ist sie

KIRSTENBOSCH NATIONAL BOTANICAL GARDENS ⭐5
Die Osthänge des Tafelbergs sind per-
fekt für Spaziergänge, Picknicks und
Konzerte
📷 *Tipp: Ein ruhiges Örtchen auf
dem Rasen und du findest dich bald in
einem Schwarm fotogener, bunter
Perlhühner wieder!*

GOLDEN GATE HIGHLANDS NATIONAL PARK ⭐6
Die Schönheit der Sandsteinformatio-
nen ist wirklich dramatisch – nicht nur,
wenn sie von der Sonne angestrahlt
golden leuchten

LESOTHO ⭐
Dach der Welt: Das unabhängige kleine
Königreich liegt auf 1000 bis 3000 m
Höhe
📷 *Tipp: Bei einer Fahrt durchs Hinter-
land liefern die traditionellen Rund-
hütten-Siedlungen schöne Motive*

SOWETO ⭐

Das größte Township Südafrikas ist laut und fröhlich und zeigt, wie sich Südafrika seit dem Ende der Apartheid entwickelt hat

KRUGER NATIONAL PARK ⭐

Tierisch gut: In dem riesigen Wildreservat könnte man wochenlang Urlaub machen

📷 *Tipp: Die besten Fotos bekommst du frühmorgens und abends an den Wasserlöchern, wenn die Tiere trinken*

SUN CITY ⭐

In einer künstlichen Landschaft bei Johannesburg trifft Disneyworld auf Indiana Jones

BEST OF
LOW-BUDGET

FÜR DEN KLEINEN GELDBEUTEL

LEBEN WIE EIN COWBOY
Zwei Tage Reiten all-inclusive für schlappe 2500 Rand: Im Western Style geht's durch einen Wildpark in die Berge an der Grenze zu Lesotho. Übernachtet wird in einer Berghütte. Ein Jeep bringt Verpflegung. Diesen und andere Ausritte bietet die Bokpoort Farm in der Nähe von Clarens.

GLITZERKRAM
Das Big Hole and Kimberley Mine Museum dokumentiert die aufregende Zeit des Diamantenrauschs, im Gegensatz zum Big Hole ist das Museum gratis. In einem besonders gesicherten Raum, dem Diamond Vault, sind echte Diamanten zu besichtigen.

KUNST OHNE KOSTEN
Die Tatham Art Gallery in Pietermaritzburg ist eines der besten Museen für zeitgenössische südafrikanische und internationale Kunst. Der Eintritt ist frei, mittwochnachmittags gibt es zudem noch ein Konzert.

FLANEURE GESUCHT
Auf der beliebten Strandpromenade von Durban treffen sich alle. Am Anfang der Golden Mile kann man sogar ohne Eintritt zu zahlen an den Schaubecken der Ushaka Marine World vorbeispazieren.

GRÜNES FAST ZUM NULLTARIF
Der Garden Route Botanical Garden ist wie ein Museum fürs Paradies – und das für nur 10 Rand.

GIRAFFEN IN DER STADT
Das auf dem Hügel liegende Franklin Game Reserve ist ein eintrittsfreier Wildpark mitten in Bloemfontein. Um die Tiere herum blickt es sich super in die Umgebung.

BEST OF ⚑
TYPISCH

SURF'S UP

Für Surfer ist der kleine Ort Jeffrey's Bay in der Nähe von Port Elizabeth der Spot auf dem afrikanischen Kontinent. Dort treffen sich Gleichgesinnte aus aller Welt und erleben die „Super Tube", eine perfekte Welle.

WEIN-HOPPING

An sich schon ein Widerspruch, denn es gibt rund um Stellenbosch Hunderte Weingüter, aber leider auch eine strikte Promillegrenze für Autofahrer. Da hilft der Vine Hopper, der die Weingüter entspannt abklappert. Ein- und Ausstieg nach Belieben!

BESONDERES FEDERVIEH

Südafrikaner lieben Fleisch, am liebsten große Steaks auf einem Grill. Ist ja jetzt nicht nur gesund – wie gut, dass in Oudtshoorn Strauße gezüchtet werden, z.B. auf der Cango Ostrich Farm. Deren Fleisch kann man auch in größeren Mengen und ohne Reue essen, es gilt als fett- und cholesterinarm.

WIE ES FRÜHER WAR

Im Basotho Cultural Village im Freistaat erfährst du aus erster Hand, wie der Stamm der Basotho seit Jahrhunderten lebt. Die Berge zwischen Südafrika und Lesotho sind ihre Heimat. Triff den *Chief*, probier das selbst gebraute Bier und besuch einen Heiler.

UNTER BÄUMEN

Die Dorp Street in Stellenbosch ist ein typisches Beispiel dafür, wie Südafrikaner in den ersten Jahrzehnten nach der Besiedlung des Kaps lebten. Für Studenten sind die alten Eichen besonders wichtig, denn nur, wem eine Eichel auf den Kopf fällt, der besteht sein Examen, so der Aberglaube.

DIE BESTEN INSIDER-TIPPS

Reisen mit Insider Tipps

MIT ZEBRAS SPAZIEREN GEHEN
Aus dem Safariauto sind Afrikas Tiere schon spektakulär, bei einer Buschtour zu Fuß durch den Kruger National Park kommst du ihnen noch näher.

DIE DÜNEN HINABFLITZEN
Vor Kapstadt und Port Elizabeth laden weiße Hügel zum Sandboarding ein.

AUF MANDELAS SPUREN
Im ganzen Land gibt es Orte, die das Leben des Nobelpreisträgers geprägt haben – eindrucksvoll ist der Besuch der Gefängnisinsel Robben Island.

DAS ANDERE SÜDAFRIKA ERLEBEN
Nicht nur auf Armut, auch auf Lebensfreude stößt man bei einer Townshiptour bei Kapstadt.

EINFACH FALLEN LASSEN
Von der Bloukrans Bridge im Tsitsikamma-Wald an der Garden Route den tiefsten Bungee-Jump-Sprung der Welt wagen.

ELEPHANT SPOTTING
Im Addo Elephant National Park ist es fast unmöglich, keinen Elefanten zu begegnen.

AUSBLICK OHNE ANSTEHEN
Tickets für den Tafelberg sollte man vor allem für Dez.–Feb. im Voraus buchen – das erspart langes Anstehen in der Sonne.

DRINKS UNTER SPITZENHÖSCHEN
Zu späterer Stunde geht es in die Panty Bar im Paternoster Hotel des Fischerorts Paternoster bei Langebaan. Die Drinks schlürfst du hier unter an der Decke hängenden Spitzendessous.

DAS SCHMECKT IN SÜDAFRIKA

Unsere Empfehlung heute

Vorspeisen

SAMOOSAS
Dreieckige Blätterteigtaschen mit
Gemüse- oder Fleischfüllung

BILTONG
Luftgetrocknetes und gesalzenes Filet
vom Rind oder Wild; serviert in dünnen
Scheiben

FISH CAKES
Frikadellen aus Kap-Seehecht, Kräutern
und Teig – beliebte Vorspeise im
Seafood-Restaurant

Hauptgerichte

BOBOTIE
Auflauf aus Hackfleisch, gewürzt mit
Curry und Aprikosen; Safranreis als
Beilage

BUNNY CHOW
Mit Curry gefüllter Toastbrotlaib aus
Durban

BOEREWORS MIT PAP
Spiralförmige Grillwurst mit
einzigartiger Gewürzmischung;
dazu gibt's Maisbrei

CRAYFISH
Kleine Hummerart, die am Kap
gefangen wird

Desserts

MALVA PUDDING
Kuchen mit karamellisierter
Aprikosenkonfitüre, serviert mit Eis
oder Vanillesauce

KOEKSISTERS
In Öl ausgebackene und in Sirup
getauchte Teigspirale

PAMPOENTERT
Klebrig-durchtränkter Kürbiskuchen

Getränke

PINOTAGE
Südafrikas Nationalwein, dessen
Traube 1925 in Stellenbosch
gezüchtet wurde

STONEY
Alkoholfreie Ingwerbier-
Limonade

CASTLE LAGER
Südafrikas Nationalbier

AMARULA
Likör aus der Frucht des
Marula-Baums
(fruchtige Karamellnote)

THAILAND!

Longtailboote, Krabi

Thailand, Urlaubsland Nummer 1 in Asien. Die meisten der unzähligen Touristen zieht es in den Süden, wo das Meer türkis leuchtet und feine, sahneweiße Sandstrände Urlaubsträume wahr werden lassen. Auf den Feldern wächst Ananas, in Plantagen stehen Gummibäume Spalier, Kokospalmen werfen ihre gefiederten Schatten, und die Fischer binden bunte Tücher und Blütengirlanden an den Bug ihrer Boote. Hier warten fantastische Tauchspots mit konfettibunten Korallenfischen und glücklicherweise harmlosen Leopardenhaien.

CHECK IN

- ★ Einfach mal abtauchen!
- ★ Königsreich mit Buddhas
- ★ Weltmetropole Bangkok
- ★ Tempel & Klöster
- ★ Auf Abenteuerpfaden

MARCO POLO
TOP-HIGHLIGHTS

KÖNIGSPALAST UND WAT PHRA KAEO 🌟1
Die Palastanlage in Bangkok mit dem Königlichen Tempel ist ein Ensemble von erhabener Majestät

AYUTTHAYA 🌟2
Mächtige Ruinen erinnern an die Hauptstadt eines großen Königreichs
📷 *Tipp: Ganz besonders tief verwurzelt präsentiert sich Buddha in einem Baum im Wat Mahathat*

PHUKET
Thailands größte Insel bietet viel:
Topstrände, Urwald, Nightlife und eine
lebendige Hauptstadt

KO PHI PHI 🌟7
Die Inseln von Phi Phi mit ihren schrof-
fen Klippen und sahneweißen Stränden
sind ein Wunder der Natur
📷 *Tipp: Es lohnt sich, zum Viewpoint
raufzuklettern – die ganze Schönheit
auf einen Blick!*

ALT-SUKHOTHAI 🌟3
Hier begann die Geschichte Thailands:
Eine mystische Atmosphäre umgibt
den Ort
📷 *Tipp: Fang den Zauber, der dich
umgibt, zum Sonnenaufgang oder
Sonnenuntergang ein*

BUCHT VON PHANG NGA 🌟8
Schon Filmheld James Bond war von
den bizarr geformten Kalksteinbergen
im Meer beeindruckt

ALTSTADT VON CHIANG MAI 🌟4
Zauberhafte Tempel, Gespräche mit
Mönchen und Schlendern durch die
Museen

KHAO-SOK-NATIONALPARK 🌟9
Abenteuer im Dschungel, wo Wasser-
fälle rauschen, Zikaden summen und
Gibbons rufen

KHAO-YAI-NATIONALPARK 🌟5
Landschaftliche Vielfalt und tolle rau-
schende Wasserfälle erwarten dich im
Nationalpark
📷 *Tipp: Folge einem Parkranger, um
die wilden Elefanten vor die Linse zu
bekommen*

KO SAMUI 🌟10
Die Südsee beginnt im Golf von Thai-
land: Die Insel besitzt traumhaft schöne
Palmenstrände
📷 *Tipp: Schon beim Anflug über
die Küste lassen sich Buddhas und
blendend weiße Strände aus der
Vogelperspektive festhalten*

BEST OF

LOW-BUDGET

FÜR SCHNÄPPCHENJÄGER

Auf dem Chatuchak Weekend Market in Bangkok drängen sich mehr als 10 000 Verkaufsstände. Ein Paradies zum Stöbern.

NÄCHTLICHER RUINENZAUBER

Wochen- und sonntags ab 18 Uhr kostet der zentrale Bereich der Tempelanlagen in Alt-Sukhothai keinen Eintritt – und wirkt durch die Beleuchtung noch mystischer.

DURCH DEN MANGROVENSUMPF

Spar dir die Miete fürs Kajak: Auf Ko Chang spazierst du auf dem Mangroven-Lehrpfad übers Wasser und erlebst so die Welt der Schlammspringer, Warane und Krabben.

HEILIGTÜMER AM SEE

Palmen am Seerosenteich und zwei filigrane, frei zu betretende Tempel: Wat Chong Klang und Wat Chong Kham in Mae Hong Son erscheinen wie eine Märchenkulisse.

HÖHLE DER PHALLI

An den Nachbarstränden von Railay in Krabi locken außergewöhnliche Höhlen – und in die bizarre Phra Nang Cave darfst du umsonst rein: Hier stehen Hunderte von hölzernen Phalli stramm.

ANMUTIGE TEMPELPRACHT

Beim Spaziergang durch Chiang Mai trifft man unzählige Tempel. Im prachtvollen Wat Chiang Man ist der Eintritt sogar frei.

LOGENPLATZ MIT MEERBLICK

Am Kap Promthep kommen allabendlich Hunderte zum Sonnenuntergang zusammen. Die schönste Aussicht bietet der Leuchtturm, bei freiem Eintritt.

BEST OF ⚑

TYPISCH

DAS ERLEBST DU NUR HIER

INSELN WIE SAND AM MEER

Egal, ob du Rummel oder Entspannung als einsamer Robinson suchst: Der Küstenstreifen Krabi begeistert mit spektakulären Bergen und den schönsten Stränden im ganzen Land. Ein Paradies der Ruhe ist Ko Jum, wo sich manchmal mehr Affen als Touristen am Strand tummeln.

EIN HAUS FÜR GEISTER

Auch Geister brauchen eine Heimstatt, damit sie nicht umherschwirren und Unheil stiften. Die Thais bauen ihnen deshalb Schreine und bringen Opfergaben dar, das berühmteste Geisterhaus des Landes ist der Erawan Shrine in Bangkok.

NACHT DER GAUMENFREUDEN

Wenn die Nacht kommt in Thailand, wird's feurig. In jeder größeren Stadt fauchen Gaskocher und glühen Holzkohlenfeuer, flie-

gende Köche bereiten leckere Snacks und Mahlzeiten zu. Auf dem Nachtmarkt in Khon Kaen kannst du auch regionale Spezialitäten wie gegrillte Heuschrecken probieren.

ZEITREISE IM MUSEUM

Im Museum of Siam in Bangkok findest du spielend leicht den Einstieg in die Geschichte und Kultur des Landes – dank viel technischer Raffinesse und einer gehörigen Portion Thai-Humor.

MIT FÄUSTEN UND FÜSSEN

Beim Thaiboxen geht's hoch her, die Zuschauer machen auf den Rängen fast genauso viel Action wie die Fighter im Ring. Es fliegen nicht nur die Fäuste, die Kämpfer setzen auch Ellenbogen, Knie und Füße ein. Die besten des Landes messen ihre Kräfte im Ratchadamnoen-Stadion in Bangkok.

DIE BESTEN INSIDER-TIPPS

Reisen mit Insider Tipps

SZENETREFF MIT BAMBUSBRÜCKE

Man trifft sich hinter hohen Bergen in Pai, trendiger Hotspot für Rafting, Raving, Chill-out und Trekking, Massage und Meditation sowie einer fotogenen Bambusbrücke.

BADEN IN KASKADEN

Coole Location – im wahrsten Sinn, denn die Erawan-Wasserfälle erfrischen ihre Besucher mit kühlem Wasserschweif.

PER MASSAGE INS NIRWANA

Ganz entspannt: So fühlt es sich an nach Kräuterdampfbad und Massage im Tamarind Spa auf Ko Samui.

INSELHÜPFEN

Dein blaues Wunder erlebst du bei einer Bootstour zwischen den Eilanden im Ang-Thong-Nationalpark.

KLATSCHNASS MITFEIERN!

Wasserpistole bereithalten: beim feucht-fröhlichen Neujahrsfest Songkran, zum Beispiel in Chiang Mai.

EINE ANDERE WELT ERWANDERN

Beim Trekking in Pai ist man gleich mittendrin in Nordthailands Bergen und der Welt der Bergvölker.

SPRITZTOUR IN DER WILDNIS

Zu viele Touristen überall? Wie wär's mit einer Raftingtour im Dschungel von Umphang an der Grenze zu Myanmar?

SHOW DER LADYBOYS

Opulent sind Thailands Travestieshows. Die Frauen werden hier *kathoeys (ladyboys)* genannt, ihr Kostümspiel inszeniert Tiffany's Show in Pattaya besonders spektakulär.

DAS SCHMECKT IN THAILAND

Unsere Empfehlung heute

Snacks

PHAT THAI
Gebratene Reisnudeln mit Ei
und Gemüse, wahlweise mit
Krabben *(gung)*, Schweinefleisch *(mu)*
oder Huhn *(gai)*

KUI TIAO
Nudelsuppe mit Ente *(pet)*,
Schweinefleisch *(mu)* oder
Huhn *(gai)*

YAM NÜA
Sehr scharfer Salat mit
Rindfleischscheiben, frischen Kräutern
und gerösteten Reiskörnern

Vorspeisen

PO PIAH
Thailändische Frühlingsrollen mit
süß-scharfem Dip

TOD MAN PLA
Kleine frittierte Küchlein aus Fisch
mit Erdnuss-Gurken-Dip

GUNG HOM PA
Garnelen im Teigmantel mit süßsaurer
Essig-Chili-Sauce

Hauptgerichte

TOM YAM GUNG
Säuerliche Garnelensuppe mit
Zitronengras und viel Chili

TOM KHA GAI
Suppe mit Hühnchenfleisch in
Kokosmilch und Chilischoten

GAENG KIAU WAN GAI
Grünes Curry mit Hühnchenfleisch
und Auberginen, scharf und
leicht süßlich *(wan)*

GAENG MASSAMAN
Rotes, leicht scharfes Curry mit
Rindfleischstückchen, Kardamom,
Erdnüssen und Süßkartoffeln

Desserts

KHAO NIAU MAMUANG
Klebreis mit Mango in süßer
Kokosmilch

KLUAI BUAT CHI
Bananen in Kokosmilch, süßlich
und etwas salzig

TOSKANA!

San Gimignano

Die Toskana ist ein Zauberwürfel voller Überraschungen. Für Romantiker und Genießer ist sie eine Landschaft aus dahinrollenden goldenen Hügeln mit verzauberten Burgdörfern, Schlemmerlokalen und Weingütern. Pilger finden Prunk in riesigen Kathedralen, Schweigen und Schnaps in abgelegenen Klöstern. Doch an der Kunst kommt keiner vorbei, denn die Etrusker, Giotto, Leonardo oder auch Michelangelo, sie alle haben hier ein Meer an erstklassigen Werken geschaffen.

CHECK IN

- ★ Mittelalterliche Dörfer
- ★ Zypresse folgt auf Pinie
- ★ Schiefer Turm – na klar!
- ★ Baden in heißen Quellen
- ★ Chianti & Crostini

MARCO POLO
TOP-HIGHLIGHTS

DOMKUPPEL IN FLORENZ ⭐1
Ein echter Evergreen der Baukunst, den Fachleute wie Laien seit der Renaissance bestaunen
📷 *Tipp: Die Kante des Campanile zentral hinauf fokussieren. Hinten wölbt sich die Kuppel*

PIAZZA DEL CAMPO IN SIENA ⭐2
Auf dem muschelförmigen Platz schlägt das Herz der mittelalterlichen Stadt

CHIANTI ⭐3
Wein, Wald und Wohlgestalt: Diese Hügellandschaft ist der Inbegriff der Toskana
📷 *Tipp: Ein Eyecatcher: mal unter der Vespa oder den Olivenzweigen hindurchfotografieren – durch die Bodennähe schön eindringlich*

PIAZZA GRANDE IN AREZZO ⭐4
Ob beim Stadtfst oder beim Antiquitätenmarkt, die Piazza ist seit Jahrhundertenb unangefochtener Mittelpunkt der Stadt

SAN GIMIGNANO ⭐5
Das „Manhattan des Mittelalters" hält, was es von Weitem verspricht: Es ist seit anno dazumal (fast) unverändert
📷 *Tipp: Kugelrunde Sache: Wer hat, der nutze das Objektiv oder die Funktion „Fischauge" zwischen den Türmen*

VOLTERRA ⭐6
Die mittelalterliche Alabasterstadt ist was für Fans von Kunst, Etruskern und Vampirgeschichten

PARCO ARCHEOLOGICO DI BARATTI E POPULONIA ⭐7
Auf dem Hügel Hochgenuss etruskischer Kultur, unten in der Bucht hochvergnüglich baden im klaren Wasser am Traumstrand

LUCCA 8
Voller Entdeckungen ist das Gassengeflecht innerhalb der intakten Stadtmauern und rund um den Hauptplatz, der auf einem Amphitheater gründet

PASSEGGIATA IN VIAREGGIO 9
Auf der Spaziermeile den Badealltag zwischen bunten Holzkabinen, eleganten Hotels und prachtvollen Jugendstilpavillons erleben

CAMPO DEI MIRACOLI IN PISA 10
Das beeindruckende Marmorensemble rund um den Schiefen Turm
📷 *Tipp: Die filigranen Säulenetagen fokussieren. Alle werden fragen: So schön ist der?!*

BEST OF 🐷€
LOW-BUDGET

FÜR DEN KLEINEN GELDBEUTEL

WELLNESS GANZ UMSONST

An den heißen Quellen von Saturnia wandeln oben zahlende Tagesgäste in Frotteemänteln herum. Einige Hundert Meter weiter unten fällt das schwefelhaltige Wasser in natürliche Felswannen und kann gratis im Badedress genossen werden.

VESPAMUSEUM

Im Museo Piaggio in Pontedera können alle Fans des kultigen Motorrollers anhand von Originalmodellen in die Geschichte der „Wespe" eintauchen.

BEI DEN KAROLINGERN

In Poggibonsi haben Archäologen die Ruinen einer Karolingersiedlung ausgegraben. Der Clou: Direkt daneben bauten sie das Dorf originalgetreu wieder auf und zeigen sonntagnachmittags bei freiem Eintritt, wie die Menschen damals gelebt haben.

KLÖSTERLICHE BETTSTATT

Viele christliche Gästehäuser bieten erschwingliche Übernachtungen an. Die meisten von ihnen haben den klösterlichen Standard überwunden – und liegen meist schön zentral.

LECKER WASSER

Erfrischendes Trinkwasser gibt es ganz umsonst an den Wasserstellen auf öffentlichen Plätzen in Florenz und vielen anderen toskanischen Städten. Die Qualität wird kontinuierlich geprüft.

KULTUR ZUM NULLTARIF

Ob die neu gestalteten Uffizien mit Giotto, Michelangelo und Leonardo in Florenz, die Pinacoteca Nazionale in Siena oder das Archäologische Museum in Arezzo, für alle staatlichen Museen gilt: Jeden ersten Sonntag im Monat ist der Eintritt frei.

BEST OF

TYPISCH

DAS ERLEBST DU NUR HIER

DIE COWBOYS DER MAREMMA

Auch die Toskana hat einen wilden Westen: Auf wendigen Pferden hüten Männer und Frauen Rinder im Naturpark der Maremma. Ihre Reitkunst demonstrieren die *butteri* bei zahlreichen Rodeos im Sommer.

TOSKANA WIE IM FOTOBAND

Kirchen und Palazzi, die sich hinter hohen Steinmauern zusammendrängen, schmale Gassen, die zu stimmungsvollen Plätzen führen: Im malerischen Cortona sieht die Toskana aus, wie man sie sich erträumt.

KULINARISCHE DORFFESTE

Landauf, landab künden im Sommer grelle Plakate eine *sagra* an. Das bedeutet: Ein Dorfplatz wird zum Restaurant, Frauen kochen lokale Spezialitäten, Männer und Kinder spielen Kellner und vom Erlös bekommt der Bolzplatz einen neuen Belag.

IM WEINLAND

Was wäre ein Italienurlaub ohne all die köstlichen Weine. *Die* toskanische Weingegend schlechthin ist das Chianti zwischen Florenz und Siena.

INGENIEURE DER EISENZEIT

Das handwerkliche Können und technische Wissen der Etrusker verdient Bewunderung. Immerhin schnitten sie schon vor zwei Jahrtausenden ganze Totenstädte und Hohlwege in den weichen Tuffstein, schön zu sehen im Parco Archeologico Città del Tufo im südtoskanischen Sovana.

VON DER EROSION ZERFURCHT

Eine faszinierende Mondlandschaft mit Hügeln, Weizenfeldern und Thermen findest du im Val d'Orcia. Zypressen, einsame Gehöfte, Klöster und mittelalterliche Bergnester setzen hier Akzente.

DIE BESTEN INSIDER-TIPPS

Reisen mit Insider Tipps

KLEINER PLATZ GANZ GROSS

Mit einem optischen Trick ließ Papst Pius II. bei der zentralen Piazza seines Heimatsorts Pienza Größe vortäuschen: Die Seiten des Platzes laufen trapezförmig auseinander.

PLANSCHEN WIE EIN PASCHA

... und im prunkvollen Schwimmbad des Kurorts Montecatini Terme am Mineraliencocktail nippen.

NASE UND GAUMEN VERWÖHNEN

Olivenöl, Schinken, Kastanienmehl: Toskana als Aroma gibts in alten *botteghe* wie der von Prospero in Lucca.

AUF TRÜFFELTOUR

Bei so leckeren Fundstücken macht die Tour in den Hügeln rund um San Miniato, der Stadt der weißen Trüffel, doppelt Spaß.

MIT RAD ODER VESPA IM CHIANTI

Am besten auf den *strade bianche* (nicht asphaltierten Straßen), die früher oft die einzige Verbindung zu abgelegenen Dörfern und Weingütern bildeten.

KICHERERBSENPFANNKUCHEN

Streetfood-Genuss in der Antica Torteria da Gagarin bei Livornos Mercato Centrale.

EIN EIS FÜR ENTDECKER

Certaldo ist die Stadt der Zwiebel. An *gelato di cipolla* kommst du nicht vorbei, also an – ja, richtig gelesen – Zwiebeleis. Schmeckt längst nicht so schräg, wie es klingt.

IM GEFÄNGNIS

Im Le Murate in Florenz – erst Kloster und später Gefängnis – trifft sich heute die Kunstszene, vor allem im Barcafé.

Unsere Empfehlung heute

Antipasti & Contorni

CROSTINI
Geröstetes Weißbrot mit Geflügelleber

PINZIMONIO
Karotten, Fenchel, Selleriestangen zum
Dippen in eine Olivenöl-Salz-Mischung

FAGIOLI ALL'UCCELLETTO
weiße Bohnen in Tomatensauce
mit Salbei

Primi Piatti

PAPPA COL POMODORO
Auflaufartiger Brei aus altbackenem
Brot und Tomatensauce

PICI DI MONTALCINO
Dicke Hartweizenspaghetti mit
Kalbfleischsauce

SPAGHETTI AGLIO, OLIO, PEPERONCINO
Pasta mit gehacktem Knoblauch,
Chilischoten und Olivenöl

ZUPPA DI FARRO
Dinkelsuppe mit Suppengemüse
und Schwarzkohl

RIBOLLITA
Suppe aus weißen Bohnen, Kohl
und Suppengemüse

Secondi

BISTECCA ALLA FIORENTINA
Gegrilltes T-Bone-Steak vom
Chianinarind (800–1200 g) für
zwei Personen

CACCIUCCO ALLA LIVORNESE
Suppe mit Fisch und Meeresfrüchten

ARISTA ALLA FIORENTINA
Im Ofen gebackener Schweinebraten
mit Knoblauch und Rosmarin

PEPOSO
Kalbsgulasch mit viel schwarzem
Pfeffer und Rotweinsauce

BOLLITO CON SALSA VERDE
Gekochtes Fleisch (Huhn, Rind,
Kalbszunge) mit Sauce aus Kräutern
und Olivenöl

TRIPPA ALLA FIORENTINA
Kalbskutteln mit Tomatensauce

Dolci

CASTAGNACCIO
Kuchen aus Kastanienmehl mit
Pinienkernen und Rosmarin

PANFORTE
Gewürzkuchen mit Mandeln und
kandierten Früchten

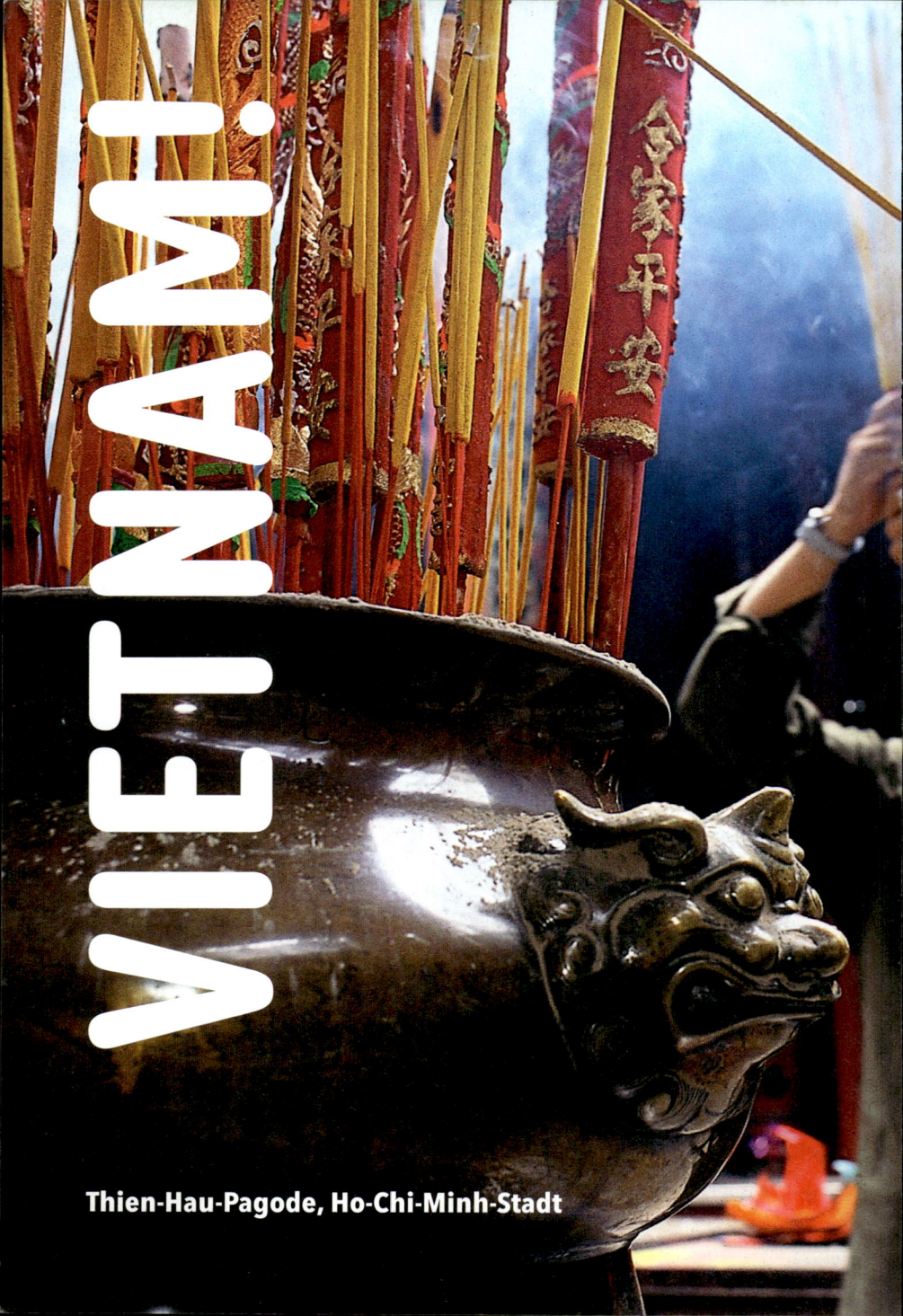

VIETNAM!

Thien-Hau-Pagode, Ho-Chi-Minh-Stadt

Vietnam, ein Land zwischen Vergangenheit und Aufbruch. Moos und Patina bedecken jahrtausendealte Kulturdenkmäler, doch auf den Straßen in den Städten von Saigon bis Hanoi tobt das moderne Leben, die Skyline wächst mit jedem Wimpernschlag. Spektakulär sind vor allem die Naturschätze, ob in der Ha-Long-Bucht im Norden oder in der amphibischen Welt des Mekongdeltas im tiefen Süden. Dazwischen warten 3200 km Küste mit Inseln, Badestränden und Hideaways.

CHECK IN

★ **Pagoden & Weihrauchnebel**
★ **Historie & Naturschätze**
★ **Saigon? Citydschungel**
★ **Wo Kaffee & Reis wachsen**
★ **Im Süden: Palmenstrände**

MARCO POLO
TOP-HIGHLIGHTS

**BOOTSTOUR IM
MEKONGDELTA** ⭐1
Kanäle, Tempel und Märkte: Abenteuer-
reise von My Tho aus auf den Wasser-
straßen des Flussdeltas

ALT-HANOI ⭐2
Traditionelle Gassen führen zurück in
die gute alte Zeit der Handwerkszünfte

MY SON ⭐ 6

Auf jeden Fall lohnt ein Besuch der Tempelruinen, die einst zum wichtigsten religiösen Zentrum der Cham gehörten

HOI AN ⭐ 7

Ein charmantes Städtchen mit prächtigen chinesischen Handels- und Clanhäusern
📷 *Tipp: Zum Sonnenuntergang leuchten die Reisfelder des Umlands in ganz weichem Licht*

DA LAT ⭐ 8

Die Liebenden zieht es in Scharen in die einstige französische Sommerfrische
📷 *Tipp: Zur Baumblüte im Frühjahr trägt ganz Da Lat Rosa unter seinen Kirsch- und Aprikosenbäumen*

HA-LONG-BUCHT ⭐ 3

Ein Postkartenidyll aus Kalksteininseln und blauem Meer
📷 *Tipp: Nebel im Winter? Kein Problem, das macht die Kulisse erst richtig mystisch!*

SA PA ⭐ 4

Der idyllisch gelegene Luftkurort in den Bergen des Nordwestens ist ein Touristenmagnet
📷 *Tipp: Die Kids um Einwilligung bitten – sonst wird ihr Geist auf dem Schnappschuss „gefangen", so glaubt man hier*

CAO-DAI-TEMPEL ⭐ 9

Der „Heilige Stuhl" der Cao-Dai-Anhänger bei Tay Ninh ist ein Mix aus Kathedrale, Pagode und Moschee. Von der Balustrade aus darf man der Gebetszeremonie zuschauen

ZITADELLE VON HUE ⭐ 5

Die beeindruckende Residenz der Nguyen-Herrscher lässt die Kaiserzeit lebendig werden

MUI NE ⭐ 10

Ein 16 km langer Strand, Fischerboote und Saharafeeling: Mui Ne hat der Bademetropole Nha Trang den Rang abgelaufen

BEST OF €🐷

LOW-BUDGET

FÜR DEN KLEINEN GELDBEUTEL

AMPHIBISCHER TRUBEL
Allmorgendlich bevölkern unzählige, mit Gruken, Melonen, Ananas und Suppentöpfen schwer beladene Ruder- oder Longtailboote des Cai Rang Floating Market nahe Can Tho den Mekong nahe der Da-Sau-Brücke.. Früh aufstehen lohnt sich!

MIT BUDDIES DURCH HANOI
Die Studenten von Hanoi E-Buddies sprechen toll Englisch und zeigen gern ihre Stadt mitsamt Traditionen. Nur die Eintritte oder die Gerichte bei einer Street-Food-Tour müssen die Teilnehmern bezahlen.

KUNTERBUNTE TEMPEL
Ein Besuch des Haupttempels der Cao Dai in Tay Ninh kostet natürlich Geld. Ganz gratis aber kannst du den Cao-Dai-Tempel in Da Nang besichtigen und beim Gottesdienst dabei sein – mäuschenstill, versteht sich.

FRÜHSPORT MIT EINHEIMISCHEN
Misch dich unter die Frühsportler, die sich am Hoan-Kiem-See in Hanoi zu Aerobics, Federball oder einer Joggingrunde treffen. Dafür musst du kein Tai-Chi-Experte sein!

ANSTEHEN FÜR HO CHI MINH
Auch Touristen können dem verehrten Landesvater Respekt erweisen: im Ho-Chi-Minh-Mausoleum in Hanoi. Nach dem Anstehen zwischen aus dem ganzen Land angereisten Vietnamesen schreitet man ehrfürchtig am Glassarkophag vorbei.

DAS „ALTE" VIETNAM ERLEBEN
Um Punkt 21 Uhr wird mit militärischem Pomp auf dem Ba-Dinh-Platz in Hanoi die Flagge eingeholt – im heutigen Turbokapitalismus ein fast melancholisch anmutender Ausflug ins „alte", still- und strammstehende Vietnam, ganz ohne Museumsticket!

BEST OF ⚑

TYPISCH

DAS ERLEBST DU NUR HIER

DAS KÖNIGREICH DER CHAMPA

Bloß ein Haufen Ruinen? Aber was für welche! Von den einst 250 Tempelstätten der Cham sind heute nur noch rund 20 Ruinen erhalten, etwa My Son bei Da Nang.

1000 JAHRE WEISHEIT SPÜREN

Im Literaturtempel Van Mieu in Hanoi kannst du Studenten von heute in der uralten Uni des Konfuzius begegnen – er wurde vor fast 1000 Jahren zu Ehren des weisen Meisters erbaut.

SHAKE THE WOK!

Hoi An ohne Kochkurs ist wie eine Vietnamreise ohne Reisstrohhut als Souvenir! Und wo sonst könntest du besser lernen, Frühlingsrollen oder Hot Pot richtig zuzubereiten? Sinnliche Eindrücke auf dem Markt und am Herd bietet z. B. das Brother's Café.

CYCLO-ABENTEUER

Bei einer Tour mit dem Cyclo kann einem angst und bange werden, wenn der Fahrer geradewegs in die völlig verstopfte Kreuzung hineinradelt – doch wie von Geisterhand öffnet sich stets eine Schneise in der Blechlawine.

DAVID GEGEN GOLIATH

Wer sich traut, sollte einmal durch die Cu-Chi-Tunnel, die unterirdischen Vietcong-Anlagen bei Saigon, krabbeln. Erst danach versteht man, wie der zähe David den riesigen Goliath mit all seinem Napalm besiegen konnte.

ART-DÉCO-SCHMUCKSTÜCK

Der Dinh 3, der Sommerpalast des letzten vietnamesischen Kaisers Bao Dai in Da Lat, ist wie eine Zeitreise auf knarrenden Dielen durch 26 Räume.

DIE BESTEN INSIDER-TIPPS

Reisen mit Insider Tipps

AUSBLICK GEFÄLLIG?

Von fast jeder Roof Top Bar in Saigon aus zu sehen: der 265 m hohe Bitexco Financial Tower mit Hubschrauberlandeplatz, 68 Stockwerken, Einkaufsmall und Café im 50. Stock.

SIEBTER HIMMEL FÜR KAFFEEFANS

Wer sich aufmacht nach Buon Ma Thuot ins Hochland, kann den besten Kaffee Vietnams trinken, z. B. im Coffee Village.

BEACH, BEACHER, AM BEACHESTEN

Bikini oder Badehose auspacken, am Mui Ne Beach alle vieren von sich strecken und den Surfern hinterherschauen. Im Februar treffen sich hier Hunderte zum Fun Cup.

BLICK IN DIE ZUKUNFT

Vietnamesen lassen sich gern weissagen. Das kannst auch du wagen: bei den Bergvölkern in Cao Bang oder Sa Pa. Eine Art Schamane bietet Rituale am Feuer, mit Steinen und Bambushölzern als „Telefon" zu Ahnen und Geistern.

AUF BUDDHAS SPUREN WANDELN

Die Marmorberge erklimmen und zauberhafte Lichtspiele in der Höhle des Marmorbuddhas erleben.

WEIHRAUCH ENTZÜNDEN

… und auf den Beistand des würdigen Jadekaisers hoffen. Geh in die wichtigste Pagode Saigons, Chua Ngoc Hoang, wo Himmel und Hölle nebeneinanderliegen.

DEIN BLAUES WUNDER ERLEBEN

Badespaß, Tauchabenteuer oder Inselhüpfen – rund um Vietnams größte Insel Phu Quoc.

DAS SCHMECKT IN VIETNAM

Unsere Empfehlung heute

Vorspeisen

BANH CUON
Hauchdünne Crêpes aus gedämpftem
Reismehlteig, gefüllt mit Hackfleisch,
Zwiebeln und Kräutern

CHA GIO
Knusprige Frühlingsrolle mit Krabben
und Schweinehackfleisch, Pilzen,
Möhren und Glasnudeln. Auch bekannt
als *nem ran*

Hauptgerichte

BUN CHA
Feine, marinierte
Schweinefiletstückchen vom
Holzkohlegrill mit langen
Reisnudeln

CHA CA
Lecker marinierte Fischfilets, im
BBQ-Grill gegart und anschließend
frittiert

GA KHO GUNG
Gekochtes, karamellisiertes Huhn mit
Ingwer, Zucker und Pfeffer

HOT POT
Fisch, Seafood, Rindfleisch, Gemüse
und Glasnudeln, im brodelnden
Suppensud am Tisch gegart – ein
vietnamesisches Fondue

Desserts

BANH CHUOI
Pfannkuchen aus winzigen
süßen Bananen

BANH DEO
„Mondkuchen", goldgelbe kleine
Kuchen mit einer Füllung aus
Lotoskernen und Mungbohnen

Snacks

BANH MI
Das vietnamesische Sandwich:
Baguette. Tipp: mit Schweinefleisch
und Kräutern

BUN THANG
Gehaltvolle Suppe aus Reisnudeln,
Huhn, Fleischwurst und
Omelettestreifen

MIEN GA
Hühnersuppe mit Glasnudeln, Pilzen
und Schalotten

PHO
Der Klassiker: Reisnudelsuppe
aus dem Norden mit Rind, Huhn oder
Garnelen

AWL/P. Adams (74/75); AWL Images: J. Arnold (280/281), M. Bottigelli (142/143), M. Colombo (366/367, 424/425), S. Politi Markovina (145, 378); awl Images/John Warburton-Lee: M. Hannaford (422/423), N. Pavitt (70)
S. Bünemann (476, 477)
Dpa: R. Krivobok (218)
W. Dieterich (336/337)
DuMont Bildarchiv (33), Heeb (379), Leue (78), F. Heuer (87), G. Knoll (209), M. Gum (201, 202), S. Lubenow (150/151, 153), T. Anzenberger (268/269, 273), T. Linkel (128)
F. M. Frei (119)
R. Freyer (241, 257)
Getty Images: Seng Chye Teo (166/167), J. Wlodarczyk (432/433), M. Freeman (216), M. Longhurst (346), S. Winter (131)
Getty Images/Art in All of Us: E. Lafforgue (354)
Getty Images/Digital Vision Scott: E. Barbour (134/135)
Getty Images/Lonely Planet Images: R. Cummings (137)
Getty Images/M Swiet Productions (48)
GettyImages/Westend61: M. Runkel (464/465)
R. M. Gill (427)
M. v. Hessert-Fraatz (121, 314, 315, 326/327, 331, 356, 388, 397, 453, 485)
huber-images: Cozzi (398/399), Gräfenhain (214/215, 260/261, 475), Irek (390/391), Kremer (210), Schmid (71, 405), Stadler (65), A. Bartuccio (2 o., 116/117, 296/297, 310/311), A. Comi (100/101), A. Pavan (442), A. Saffo (114/115, 118, 120), C. Cassaro (322), C. Dörr (63), D. Person (340), F. Carovillano (220/221), F. Lukasseck (44/45), G. Croppi (4 u., 406/407), G. Gräfenhain (36/37, 238/239, 286/287, 448/449, 470/471), G. Simeone (318/319), H.-P. Huber (440/441), H. P. Merten (206/207), I. Fusetti (324), J. Foulkes (182/183, 392/393), Huber (334/335), J. Ritterbach (282), M. Borchi (160, 226, 482), M. Breitung (60/61), M. Brook (15), M. Carassale (483), M. Manser (132/133), M. Rellini (252/253, 254/255, 358/359, 374/375, 380), M. Ripani (402), O. Fantuz (478/479), P. Canali (222/223, 332, 342/343), R. Gerth (46), R. Schmid (32, 50/51, 84/85, 90/91, 94, 98/99, 106/107, 259, 438/439, 443), R. Taylor (493), R. Spila (58/59), S. Kamel (41), S. Kremer (23, 68/69, 188/189, 190/191, 193, 225 228/229, 230/231, 244/245, 246/247, 248, 408/409, 484), Zoltan Nagy (250), Damm (299), P. Canali (384/385), M. Rellini (124/125)
huber-images/AWC Images (468)
huber-images/SIME J. Huber (291)
istock: yulkapopkova (6/7)
G. Jung (452)
M. Kirchgessner (95, 428, 429)
Laif: Heuer (104), Sasse (224), Zanettini (300), A. Artz (461), Ch. Papsch (371), D. Schmid (262/263), D. Schwelle (203), G. Haenel (362), G. Theis (338), H. Champollion (152), H. Mueller (466), H.-A. Segalen (40), J. Jäckel (161), L. Vallecillos (290), M. Amme (34/35), M. Galli (360/361), M. Kirchgessner (437), M. Sasse (211, 492), N. Wohlleben (144), P. Hahn (64), R. Haidinger (111), T. Gerber (196/197), T. Linkel (126/127, 130, 270/271), T. & B. Morandi (352/353, 373)

Laif/Aurora (42/43)
laif/GAMMA-RAPHO: J.-D . Sudres (309)
Laif/hemis: R. Dirscherl (348)
Laif/hemis.fr: A. Brusini (108/109), C. Moirenc (341), H. Hughes (446/447), J.-P. Degas (112), R. Mattes (249)
Laif/Hemispheres (10/11)
Laif/Le Figaro Magazine: S. Fautre (56)
Laif/Polaris: T. Donoghue (195)
Laif/Redux: A. Gonzalez (179)
Laif/Redux/VWPics: L. Vallecillos (20/21)
Laif/robertharding: Photo Escapes (169), E. Rooney (274), M. Lange (208), N. Tondini (163), R. Harding Production (307)
Laif/VU M. Siragusa (394)
Laif/VWPics/Redux L. Vallecillos (147)
Look: B. Cannon (102), K. Johaentges (198/199), P.-A. Hoffmann (302/303), S. Lubenow (28/29, 148/149), Roetting/Pollex (88)
Look/age fotostock (39, 47, 110, 174/175, 212/213, 350/351, 357)
Look/The Travel Library (395)
mauritius images (30, 79), JIRI (278/279), Johnér (267), B. Römmelt (430/431), D. Delimont (294/295), D. Weber (194), E. Wrba (89), J. Warburton-Lee (368/369), J. F. Raga (372), S. Hefele (80), U. Bernhart (113), U. Flüeler (73), U. Siebig (192),
mauritius images/foodcollection (275)
mauritius images/age (38), L. D. Gordon (49), R. T. Sigurdsson (363)
mauritius images/age fotostock (469), A. Cavalli (66/67), B. Gozansky (421), J. D. Dallet (293)
mauritius images/Alamy (25, 31, 54, 86, 96, 97, 171, 18/19, 184, 200, 227, 233, 251, 312/313, 404, 410, 459, 462/463, 474)
mauritius images/Alamy: Kari (317), MARKA (240), YongCS (256), A. Altun (176), A. German Vilela (177), A. McComiskey (420), B. Gozansky (414/415, 416/417), B. Marty (258), B. Monteney (138), C. Ehlers (266), C. Redgrave-Close (62), G. Balfour Evans (418), G. Vaughn (158/159), G. B. Evans (265), H. Blossey (103), I. Özdere (172/173), J. Kase z12z (204/205), J. Wlodarczyk (283, 400/401), K. Schafer (24), M. Janicki (381), M. Molinari (301), P. Kennedy (467), R. Binetti (22), R. Granieri (330), R. Sigaev (472/473), S. Barclay (14), S. Black (288/289), S. Novikov (232), S. Roussel (450), S. Schnepf (180/181), T. Graham (436), T. Harris (136), T. Vyshnya (308), W. Richardson (426), Z. Atletić (243), R. Bradley (387)
mauritius images/Alamy/Dbimages (187)
mauritius images/Alamy/Have Camera Will Travel/Central & South America (411)
mauritius images/Alamy/Henry westheim Photography (236/237)
mauritius images/Alamy/Oneinchpunch (162)
mauritius images/Alamy/Panther Media GmbH (76/77)
mauritius images/Alamy/RosaBetancourt 0 people images (389)

IMPRESSUM

mauritius images/Alamy/Roussel Images (320/321)
mauritius images/Alamy/volkerpreusser (272)
mauritius images/Alamy/Zoonar GmbH (491)
mauritius images/Arctic-Images (365)
mauritius images/Bluegreen Pictures: T. Laman (344/345)
mauritius images/China/Alamy (325)
mauritius images/ClickAlps: F. Vaninetti (434)
mauritius images/Cultura (168)
mauritius images/foodcollection (349)
mauritius images/Hemis.fr: L. Montico (234)
mauritius images/Imagebroker: D. Bleyer (185), J. Tzu-chao Lin (242), K. F. Schöfmann (92/93), M. Moxter (140/141), M. Szönyi (304/305), O. Maksymenko (323), S. Espenhahn (284), S. Randebrock (139), T. Haupt (347), V. Wolf (480/481)
mauritius images/Imagebroker/gourmet-vision (285)
mauritius images/McPHOTO: J. Webeler (396)
mauritius images/Photononstop (413), D. Thierry (339), J. Garcia (12/13)
mauritius images/Prisma M. Galli (364)
mauritius images/Radius Images (186, 333)
mauritius images/robertharding (129), F. Hall (2 M., 156/157), M. Simoni (306)
mauritius images/TPP: N. Lisovskaya (219)
mauritius images/Travel Collection (146, 419)
mauritius images/Westend61 (178, 403), H. Meyrl (412), M. Moxter (82/83), S. Deutsch (435), S. Rösch (105), RF S. Schütz (298)
mauritius images/Westend61/Fotofeeling (316)
mauritius images/Zoonar/Alamy (217)
E. Nathan (445)
C. Naundorf (235)
picture alliance/DUMONT Bildarchiv P. Hirth (454/455, 456/457, 460)
picture-alliance: R. Schlesinger (155)
picture-alliance/dpa S. Steinach (154)
picture-alliance/ImagineChina: Stringer (170)
picture-alliance/robertharding (164/165)
M. Sasse (264)
Schapowalow: L. Grandadam (81), R. Spila (52/53)
Schapowalow/SIME B. Cossa (444), L. Vaccarella (16), M.Ripani (376/377), P. Canali 328/329
shutterstock: 4045 (4 M.), LedyX (Titel M.r.), Wizard8492 (Titel u.r.), D. Munro (386), D.A. Litman (Titel M.l.), F. Lamanna (Titel u.l.), O. Gavrilova (4 o.), S. Aznar (57), V. Moussa (Titel o.)
shutterstock/Pyry (2 u.)
O. Stadler (17)
M. Thomas (72)
vario images/imagebroker (55)
Vision 21 (451)
M. Weigt (486/487, 488/489, 490)
W. M. Weiss (355)
T. P. Widmann (26/27, 382/383)
A. Wurth (292, 370)

1. Auflage 2022
© MAIRDUMONT GmbH & Co. KG, Ostfildern

Alle Rechte vorbehalten.

Gestaltung Cover:
Anette Vogt, redsign, Stuttgart

Satz und Redaktion:
Marlis v. Hessert-Fraatz, Hamburg

Der Inhalt dieses Buches basiert auf bereits veröffentlichten Beiträgen der Reiseführerreihe von MARCO POLO.

Trotz gründlicher Recherche schleichen sich manchmal Fehler ein. Wir bitten um Verständnis dafür, dass der Verlag keine Haftung übernehmen kann.

Printed in Italy
ISBN 978-3-8297-1995-7
www.marcopolo.de

FSC
www.fsc.org

MIX
Papier aus verantwortungsvollen Quellen
FSC® C015829

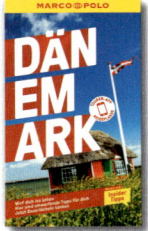
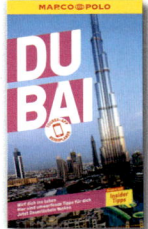

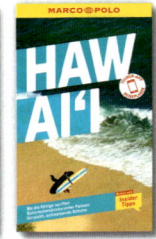

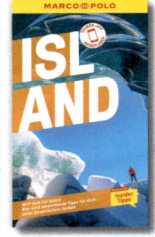

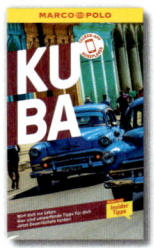

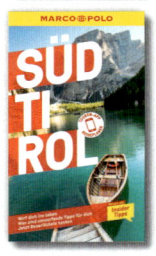

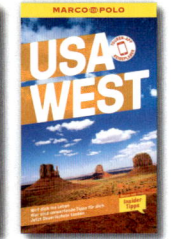
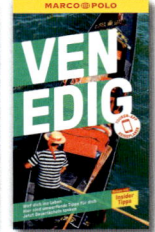